HRM

数字化人力资源管理

靳 娟 ◎ 主 编
陈 慧 ◎ 副主编

首都经济贸易大学出版社
Capital University of Economics and Business Press
·北京·

图书在版编目（CIP）数据

数字化人力资源管理/靳娟主编. -- 北京：首都经济贸易大学出版社，2024.3
　　ISBN 978-7-5638-3632-1

　　Ⅰ.①数… Ⅱ.①靳… Ⅲ.①人力资源管理-研究 Ⅳ.①F243

中国国家版本馆CIP数据核字（2024）第022586号

数字化人力资源管理
主　编　靳　娟
副主编　陈　慧
SHUZIHUA RENLIZIYUAN GUANLI

责任编辑	胡　兰
封面设计	砚祥志远·激光照排　TEL：010-65976003
出版发行	首都经济贸易大学出版社
地　　址	北京市朝阳区红庙（邮编100026）
电　　话	（010）65976483　65065761　65071505（传真）
网　　址	http://www.sjmcb.com
E-mail	publish@cueb.edu.cn
经　　销	全国新华书店
照　　排	北京砚祥志远激光照排技术有限公司
印　　刷	北京市泰锐印刷有限责任公司
成品尺寸	170毫米×240毫米　1/16
字　　数	315千字
印　　张	19.25
版　　次	2024年3月第1版　2024年3月第1次印刷
书　　号	ISBN 978-7-5638-3632-1
定　　价	45.00元

图书印装若有质量问题，本社负责调换
版权所有　侵权必究

内容简介

在数字化时代，随着大数据、云计算及人工智能技术的迅猛发展及其在人力资源管理工作中的运用，人力资源管理模式正在发生深刻的变化。这对人力资源管理者的胜任素质提出了更高的要求。

本书从战略视角阐释人力资源管理基本理论和方法，主要内容涵盖人力资源规划、工作分析与胜任素质模型、人员招聘、人员培训与开发、职业生涯管理、绩效管理、薪酬管理、员工关系管理等，同时，基于数字化时代背景系统分析了新一代信息技术在人力资源管理各模块中的应用。

本书力求为经典的人力资源管理增添时代内涵，并提供丰富的国内外优秀企业人力资源数字化转型案例。

本书既可作为高校人力资源管理专业本科生、硕士研究生、MBA、EMBA 的教学用书，也可供企事业单位人力资源管理人员阅读和参考。

目　录

第一章　数字化人力资源管理导论 ·· 1
　第一节　人力资源的内涵与特点 ··· 5
　第二节　人力资源管理的职能、职责和目标 ································· 10
　第三节　人力资源管理的发展阶段 ··· 13
　第四节　数字化时代人力资源管理面临的挑战和发展趋势 ········· 15

第二章　战略性人力资源管理 ·· 28
　第一节　战略性人力资源管理概述 ··· 29
　第二节　通过人力资源管理推动组织变革 ··································· 39
　第三节　人力资源管理战略与企业战略的匹配 ··························· 43
　第四节　智能化人力资源管理信息系统及人力资源管理平台建设 ··· 49

第三章　数字化时代的人力资源规划 ·· 57
　第一节　人力资源规划概述 ··· 58
　第二节　人力资源规划的流程 ··· 61
　第三节　人力资源需求预测 ··· 64
　第四节　人力资源供给预测 ··· 70
　第五节　大数据技术和人工智能技术在人力资源规划中的运用 ··· 75

第四章　数字化时代的工作分析与胜任素质模型 …… 78

第一节　工作分析概述 …… 79
第二节　工作分析的流程 …… 84
第三节　数字化时代工作分析的方法 …… 87
第四节　工作说明书的撰写 …… 100
第五节　胜任素质模型 …… 104

第五章　数字化时代的人员招聘 …… 115

第一节　员工招聘概述 …… 117
第二节　招募来源与招募渠道 …… 122
第三节　大数据和人工智能技术在人员招募中的运用 …… 129
第四节　人员测评的基本问题 …… 135
第五节　人员甄选的方法 …… 137
第六节　大数据和人工智能技术在人员甄选中的运用 …… 163

第六章　数字化时代的人员培训与开发 …… 169

第一节　人员培训与开发概述 …… 170
第二节　培训需求分析 …… 172
第三节　人员培训与开发的方法 …… 177
第四节　培训效果评估 …… 186
第五节　数字化时代的员工培训 …… 190

第七章　数字化时代的职业生涯管理 …… 194

第一节　职业生涯管理概述 …… 195
第二节　职业生涯管理理论 …… 199
第三节　个人职业生涯规划 …… 203
第四节　组织的职业生涯管理 …… 207

第八章　绩效管理 ····· 223
第一节　绩效管理概述 ····· 225
第二节　绩效指标体系的构建 ····· 230
第三节　绩效考核 ····· 234
第四节　绩效反馈面谈 ····· 240

第九章　薪酬管理 ····· 250
第一节　薪酬管理概述 ····· 252
第二节　职位薪酬体系的设计 ····· 258
第三节　可变薪酬的设计 ····· 265
第四节　福利管理 ····· 271
第五节　新技术在薪酬管理中的运用 ····· 276

第十章　员工关系管理 ····· 282
第一节　员工关系管理概述 ····· 283
第二节　劳动合同管理 ····· 285
第三节　劳动争议及其处理 ····· 288
第四节　员工离职管理 ····· 290
第五节　新技术在员工关系管理中的运用 ····· 291

第一章 数字化人力资源管理导论

> **导入案例**

亚信：践行数字化人才管理

一个商业机构的成功因素是什么？这恐怕是商业领域最核心的"秘密"。

美国苹果公司的乔布斯表示自己会花费大约 1/4 的时间去招募人才，甚至在很多场合说："我过去常常认为一位出色的人才能顶两名平庸的员工，现在认为能顶 50 名。"可见，人才是一个商业机构获得成功的重要基础。

有统计数字表明，2016 年，中国人力资源服务外包、人力资源培训、人力资源管理咨询、高级人才寻访等市场业务比上年分别增长了 5.7%、8.6%、7.7% 和 12.9%。所有的数据都表明，在商业环境日趋完善、竞争日益激烈的今天，人才的价值正在放大，人才的流动越来越快，人才对自身价值的认识也越来越明晰……这一切使得旨在获得长期持续市场价值的商业机构，面临更大的人力资源的挑战：如何快速、精准地从人才库中遴选出企业急需的人才？如何通过培训与职业发展规划留住现有的人才，如何保持较高的员工敬业度和忠诚度？

作为亚信软件公司高级副总裁兼首席人才官，吕守升面临的问题更棘手。

亚信于 1993 年在美国创立，是最早把互联网带入中国的公司。1995 年春天，亚信将业务重心转到中国，从事网络基础建设。此后的 20 年，亚信经历了从初创到纳斯达克上市，再到私有化的全过程。其业务领域也逐渐演变为向电信运营商提供业务支撑系统为主，尤其是以大型软件开发项目见长，营收和利润一直较稳定。作为一个正式员工超过万人的大型软件企业，如何进一步提高人均效能，一直是亚信非常关注的课题。

一、数字化管理系统

经过多年的探索与实践，亚信定制了相当具有实用价值的数字化管理系统，利用数字化的手段从技术上保证对人力资源全流程的管理，包括3DE（Define-Discover-Develop-Empower）人才管理系统、亚信大学、信部落，以及基于大数据的人力资源分析预测等。

3DE人才管理系统保证人力资源全流程管理，可以说是亚信的人才体系架构。其核心流程和指导思想是为公司的人才管理提供可遵循的原则、流程和支撑工具。从定义、发现、发展和赋能四个方面，通过思考"围绕公司战略方向，我们需要什么样的人才""我们需要的人才藏在哪里""如何快速有效地提升人才能量""如何实现干部新陈代谢、激发活力"，运用线下与线上相结合的方法，将能力素质模型、人才评价中心技术、任职资格雷达图、学习地图、云学堂技术联结起来，一方面加速干部人才培养，提升"存量"干部，补充"增量"人才，另一方面通过完善提拔、调整和激励的机制，形成能上能下的用人机制。

由此构建的亚信数字化人才运营体系，利用数字化手段，通过八爪鱼式的"360度个人评价报告""述职分析报告""访谈记录"，全方位搜集人才信息，形成快照式的个人综合评估报告，凸显个人核心特质、关键优势以及不足，从而实现人才数据在线、实时、可选式分析比对，助力人才选、用、育、留各环节工作的顺利开展。通过这样一整套的数字化管理系统，现在亚信分布在全国31个省份、146个办公地的1.1万余名员工都被纳入其中。

作为以员工为中心的数字化管理体系，用情景化的方式，为管理者提供了一个统一的员工服务平台和管理平台。通过这套系统，项目的管理者可以清晰地看到员工在不同项目上的投入，看到每个员工的工作效率曲线，以此实现目标考核及任务分发等；更高阶的管理者则可以清楚了解到哪些岗位人员是闲置的、哪些岗位人员工作负荷过重。

这一整套针对每一位员工的公平、可量化的考核标准，受到了亚信内部各个层级员工的欢迎。有了数据的支持，不仅更为直观，而且更具说服力。吕守升向记者举例——在部门架构的设计或核心岗位负责人任命时，通过人才报告、内部测评以及绩效数据，人力资源部门在与用人部门沟通时有了更多的依据。

二、大数据助力人力资源管理

随着海量数据的不断积累，许多公司开始把大数据运用到日常管理之中。亚信最近正在把大数据应用到人力资源管理中。

内部人才盘点时，人力资源部门尝试利用亚信的大数据对员工的工作情况进行分析，"同时利用自己建立的算法和模型来看哪些因素影响了员工的离职，预测哪类人员有可能会在未来三个月或者六个月离开公司等"，再将这些分析报告提供给决策者。吕守升透露，未来亚信还将进一步完善个人绩效合约系统，通过绩效管理系统来做动态的调整。然而，从目前的亚信人才构成来看，年龄小于25岁的占比为19%，小于30岁的员工占比为54%，"有精力，无经验"是年轻人才的特色之一。如何对他们进行高效而有针对性的技术与项目管理培训，进而提升他们的技能和项目交付质量，成为亚信人力资源管理另一个必须解决的问题。

亚信技术管理学院是亚信人才培养的摇篮，旨在帮助员工进行职业发展规划。与真正的大学不同，亚信的课程设置来自对全体员工培训需求的了解、收集，通过分析，针对新员工、普通员工和高级管理者设置相应的培训课程，然后再整合全公司的相关资源，通过面授、线上学习、知识管理平台和社交平台，全方位向员工提供主动和被动的培训课程。

吕守升解释，"严格来说，职业发展与规划是个人的事情，公司能做的无非就是提供资源、支持和机会平台"。他举例，"譬如员工想从技术人员转为管理者，很多时候他们不清楚自己是否符合要求，需要有哪些条件，以及转岗之后如何适应新的岗位，但这些问题公司都可以帮忙解决"。据悉，亚信会专门开设有针对性的课程，帮助一些有意向转为管理者的员工提高业务规划和商业思维等能力。

但亚信并不会取代员工做职业规划，吕守升强调，"我们不勉强员工一定要从哪转到哪，但是员工可以根据公司的岗位图谱、岗位序列设计，来做自己的职业规划"。这种主动但不强求的风格造就了亚信的工程师文化。在亚信，员工自由度比较高，"就是你有什么样的想法，可以提出，去尝试"。亚信最值得称道的是它构建的一整套用社交手段打破沟通壁垒的信息沟通体系：官方微信公众号、信学堂、信部落、技术平台、员工论坛、《你好亚信人》内刊、内部文化传播与办公平台……

所有这些内部沟通的平台，都是由亚信内部人员开发或创建的。这些平台不仅是亚信内部交流的生态圈，同时也是亚信人力资源部门用来传播信息和开展培训的重要工具——通过它们了解员工的培训需求，同时，这些平台也是向员工提供培训的重要渠道之一。

例如，2016年10月开始敲下第一行代码的信部落，是一款亚信自己开发的、服务于亚信内部员工的手机App（当时内部代号为Kara）。2017年9月，信部落已经正式发布6.0版本。作为亚信员工的实时感知平台，信部落的功能包括便捷的移动办公功能、即时通信功能、亚信新闻资讯、34个办公应用以及内部交流互动功能。信部落这类数字化管理工具不仅加强了上下级之间的沟通，也使员工彼此之间的联系变得更加紧密。

在吕守升看来，亚信内部数字化管理的变革目的主要有两个：一是提高沟通效率；二是提高人员管理效率。如果说信部落属于前者，那么E-HR就属于后者。据了解，亚信内部有很多创新性的产品，都是在这样自由的氛围中做出来的，如信学堂、信部落等。吕守升透露，未来亚信将会持续强化信部落的功能，随着办公、社交等方面内容日益齐全，亚信正考虑将它推向市场化。

当然，吕守升也承认，最终能够在市场中经得起检验的项目不会太多，"但是对亚信而言，如果尝试成功了，不仅能为公司创造价值，对其他人也是引领；如果失败了，也可以给其他人提供经验教训"。

三、结语

亚信是一家有使命的企业，也是一个有愿景的公司。多年来，亚信从中国互联网的建筑师，到电信运营商的使能者，再到产业互联网的领航者，一路薪火相传，引领着行业的发展。今天，亚信在物联网、人工智能（artificial intelligence，AI）等技术的应用上也从未停止创新与前行的脚步。

作为此次亚信转型核心部门的领导，吕守升在采访中最后强调，人力资源管理部门在亚信转型的关键阶段将重点从三个方向来为亚信"护航"：首先，帮助管理团队进行新的战略的制定与落地，让更多的员工坚定对亚信未来发展前景的信心，而不是让战略局限在少部分管理者的头脑中；其次，对现有的薪酬体系、岗位设置、绩效管理体系等进行优化，让那些创造出良好业绩又有想法的人得到应有的回报；最后，强化亚信企业文化的优势,"无论是对做出卓越贡献的团队和个人的奖励,还是对长期做出贡献的员工及其家属的奖励,都要让他们感受荣誉的同时减少后顾之忧,从而增强员工的凝聚力"。

亚信创始人田溯宁曾经动情地说:"亚信的目标之一是希望让每位员工感到自豪,让所有亚信的员工有尊严地生活。"正是秉持这一平实的理想,亚信将运用数字化管理的织梭,编织锦绣前程,让亚信再次起航远方。

资料来源:王婷. 亚信:践行数字化人力资源管理[J]. 哈佛商业评论,2018(11):26-30.

近年来,亚信在物联网、AI 等技术的应用上从未停止创新与前行的脚步。从人力资源管理的实践来看,亚信在数字化人力资源管理方面一直是先行者、开拓者,其数字化人力资源管理系统不仅服务于公司战略的制定与落地,而且对现有的薪酬体系、岗位设置、绩效管理体系等也进行了优化。

随着经济的发展、社会的进步,越来越多的组织把人力资源看成重要的资源,认为人力资源管理是企业管理的重中之重。在数字化时代,为什么人力资源问题越来越受到企业的重视?人力资源管理包括哪些具体职责?人力资源管理经历了怎样的发展历程?其未来发展趋势如何?本章将对这些问题做出回答。

第一节 人力资源的内涵与特点

一、人力资源的内涵

《辞海》对资源的解释是:"资财之源,一般指天然的财源。"从经济学的角度讲,资源是人们为了创造财富而投入到生产活动中的一切要素,一般包括四大类资源:自然资源、资本资源、信息资源和人力资源。

其中,自然资源是指自然界天然存在、未经加工的资源,如土地、水、生物、能量和矿物等;资本资源指的是一切用于生产活动的经过加工的自然物,如资金、机器、厂房、设备等;信息资源是与生产活动及与其相关的一切活动的事、物描述的符号集合；人力资源是一定时期内组织中的人所拥有的能够被企业所利用，且对价值创造起贡献作用的教育、能力、技能、经验、体力等的总称。

企业的人力资源包括数量和质量两个方面。企业人力资源的数量包括绝对数量和相对数量，其中：人力资源绝对数量＝企业内在岗员工＋企业外欲招聘的潜在员工；人力资源相对数量（或称企业人力资源率）＝企业人力资源绝对数量/企业总员工数，它是企业竞争力的表征指标之一。企业人力资源的质量指人力资源所具有的体质、智力、知识、技能水平、经验、劳动态度等，具体体现为劳动者的体质水平、文化水平、专业技术水平、价值观和劳动积极性等。

随着科学技术的突飞猛进，特别是数字化时代的来临，人力资源对财富形成的贡献越来越大，并逐渐占据了主导地位。因此，人力资源被经济学家称为"第一资源"，是各种资源中最宝贵、最能动、最活跃的资源。

二、人力资源的特点

作为一种特殊的资源形式，人力资源具有不同于其他资源的特点。

（一）生物制约性

与其他任何资源不同，人力资源属于人类自身所有，它存在于人体之中，是一种"活"的资源，与人的生理特征、基因遗传等密切相关，因此具有生物制约性。

（二）能动性

这是人力资源区别于其他资源的本质特征。人有意识，具有思维能力、认识功能、语言和文字表达能力，这些能力使得人成为认识和改造世界的主体，成为企业一种具有智慧和能动性的特殊资源。相对人的这种智能特征而言，自然资源、资本资源都是"死"资源，在企业的生产、经营和管理中，它们不能像人那样体现出相当的灵活性与适应性。能动性主要体现在人如何对待企业分配给自己的工作任务上：他可以提前完成，也可以延时完成；可以按质完成，也可以偷工减料。

（三）增值性

由于人的能动性和生存、利益等机制的驱动，人总在不断追求专业技能和综合素质的自我完善与进步，特别是在科技快速发展和竞争日趋激烈的今天，人的自我发展和自我完善需求更为强烈。因此，人力资源具有较强的增值性。

(四) 时效性

人力资源表现为人的知识、技能、经验等，因此它与人的生命周期是紧密相关的。

进入成年期后，人的知识和技能的发展都达到了可以从事社会劳动的程度，可以对价值创造做出贡献，形成现实的人力资源。因此，成年期是人力资源开发和利用的最佳时期，必须在此时期对其进行有效的开发和利用，否则就浪费了宝贵的人力资源。

人力资源的时效性决定了人力资源无法存储，需要前瞻性、有计划并适时地运用人力资源，发挥人力资源的作用。

(五) 创新性

人力资源之所以是社会生产力中最活跃的要素，是因为人不仅能认识世界，而且还会能动地改造世界。这种能动地改造世界的能力就是一种创新能力，是企业其他资源不可能具有的。人的创新能力具有普遍性，这表现在：第一，任何一个有知识的正常人总在某一方面有潜在的创造力，只要具备了一定条件，这种创造力就会体现在特定的创造性活动之中。第二，人的创新能力广泛存在于企业的生产、供销和管理诸环节之中。第三，人的创新活动内容十分广泛，涉及理论、观念、组织、技术和产品等各个方面。

(六) 系统性

人力资源的系统性主要表现为企业全体人员整体的素质和生产能力，它不仅取决于各个子系统和人员个体的功能，而且取决于各子系统、人员个体之间的衔接和协调作用。其中任何一个环节失去衔接和调节作用，都会影响到企业整体功能的发挥。如果各个子系统和人员衔接和协调得好，企业人力资源就会形成叠加和互补效应；反之，即使人才个体很优秀，他们的优势也会相互抵消、产生内耗。可见，人力资源系统的结构是否优化关系到整体功能的高低。

三、人力资源与企业核心能力

(一) 企业核心能力的内涵

1990年，美国学者普拉哈拉德（Prahalad）和哈默尔（Hamel）在

《哈佛商业评论》上发表《公司核心能力》一文，首次提出核心能力的概念。关于核心能力的内涵，不同学者从不同的角度出发，提出了不同看法。综合国内外学者的观点，结合管理实践，本书认为核心能力是指某一企业在获取、配置资源的过程中，各种知识、技能、技术、管理等要素有机组合形成的整合力，是能够使企业在一定时期内保持竞争优势的动态平衡系统。例如，索尼公司的产品小型化能力、松下公司的质量与价值的协调能力、海尔公司的广告销售和售后服务能力、科隆公司的无缺陷制造和销售产品的能力、苹果公司持续的创新能力都属于核心能力。

（二）企业核心能力的特征

基于核心能力的内涵，企业核心能力具有四大特征：第一，价值性。核心能力富有战略价值，它能为顾客带来长期性的关键利益，为企业创造长期性的竞争主动权，为企业创造超过同行业平均利润水平的超值利润。第二，独特性。企业核心能力为企业独自拥有，同行业中几乎不存在两个企业都拥有相同或相似的核心能力的情况。第三，难以模仿性。由于企业核心能力不是一朝一夕形成的，而是企业在长期的知识和技能积累的基础上形成的，因此竞争对手常常难以模仿和替代，否则，也就不具备独特性了，竞争优势也会相应丧失。第四，组织化。核心能力不是组织拥有的某单一要素、资源或者技术，而是多种能力相互整合而形成的组织化的系统能力。例如，在卡西欧公司，微型化只形成了公司的竞争能力，而把这种能力转化为畅销的卡西欧商品，则必须确保技术、工程、营销等各个环节和功能整体协同，因而需要技术专家、工程师和销售人员能够对客户需求和技术的可能性共享信息和达成共识。

（三）人力资源是企业核心能力的源泉

1. 人力资源的价值性

一种资源要成为核心能力之源泉就必须能为企业增加价值，进而要求资源本身也必须具有价值。

人力资源的价值性主要体现在：第一，在数字化时代，企业家和知识创新者是企业价值创造的主导要素。例如，一项发明专利可以为企业带来可观的收入、利润。第二，人力资源的价值性表现在降低成本、提供出色的客户服务、达成最优质量、完善业务流程、开发新的商业机会、发现消费者需求并设法予以满足、提高效率、推动组织变革等其他方面。

由于物质资源带来的竞争优势容易丧失，人力资源价值性对企业核心能力的重要性将日益凸显。

2. 人力资源的独特性

人力资源的独特性体现在：由于人力资源具有稀缺性，人力资源不能从市场随意获得，无法购买或转让，难以模仿或复制；员工的知识、技能与能力具有特殊性，只能为某一企业量身定做；必须接受有实际经验的人的在职培育，使本企业与竞争对手形成差异性。

3. 人力资源的难以模仿性

认同企业独特文化并与企业经营管理模式相匹配和融合的员工独特的价值观、核心专长与技能，具有高度的系统性和一体化特征，竞争对手对此难以准确地加以识别，更难以简单地模仿，如杜邦公司员工的安全意识、新加坡航空公司空中乘务员服务客户的专长等。

4. 人力资源的组织化

在现代企业中，人力资源已经成为一种高度组织化的资源，因为它与整个企业的战略、经营模式、组织结构、生产流程、管理方式等方方面面相融合，而不是游离于组织之外。合理利用人力资源，可以使组织内部人员与企业运行系统有机配合，促成企业内部核心能力的形成，从而支撑企业的竞争优势。

美国密歇根大学2002年的一项研究表明，合理使用人力资源对公司绩效的影响为43%，相当于其他影响因素的两倍。2014年对世界大企业联合会CEO的调查显示：人力资源问题是全球范围内的头号挑战；成功首席执行官（CEO）的领导形象必然对应着高效的人力资源官的形象；考虑周全的投资者不断地将人力资源问题列入企业价值评估的项目中。所以，人力资源是企业核心能力的源泉，合理使用和管理人力资源是形成企业核心能力、构建企业竞争优势的关键。正如联想集团创始人所说："办公司就是办人，人才是利润最高的商品，能够经营好人才的企业才是最终的赢家。"

第二节　人力资源管理的职能、职责和目标

一、人力资源管理的内涵

人力资源管理作为一种职能性活动的提出，源自工业关系和社会学家怀特·巴克（Wright Bakke）于1954年撰写的《人力资源功能》一书。国内外学者从不同侧面对人力资源管理的概念进行了阐释，综合起来可以归为以下四类观点。

第一类主要从人力资源管理的目的出发来解释它的含义，认为人力资源管理是实现组织目标的手段。例如，韦恩·蒙迪（R. Wayne Mondy）和罗伯特·M. 诺伊（Robert M. Noe）提出，人力资源管理就是通过各种技术与方法，有效地运用人力资源来达成组织目标的活动。

第二类主要从人力资源管理的过程或承担的职能出发来进行解释，把人力资源看成一个活动过程。例如，亚瑟·谢尔曼（Arthur Sherman）认为，人力资源管理是负责组织人员的招聘、甄选、训练及报酬等功能的活动，以达成个人与组织的目标。

第三类主要解释了人力资源管理的实体，认为它是与人有关的制度、政策等。例如，雷蒙德·A. 诺伊（Raymond A. Noe）认为，人力资源管理是对员工的行为、态度以及绩效产生影响的各种政策、管理实践以及制度的总称。

第四类从目的、过程等方面出发综合进行解释。例如，张德认为，人力资源开发与管理指运用现代化的科学方法，对于一定物力相结合的人力进行合理的培训、组织与调配，使人力、物力经常保持最佳比例，同时对人的思想、心理和行为进行恰当的诱导、控制和协调，充分发挥人的主观能动性，使人尽其才、事得其人、人事相宜，以实现组织目标。

综合上述观点，基于过程和目的视角，本书认为，人力资源管理是对组织内部人力资源进行有效开发、合理利用和科学管理，以改善个体、团体和组织绩效，实现个人和组织的发展和目标。

二、人力资源管理的职能

根据人力资源管理的内涵，人力资源管理要履行以下五大职能。

（一）获取

根据企业目标确定所需员工的条件，通过规划、招聘、考试、测评、选拔，获取企业所需人员。

（二）开发

通过员工培训与开发、工作丰富化、职业生涯规划，促进员工知识、技能和其他素质的提高，使其劳动能力得到增强和发挥，最大限度地实现其个人价值和提升对企业的贡献率。

（三）激励

通过薪酬、考核、晋升等一系列管理活动，激发员工的积极性、主动性、创造性，让员工在现有的工作岗位上创造出优良的绩效。

（四）保持

维护劳动者的合法权益，保证员工在工作场所具有安全、健康、舒适的工作环境，以增进员工满意度，并提高他们对企业的忠诚度。

（五）整合

通过有效整合企业文化、信息沟通、冲突化解等手段，使企业内部个体的目标、行为、态度趋向企业的要求和理念，形成高度的合作与协调，发挥群体优势，提高企业的生产力和效益。

三、人力资源管理的职责

人力资源管理职责是人力资源管理职能的具体化。围绕构建企业核心能力、培养企业价值观和推广企业文化，人力资源管理的职责包括人力资源规划、工作分析、人员招聘、人员培训、职业生涯管理、绩效管理、薪酬管理、员工关系管理，如图1-1所示。

（一）人力资源规划

人力资源规划是根据企业的战略目标和业务发展要求，分析本企业人力资源现状和未来一段时间内人力资源的供需情况，制订人力资源数量计划，使企业人力资源需求和供给达到最佳平衡，并在此基础上制订各项人力资源管理计划，包括人员招聘计划、人员培训计划、人员流动计划、人员工资与福利计划、人员解聘计划等。

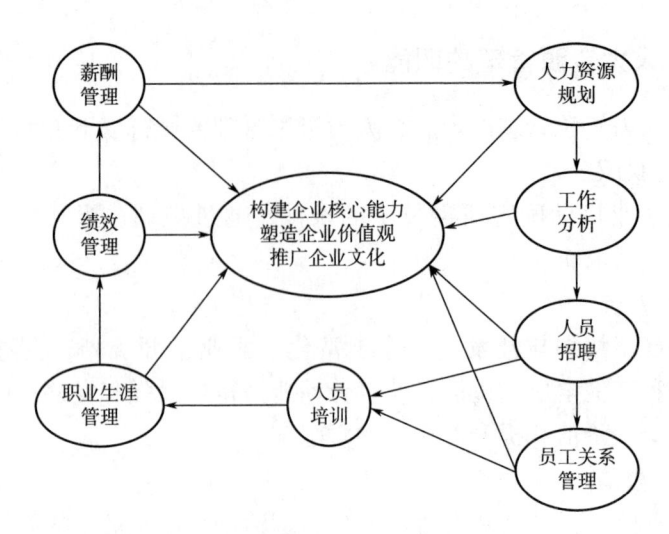

图 1-1　人力资源管理的职责

(二) 工作分析

工作分析是对组织内每个岗位应完成什么工作、要达到什么目标、有什么样的工作条件以及由谁来做予以明确的说明。该项职责是人力资源管理的基础性工作。

(三) 人员招聘

人员招聘是根据人力资源规划，基于工作分析，负责组织并实施招聘工作。具体工作内容包括：第一，制订招聘计划。第二，确定人员招聘类别、招聘数量、招聘渠道等。第三，发布、收集、筛选应聘信息。第四，组织面试、甄选和录用。第五，评价招聘结果，改进招聘工作。

(四) 人员培训

人员培训是根据企业的人力资源规划，实施培训需求调查，制订培训计划，组织实施培训计划、培训评估等工作。

(五) 职业生涯管理

职业生涯管理是为了实现员工的职业理想和职业追求，对员工的职业历程和职业发展所做的计划、组织、领导与控制。具体工作内容包括：第一，帮助员工进行职业生涯规划的设计。第二，职业生涯通道管理。第三，分阶段的职业生涯管理。

(六) 绩效管理

绩效管理是人力资源部根据企业发展目标和计划，与其他各职能部门共同制定绩效考核方案，并把考核结果运用到实际工作中去，通过奖勤罚懒和奖优罚劣，鼓舞士气和调动员工积极性，提升组织绩效，实现组织战略目标。具体工作内容包括：第一，明确企业的目标和要求，进行目标分解。第二，制定绩效考核计划目标及衡量标准。第三，帮助员工改进绩效。第四，实施绩效考评，进行绩效反馈与面谈。第五，将考核结果作为晋升和提薪的依据。

（七）薪酬管理

薪酬管理是根据企业的总体发展战略和人力资源规划，制定企业薪酬制度、设计薪酬方案、计算员工薪酬和组织落实薪酬发放等工作。

（八）员工关系管理

员工关系管理包括对员工聘用、劳动合同、调动、退休、离职、解聘及人事档案等的日常管理，处理劳动争议，负责企业人力资源信息系统的维护工作，协调企业内部员工工作，维护公司良好的劳动关系。

四、人力资源管理的目标

人力资源管理目标是指企业人力资源管理需要完成的职责和需要达到的绩效。人力资源管理，既要考虑组织目标的实现，又要考虑员工个人的发展，强调在实现组织目标的同时实现个人的全面发展。

对于企业而言，人力资源管理的目标是将企业人力资源和物力资源进行最优匹配，开发员工的潜能，发挥员工的积极性，获得人力资源的最大使用价值，提升企业的核心能力。

对于员工而言，人力资源管理的目标是实现人的全面发展，包括：保证员工价值评价的准确性、有效性；实现员工价值分配的公平、合理；让员工得到成长和发展，成就一番事业；让员工感到身心愉悦。

第三节　人力资源管理的发展阶段

从历史演进的角度看，人力资源管理主要经历了四个发展阶段，即传统人事管理阶段、人力资源管理阶段、战略人力资源管理阶段、人力资本管理阶段。

一、传统人事管理阶段

传统人事管理阶段起始于 19 世纪末 20 世纪初的科学管理时期，成熟于 20 世纪 50 年代。这一阶段有三个主要特点：

第一，员工被视为企业的成本。员工被视为会说话的工具，是生产过程中的支出和消耗。这一时期人事工作的重点是如何降低人力成本，提高生产效率。

第二，员工和企业为单纯聘用关系。员工对企业缺乏信任感和归属感，双方联系的纽带是非常脆弱的，表现在员工的工资按每周、每天甚至每小时结算，员工流失率非常高。

第三，工作主要内容为事务性工作。传统人事管理的主要工作包括日常考勤，工资发放，办理离职、退休、离休等手续，档案管理等执行性的工作，因此，传统人事管理工作是事务性的管理工作，人事管理人员在企业中的地位也很低，从业人员大都是年纪较大、无专长的人。

二、人力资源管理阶段

人力资源管理阶段起始于 1954 年（德鲁克首次提出"人力资源管理"的概念），成熟于 20 世纪 80 年代。这一阶段有三个特点：

第一，管理的重点是对人力资源的培养与开发。企业开始将人力资源视为一种宝贵的财富，管理的重点从提高生产效率转到人力资源的培养与开发、人员潜能的挖掘上。

第二，重视对员工的激励。企业着眼于长远发展，采用各种手段激发员工的工作积极性和主动性，提升其工作满意度，从而提升企业绩效。

第三，人力资源会计出现。伴随着人力资源在企业中地位的不断上升，人力资源的价值越来越受到企业各方的关注，开始将人力资源看作一种核心资产，通过会计报告把企业人力资源整体状况完整地公示给财务信息使用者，公司股东、风险投资者、政府可以通过人力资源会计报告分析企业经营状况、发展潜力和前景。

三、战略人力资源管理阶段

战略人力资源管理阶段起始于 20 世纪 90 年代，这一阶段的特点是：企业把人力资源看成是组织战略的贡献者；人力资源副总裁等角色开始出现；人力资源部逐渐成为业务部门的战略合作伙伴，其目标是支持公司战略的实现。

四、人力资本管理阶段

进入 21 世纪，世界范围内涌现出许多高新技术企业（如微软、阿里巴巴、腾讯等），其特点是不依赖固定资产投资，而是以人为根本推动力。于是，企业开始重新审视人在企业中的地位，视员工为投资者，认为他们和企业有共同的目标和利益，从而将企业的长远发展和员工的长远利益紧密相连。在人力资本管理阶段，员工与企业之间存在双重关系：一方面，双方是聘用关系；另一方面，双方还存在投资合作关系。由于员工与企业的双重关系，员工应获得双重回报：一部分收入是由于雇佣关系获得的劳动报酬，另一部分收入是由于投资关系获得的利润收益。例如，在华为，15 万名员工中有 8 万名加入了员工持股计划，持有公司 99% 的股份，绝大多数员工的持股量为数万股，少数员工持股量达到数百万股。

第四节　数字化时代人力资源管理面临的挑战和发展趋势

进入 21 世纪，科学技术的进步、社会经济的发展、组织形式的不断革新以及人的变化给人力资源管理带来极大的挑战，人力资源管理的理念、模式和方法需要不断创新，才能更好地适应时代要求，推动组织变革。

一、人力资源管理面临的挑战

（一）经济全球化

自 20 世纪 60 年代以来，随着科学技术的迅速发展，经济全球化的趋势越来越明显，并以前所未有的速度向前发展。随着区域性合作组织如欧盟、北美自由贸易区、亚太经合组织等的产生，国与国之间的界限已经越来越模糊，世界经济已经形成"牵一发而动全身"的整体。

随着经济全球化的逐步发展，作为经济全球化的必然产物——跨国公司将不得不面对管理上的文化差异：跨国公司的管理者经常会遇到不同国籍、不同文化背景、不同语言的员工，如何才能更好地完成工作？如何更好地与员工进行交流与沟通？如何建立完善的人力资源管理制度？这些很现实的问题都需要管理者予以解决。

（二）技术进步

近年来，互联网、大数据、人工智能技术等高科技的发展给人力资源管理带来了一系列新的挑战。

1. 人力资源管理面临结构调整

技术进步对组织的各个层次都将产生重要影响，劳动密集型工作和一般事务性工作会大大削减，技术类、管理类和专业化的工作将大大加强。这样一来，人力资源管理工作就面临着结构调整等一系列重大变化。

2. 人力资源管理变得日益复杂化

互联网的出现打破了时间和空间的限制，使得在不同地方办公的员工也能够实现即时通信，一个团队在完成一个项目或任务时，不必局限在某个固定的办公场所和同一时间，而是可以灵活地选择时间和空间开展工作。传统的工作方式被彻底改变，分散化办公将是未来企业管理的发展趋势。这使得人力资源管理日益复杂化，对人力资源管理者提出了更高的要求。在这种自由宽松的工作环境下，如何解决与员工的交流和沟通问题，如何对员工进行考核等，都需要管理者予以回答。

（三）组织转型

市场竞争加剧、产品生命周期缩短以及外部环境迅速变化等都要求组织有很强的弹性和适应性。现代企业必须分权，以团体合作来开发新的产品，满足顾客需求。因此，当前组织转型的趋势就是由传统的组织形态转型为灵活开放的敏捷型组织，由金字塔式向扁平化过渡。海尔的"小微组织"、韩都衣舍的"小组制运营"、华为的"班长战争"和"让听得见炮火的人决策"……本质上都是为了向敏捷型组织转型。这就对人力资源管理提出了新的要求：现代企业的人力资源管理部门必须具备良好的信息沟通渠道；现代企业的人力资源管理部门对员工的管理要做到公平、公正和透明，要对员工采取更加有效的激励措施；组织内的每一位管理者都要从战略上重视人力资源管理与开发，从而不断适应组织变革的需要。同时，组织形式的变革必然带来组织内部人员的调整，如果对人员的整合缺乏规划，可能会引发群体性跳槽、员工泄露商业秘密、裁员措施不合理导致群体性诉讼等后果，给企业带来严重的损失。人力资源体系如何调整以适应组织的变革转型、如何减员增效促使组织扁平化，成为人力资源管理面临的一大挑战。

（四）新生代员工成为企业的重要力量

新生代员工（包括"80后"、"90后"和"00后"员工）有着较为鲜明的个性特点：价值观多元化；自我意识、创新意识和成就意识强烈；需求多元化；等级观念弱化；更加注重工作与生活的平衡；更喜欢灵活的办公方式和及时的工作反馈。

由于新生代员工已经逐渐成为企业的重要力量，对于新生代年轻员工的管理、培养、激励、保留以及与老员工共生共存等，都是人力资源管理需要解决的问题。

（五）高智力员工的管理

高智力员工具有较高的智商、超高的专业技术，能帮助企业实现战略目标、保持或提高公司的竞争优势、为企业创造卓越的业绩，他们是企业内无可替代的稀缺资源。高智力员工对企业的发展至关重要，是各大企业争夺的目标，也是企业最宝贵的资源。

高智力员工的工作性质使得对他们的绩效难以考核：他们从事的研发工作属于创造性的脑力劳动，有很大的随意性和自主性，难以监督他们的工作过程；他们负责的项目一般具有特殊性，研发周期较长，工作成果转化为经济效益可能需要较长的时间，短期内难以衡量价值；研发成果具有很大的不确定性，经常出现投入大量时间和精力后失败的情况；他们的工作成果也难以量化，传统的绩效考核模式并不适用。因此，对高智力员工如何进行绩效考核？采用哪些激励机制留住人才？如何避免人才流失？流失后采取哪些措施减少企业的损失？这些都是管理者面临的挑战。

二、人力资源管理的发展趋势

（一）战略性

传统的人力资源管理系统关注的是事务管理，强调日常运营的效率。随着市场竞争对人才依赖程度的提高，越来越多的企业开始关注人力资源管理的战略功能。战略人力资源管理认为，人力资源是组织获得竞争优势的首要资源，人力资源管理的核心职能是参与战略决策，人资源管理应与企业战略匹配和契合,目的是保证人力资源管理与企业战略高度协调一致,实现企业目标,提高组织绩效。

(二) 业务嵌入

传统人力资源管理被看作企业中的一种专业、独立的功能,在实际运营过程中,人力资源管理逐渐演变成了人力资源部门的独角戏,出现了很多本位主义的现象,降低了人力资源管理的价值创造功能。现代企业强调人力资源管理在业务中的嵌入,关注人力资源管理在业务发展过程中的价值创造功能,例如,阿里巴巴提出人力资源部门的四个核心目标是"懂业务、提效能、促人才、推文化"。

(三) 注重员工体验

随着我国劳动力市场的逐步发展和完善,人才的流动渠道变得更加通畅,员工流动日益频繁,员工特别是新生代员工对组织的依附感日益降低,他们更像是组织的顾客,企业吸引、激励和保留员工的方式与对待顾客更加接近。因此,员工在工作场所的体验成为吸引、激励和保留员工的重要因素,越来越多的企业开始注重工作场所和日常福利的设计,并着力提升基层管理者的领导力和企业文化等。例如,顺丰速运公司设立了"员工体验官"职位,以发现员工体验中的问题;爱彼迎公司取消了"首席人才官"职位,改设"首席体验官",其职能主要围绕员工体验展开。

(四) 使命和文化成为企业赋能员工的主要手段

随着"90后"、"95后"甚至"00后"等新生代劳动者先后进入职场,人们的职业理念正在发生深刻变化,"工作为了实现人生价值"的精神需求正在成为新生代劳动者的主要职业需求。因此,未来企业管理最重要的功能是事先激励员工,使他们乐于加入企业、乐于投身创造,而不再是对员工进行简单管理或传统的事后激励。

这种事先激励也被称为赋能。对于企业而言,赋能就是赋予员工某种能力和力量,其核心特征是事先性,即企业在员工工作之前就被有效地激发出个体的价值,激发出他们的参与感、主人翁意识,使之与企业共享愿景、共担责任。在新时代,赋能比传统的激励更加有效,更利于创新。因此,面对新生代劳动者的工作需求,企业应努力打造一个能够与员工的价值需求相吻合、与员工的职业梦想相一致、得到员工认同与共鸣的企业使命,从而赋能员工。在企业文化建设方面,企业也要不遗余力地构建企业和新生代员工共同认可的企业文化。在新时代，企业使命和文化正在肩负起赋能员工的作用，进而有效实现吸引、激励和保留企业关键人才的目标。

（五）有效实施跨文化管理

对于跨国公司而言，实施有效的跨文化管理应关注以下方面：

1. 正确理解文化差异

正确理解文化差异有两层含义：一是理解东道国文化如何影响当地员工的行为；二是理解母国文化如何影响企业派去当地的管理人员的行为。对于不同类型的文化差异需要采用不同的措施去克服，只有把握不同类型的文化差异，才能有针对性地找出解决文化冲突的合适办法。

2. 选择适合的企业跨文化管理策略

企业跨文化管理策略通常有本土化策略、文化相容策略、文化创新策略、文化规避策略、文化渗透策略、借助第三方文化策略、占领式策略等。跨国企业在进行跨文化管理时，应在充分了解本企业文化和国外文化的基础上，选择适合自身的跨文化管理策略，使不同的文化得以良好结合，从而形成核心竞争力。

3. 强化跨文化培训

跨文化培训是解决文化差异、搞好跨文化管理最基本和最有效的手段，其主要形式有文化教育、环境模拟、跨文化研究、语言培训等。

（六）新技术在人力资源管理中的应用

1. 部分传统职位将被机器替代

人工智能的发展和应用意味着企业中的部分岗位将被替代。2010年，高盛集团有限公司的纽约总部现金交易股票柜台有600名员工，到了2017年，该部门只剩下2名员工。英国、美国和法国近期的研究表明，到2033年，约有45%的工作会被人工智能所取代。不仅那些肮脏、危险、枯燥的工作（像保洁、门卫、护工等）会被替代，具有一定技术性的工作（如驾驶、行政助理等）也可能被人工智能替代。因此，企业需要考虑哪些岗位需要调整或直接淘汰，并制定新的人力资源管理战略方法来管理相关员工。

2. 原有职位的工作内容和方式发生改变

新技术革命对原有职位的工作内容和工作方式的冲击是前所未有

的。例如，未来制造业尤其是高端制造业，对人力资源质量的要求越来越高。新技术的使用也意味着企业对复合型人才的需求越来越大，更多简单的操作程序将被自动化取代，更多高科技、极具复杂性的工作将会出现。这就要求企业招聘更多教育水平高、更具灵活应变能力的员工。

3. 催生大量新职位

新技术的发展和应用将催生大量新职位，创造许多新岗位。2019年至2021年4月，人力资源和社会保障部向社会发布了4批56个新职业，其中不少与移动互联网的发展密切相关，既有属于移动互联技术研发类的区块链工程技术人员、智能制造工程技术人员、工业互联网工程技术人员、人工智能训练师、全媒体运营师等，也有移动互联技术应用类的互联网营销师（含直播销售员）、在线学习服务师、网约配送员、电子竞技员、无人机驾驶员等。展望未来，伴随大数据和人工智能技术的发展，还会有更多的新职位出现。

4. 数字化人力资源管理

随着数字经济的快速发展，互联网、大数据、云计算、人工智能等新一代信息技术成为经济发展的引擎和动力，越来越多的企业开始顺应数字经济发展趋势，不断推动组织向数字化、自动化和智能化转型。人力资源管理作为企业管理的重要组成部分，正经历数字化转型带来的变革，出现了数字化人力资源管理。

所谓数字化人力资源管理是指利用数字技术获取、分析和应用一切有价值的数据，实现数据驱动决策，以构建全新的人力资源管理运行模式、提高人力资源管理效率、提升企业组织能力的一种管理模式。

数字技术是数字化人力资源管理的基础和前提，也是其特征的重要体现。数字技术作为信息、计算、通信和连接技术的组合，具有可再编程性和数据同质化两大基本特征。其中，可再编程性是指数字设备可以通过重新编程的方式使设备的符号功能逻辑与执行它的物理实体分离，促使数字设备执行一系列广泛的功能（如计算距离、文字处理、视频编辑和网页浏览）；数据同质化是指将各种信息转化为二进制，使得任何数字内容（音频、视频、文本和图像）都可以使用相同的数字设备和网络进行存储、传输、处理与显示。

（1）数字化人力资源管理的特征：①数据驱动的人力资源管理活动。第一，数据获取的全面性。数字化人力资源管理不仅包括员工就业经历、技能和能力、学历和人口统计信息等结构化数据，还涉及员工工作（移动电话的位置数据、上网记录、电子日历等）、与人交流（通过电子邮件、电话和在线协作工具）及其交流内容（如电子邮件、即时通信工具和短信录音内容等）等非结构化数据。这些数据有助于解决传统人力资源管理决策上存在的主观性强和管理效率低下等问题。第二，数据存储的大容量。数字化人力资源管理将数据存储在基于云的数据库中，云计算使实时处理人力资源管理相关的更大数据量成为可能，并允许不同实体（组织）相互协作。例如，一个组织的人力资源部门可允许一个用户/实体/公司从多个来源访问数据，有助于提高工作效率，降低运营成本，达到更高的管理水平。第三，数据分析的系统性。在数字化人力分析中，大数据能够将各模块信息和数据串联起来，提高人力资源管理数据分析的科学性和有效性。②管理科学化。目前，新技术在人力资源决策、人员需求预测、人才招聘和甄选、人员培训、绩效管理、薪酬管理、员工关系管理等方面正在发挥巨大作用。例如，人力资源商业智能（human resource business intelligence）可以帮助人力资源管理者做出科学决策。人力资源商业智能是利用商业智能处理人力资源数据并提供决策支持的系统，这个系统汇集企业所有人员、业务、政策相关数据，利用其强大的统计、分析功能为企业招聘、培训、绩效评估等事务提供决策建议，促使人力资源决策从"经验+直觉"模式向"事实+数据"模式转型，更好地支持业务发展。此外，新技术推动了人力资源管理各个模块的量化管理。随着人力资源管理实践的深入，其职能模块越来越细化，而大数据和人工智能技术则能够将越来越多的管理需求进行量化处理，经过大数据比对、后台计算，在复杂的事务中总结规律，通过量化手段将事务处理过程简单化、精准化。尽管目前大数据和人工智能技术在人力资源管理中的应用取得了一定的成果，但这些只是冰山一角，它们在人力资源管理上还有非常广阔的发展空间，潜力巨大。比如，员工绩效与领导风格、工作环境、薪资条件之间存在密切联系，利用数据模型将这些复杂信息层层分解，就能明确何种风格的领导方式更能激发员工斗志，什么样的办公环境能使员工更舒适地工作，采用哪种薪资结构、福利待遇更能激励员工，从而推动企业进行相应调整，使员工以饱满的热情和十足的动力投入到工作中，为企业带来更多价值。③管理复杂化。一方面，员工与组织的关系更加复杂。数字化技术改变了雇佣边界，员工的流动性和灵活性更强，员工可能在不同组织中以全职、兼职、零工或者随时随地组成工作团队的形式存在。因此，数字化人力资源管理的对象，既包含那些全职工作者，也包含那些没有受雇于组织的员工，数字化时代的员工与组织关系变得更加复杂。另一方面，员工与技术的关系发生变化。例如，人工智能技术的不断进步使得机器人能够做出更复杂的判断，并学习如何执行任务以及与人类沟通，在工作场所扮演员工、同事的角色，人–机之间的协作也变得越来越普遍。在此情况下，人与机器人工作职能的分配、合作、信任等问题日益凸显，人力资源管理变得更加复杂。

（2）数字化人力资源管理的功能：第一，能够提高人力资源管理的效率。传统的人力资源管理采取人工的方式进行数据处理，不仅耗时长，而且处理结果的准确度难以保障。在企业中推广大数据技术和人工智能技术可以逐步解放基层人力资源管理人员，使他们从报表分析、文件归档等基础性工作中解脱出来，通过标准化、规模化的网络自助服务简化工作流程，提高工作效率。第二，可以提升人力资源管理的战略性功能。数字化人力资源管理利用信息化优势（包括知识管理系统、网络社区、决策制定与支持系统、绩效诊断与支持系统），不仅在技术上将传统的信息系统拓展为基于 Web 的网络化互动通信平台，更是塑造了员工作为价值创造主体的开放性组织形式，有助于提升员工的自主决策能力，为员工进行信息搜索、创新实施、风险应对等自主性活动提供组织和技术上的双重支撑，能够充分发挥员工的战略价值，从而有助于企业更好地获取长期竞争优势。

关键术语

competitive edge　　竞争优势
core competence　　核心竞争力
human resources management　　人力资源管理
human resources plan　　人力资源规划
job analysis　　工作分析
recruitment and selection　　人员招募与甄选
personnel training　　人员培训

career management　　　　职业生涯管理
performance management　　　绩效管理
compensation management　　　薪酬管理
labor relations management　　　劳动关系管理

本章思考题

1. 人力资源有哪些特点？
2. 为什么说人力资源是企业核心能力的源泉？
3. 人力资源管理的职能是什么？
4. 人力资源管理有哪些职责？
5. 人力资源管理经历了哪几个发展阶段？每个阶段有何特点？
6. 在数字化时代，人力资源管理面临哪些挑战？
7. 人力资源管理的未来发展趋势是什么？
8. 什么是数字化人力资源管理？数字化人力资源的特征是什么？
9. 数字化人力资源管理有哪些功能？

课堂讨论

智能工厂是否还需要以人为本？

从 2011 年开始，美的集团开始转型，投资 50 亿元建设智能工厂。美的对智能工厂的终极构想是希望全智能工厂内外、虚实均实现互联，最终目的是品质稳定、成本最优。这也是智能制造的价值体现。

2011 年是美的空调工人数量历史上最多的时候。彼时，工厂工人有 5 万人，机器人 50 台，自动化率为 3%。2015 年，美的空调工人数量下降为 2.8 万人，机器人为 562 台，自动化率为 16.9%。2018 年，美的空调工人降为 1.6 万人，机器人达 1 500 台，自动化率达 50%。而每个月的峰值产品数量则分别为 300 万套、400 万套和 500 万套，持续增加。可见，随着机器人数量的增加，美的家用空调事业部的操作工人数量将会继续下降。

智能化生产摆脱了人力束缚。在客户端，如果用户想购买一台全智能空调，可以自主定制喜欢的外观颜色，通过手机下单后，App 转到业务部门，经过设计转化—计划系统—制造系统—物料采购—生产等环节，再通过物流系统送至用户家中。在产品生产端，原来在生产车间流水线作业的"人工矩阵"不见了，取而代之的是两条智能生产线、近 200 台机器人，根据大数据操作显示屏指令精准地完成产品的打孔、切割、安装、标准检测……每一个工件都会有相对应的条码，通过信息化系统识别，机器人会"知道"哪一个零件应该配套哪一款机型，并可以时时监控客户订单生产配送全过程，生产的自动化使得品质大大提升。更重要的是，物流也实现了智能化操作。生产线缺少物料，经 App 自动检测后，由机器人将物料运送到指定目的地。

智能工厂就像一个长了人类大脑的机器人工匠，会自动完成接单、生产、送货等一条龙服务，整个产销流程极少有人的参与，"黑灯工厂""无人工厂"似乎指日可待。

问题：

1. 现存车间流水线的工人是否一种人力资源的浪费？
2. "智能工厂"是否不再需要人力资源管理？

资料来源：朱冬. 美的智能工厂离开人力却以人为本 [J]. 中外管理, 2016 (5)：50-54.

课后讨论

ST 公司的人力资源数字化管理

ST 公司成立于 2014 年，是全球领先的人工智能平台公司，同时也是"全球最具价值的 AI 创新企业"。公司建立了全球顶级、自主研发的深度学习超级计算中心，是亚洲最大的 AI 研发基地。它在人脸识别、图像识别、文本识别、医疗影像识别、视频分析、无人驾驶等领域的创新成果，支撑了十多个垂直行业的 AI 变革。

2018 年 5 月，ST 公司宣布完成 6.2 亿美元 C+轮融资，总融资额超过 16 亿美元，估值超过 45 亿美元，继续保持全球总融资额最大、估值最高的人工智能独角兽地位。公司现已在我国香港、北京、深圳、上海、成都、杭州，日本京都、东京和新加坡成立分部，汇集世界各地顶尖人才，合力打造世界一流的原创人工智能技术公司。

ST 公司目前的战略是：在保持现有市场份额的前提下，利用 5 年时间，实现快速渗透和市场扩张，业务增长水平不低于 100%。

从现状来看，公司目前的人力资源管理仍处于信息化的数据分析、数据查询阶段，随着公司的发展和外部环境的变化，人力资源部门需要提升效率并加强对人才价值的管理，现有的系统功能显然无法实现这一目标。

为了实现数字化的人才管理，使人力资源管理更有效，需要开发新的产品来实现，该产品需要满足以下五个方面的需求：第一，优化招聘的互动性，提高简历处理的效率和准确性。第二，提供更便捷的员工服务流程，提升服务速度。第三，打通人力资源数据体系，提供公司员工的全息数据模型和数据支持。第四，对员工业绩和技能进行评估，结合公司员工平均数据，给出学习和提升建议。第五，建设便捷的学习平台，以方便员工技能培训和素质能力学习。

在明确公司的战略目标和人力资源管理目标的基础上，人力资源部结合现有人力资源管理方面的问题，根据企业内人才生命周期图，完成了相对完整的数字化转型项目方案。该项目以人力资源管理平台 2.0 为基础，以 HR 智能助手为手段，通过数据产品和决策分析为核心的一体化人力资源管理体系，提供各种数据预测、自主规划、数值监控与报表输出功能，为人力资源管理提供高效的决策支持。从使用者角度看，分为应聘者、员工、人力资源部门和管理者。从产品角度看，应聘者和员工的功能模块产品对应 HR 智能助手，人力资源部门和管理者的模块产品对应人力资源管理平台 2.0 版本。具体的功能、模块及对应角色见表 1-1。

表 1-1　人力资源数字化系统功能规划

模块	应聘者		员工	人力资源部门	管理者	
	咨询问答	简历投递	基础能力	数据管理	数据管理	决策分享
招聘运营	智能机器人	智能匹配	—	智能简历筛选	—	—
人才吸引	—	—	—	招聘预测		
员工体验	—	—	—	员工满意度调查	人才提醒	个性化建议
薪酬规划	—	—	—	薪酬决策	—	—

续表

模块	应聘者		员工	人力资源部门	管理者	
	咨询问答	简历投递	基础能力	数据管理	数据管理	决策分享
学习培训	—		个性化学习建议	学习内容标记	学习仪表板	—
职业发展			职业发展指导	—		
员工服务			自助服务			

整个人力资源管理数字化项目有两个目标：推动营造卓越的体验，由效益效果指标（NPS）进行衡量；推动实现适当的业务成果，由投资回报指标（ROI）进行衡量。

在招聘方面，公司对部署聊天机器人的招聘网站与传统静态网站进行了比较，部署聊天机器人的招聘网站的访问/申请比率为36%，传统静态网站的这个比率仅为12%，而且申请与面试的时间间隔大幅缩短。NPS也高于传统申请途径，而且申请与面试的时间间隔大幅缩短。公司每天收到7 000份简历，在合理的时间范围内找到合适的求职者无异于大海捞针；自实施人力资源管理平台的智能简历筛选后，处理周期大大缩短，NPS增加一倍，求职者与职位的匹配度也显著提高。

在学习培训方面，在人工智能驱动的学习平台上，98%的员工平均每季度访问一次，因为学习平台可以提供辅助信息，报名参加有针对性的学习课程，因此报名人数和课程完成率不断上升，从而帮助企业加速获得战略性技能。公司阶段性数据证明了员工学习量与总体敬业度之间的统计学关联。更重要的是，该项目对于学习内容的净推荐值一直很高。随着技能半衰期越来越短，基于智能算法推荐的持续性学习内容可确保员工队伍的技能保持常青。

在职业发展方面，在过去半年中，公司一直在内部改进技能推断技术。目前，该流程的准确率已达到85%~95%。员工可通过专业知识管理界面访问个人技能档案。过去需要耗费数千小时完成企业技能状况调查，而新的方法不仅可以节省大量时间，还能持续更新信息，确保提供更准确的实时技能数据。公司利用人工智能技能推断技术监控与业务需求相关的技能，了解公司技能水平与竞争对手的比较结果，这样就能够制定有针对性的干预措施，迅速缩小技能差距。

问题：ST 公司的人力资源数字化管理有何特色？

资料来源：陈韬. 数字化技术在企业人力资源管理中的应用研究：以 ST 公司为例［D］. 南京：东南大学，2020：33-37.

第二章 战略性人力资源管理

▨▨▨ 导入案例

中国移动通信集团公司的组织变革和人力资源管理变革

近年来，中国移动通信集团公司面临的竞争环境发生了较大变化：第一，传统的语音业务收入在总收入中的比重正在逐年下降，用户需求从以语音消费为主向综合信息服务转变，如可体验服务的需求、个性化定制服务的需求、接入方式多样性选择的需求。第二，同质化竞争加剧，各运营商间出现了服务对象同质化、服务种类同质化、竞争手段同质化、企业性质同质化。第三，新加入者增多。互联网公司利用OTT以内容创造了高黏性，导致用户从电信运营商剥离，电信运营商的收入和利润出现下滑。

在此背景下，中国移动组织变革的趋势是：省公司逐步转型成管道和渠道，其主要职能体现在两个方面：一是实现地域性网络和IT的集中化运营。二是做好传统业务和数字化新产品的市场营销以及属地化服务。专业公司逐渐成为中国移动未来新发展阶段的价值创造主体，它们将利用省公司的管道和渠道逐步向全网提供具有核心竞争力的产品和服务。简而言之，中国移动的组织变革就是开源节流、开疆拓土。所谓开源节流，就是消化集团内部业务；所谓开疆拓土，即拓展对外业务收入。

为保证组织变革的顺利实施，中国移动的人力资源部门将成立三个中心：第一，人力资源专家中心，主要职能是战略参与、流程优化、制度制定、确定标准、文化培养。第二，人力资源平台部，主要职能是招聘管理、培训管理、薪酬管理、绩效管理、外包管理。第三，人力资源业务合作伙伴，主要职能是制度落地、需求落地、业务支撑、员工沟通。以培训为例，人力资源专家中心从人才发展战略角度出发，为企业人才发展、人才培养以及通过人才发展实现企业目标提供服务，为企业培训战略规划提供平台支持和框架设计，包括培训平台搭建、逐级培训、各专业族群培训、领导力培训体系设计、导师制设计、职业发展体系设计；人力资源平台部主要为企业培训及人才发展提供共享服务，为培训资源的高效整合和高效利用提供支持，主要负责新员工培训、区域共性问题的针对性培训、人力资源专家中心培训计划承接、培训和职业发展信息系统；人力资源业务合作伙伴主要为企业培训落地提供支持，承担的是企业培训中最重要的落地实施（即绩效转化）过程，主要负责承接人力资源专家中心培训计划、业务培训需求挖掘与培训实施。

资料来源：作者调研并整理。

从上述案例可以看出，进入数字化时代，中国移动通信集团公司的人力资源管理已进入战略性人力资源管理阶段。战略性人力资源管理强调人力资源管理对组织战略的主动和快速响应，其核心任务是通过人力资源管理推动组织变革，支撑组织长远发展。

第一节　战略性人力资源管理概述

一、战略性人力资源管理的含义

1978年，玛丽·德瓦纳（Mary Devana）、查尔斯·福姆布龙（Charles Formblon）和诺埃尔·蒂奇（Noel Teach）第一次明确提出了战略性人力资源管理（Strategic Human Resources，SHR）的概念。他们根据安东尼对管理层次的划分，把人力资源管理也划分为三个层次：战略层、管理层、操作层。其中，战略层的人力资源管理根据组织的长期战略定位，制定相应的人力资源管理政策和总体目标；管理层的人力资源管理获取和分配人力资源，以保证战略规划的贯彻落实；操作层的人力资源管理根据管理层的计划进行日常操作。

兰德尔·舒勒（Randall Schuler）认为，战略性人力资源管理就是使员工具备实现组织战略所必需行为的一切管理活动。在此基础上，舒勒还对战略性人力资源管理进行了划分，认为它是由哲学（philosophy）、政策（policies）、程序（program）、实务（practices）和流程（processes）五个方面构成的 5P 模型，强调 5P 模型内部要保持高度一致，并与组织的战略业务需求系统结合。

帕特里克·赖特（Patrick Wright）等认为，战略性人力资源管理是为了使组织能够实现其目标，所规划和采用的人力资源实务和活动的模式。该定义具体包括四个方面的含义：第一，人力资源非常重要，是企业获取竞争优势的主要来源之一。第二，人力资源政策、流程和实务是组织借助人力资源获取竞争优势的主要方法。第三，人力资源管理是一套系统模式，这套模式既要与企业的战略相吻合，同时其内部各项职能和实务也应互相吻合。第四，人力资源、人力资源管理实务及其模式都应该以服务组织战略为目的。

综合上述观点，本书认为，战略性人力资源管理是以组织战略为导向，根据组织战略制定相应的人力资源管理政策、制度与管理措施，获取能与企业战略垂直匹配的具有竞争优势的人力资源配置，以推动实现组织战略和组织变革的过程。

二、战略性人力资源管理的特征

（一）人力资源的战略性

在企业的人力资源系统中，具有某些特别知识、能力、技能，处于企业经营管理系统的重要或关键岗位上的人力资源一般被称为战略性人力资源。与一般性人力资源相比，战略性人力资源具有某种程度的专用性和不可替代性，企业拥有这种人力资源是获得竞争优势的源泉。

（二）人力资源管理的系统性

企业为了获得可持续竞争优势而部署的人力资源管理政策、实践以及方法、手段等可以构成一种战略系统。

（三）人力资源管理的契合性

人力资源管理的契合性包括纵向契合和横向契合。纵向契合即人力资源管理必须与企业的发展战略相契合，横向契合指企业整个人力资源管理系统各组成部分或要素之间应相互契合。

（四）人力资源管理的目标导向性

战略性人力资源管理通过组织建构将人力资源管理置于组织经营系统中，以促进组织绩效最大化。

总之，与传统的人力资源管理相比，战略性人力资源是决定企业成败的关键因素。战略性人力资源管理的核心职能是参与企业战略决策，根据企业内外环境的需要倡导并推动变革，进行整体的人力资源规划和实践活动。也就是说，战略性人力资源管理与战略规划是一种动态的、多方面的、持续的联系，其职能直接融入企业战略形成和执行的过程中。

三、人力资源管理者的角色

在战略性人力资源管理阶段，组织对人力资源管理的期望发生了重大变化：第一，从运营性到战略性，人力资源管理必须关注组织战略的实现。第二，从监督控制到业务伙伴，人力资源管理必须满足业务部门对人的需求。第三，从短期性到长期性，人力资源管理必须解决如何才能够支撑企业长期发展的问题。第四，从聚焦内部到聚焦外部及客户，人力资源管理必须更好地帮助业务部门取得成功。第五，从被动到主动，人力资源管理必须主动思考、提出解决问题的方案。第六，从聚焦活动到聚焦解决方案，人力资源管理者必须成为人力资源专家。

被誉为现代人力资源管理学之父的戴维·尤里奇（Dave Ulrich）提出，为了实现人力资源管理的转型，人力资源管理者要扮演好四种角色，如图 2-1 所示。

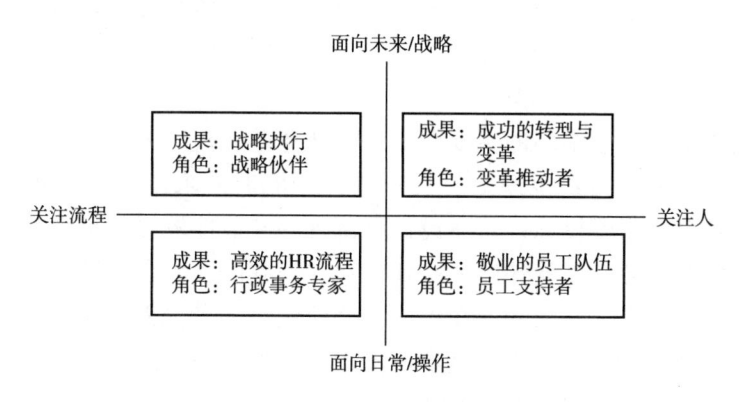

	面向未来/战略	
成果：战略执行 角色：战略伙伴		成果：成功的转型与变革 角色：变革推动者
关注流程		关注人
成果：高效的HR流程 角色：行政事务专家		成果：敬业的员工队伍 角色：员工支持者
	面向日常/操作	

图 2-1 人力资源管理者的四种角色

（一）战略伙伴

人力资源管理者不仅要为公司制定战略、战略转型提供参考，还要实施公司的战略。

(二) 行政事务专家

人力资源管理者要设计并执行各种人力资源管理政策和程序，承担人员招募、甄选、绩效评估、薪酬管理等相应的职能管理活动，负责向直线经理提供支持和建议，以提高组织人力资源管理的有效性。

(三) 员工支持者

人力资源管理者要重视与员工的沟通，及时了解员工的需求，通过各种手段提高员工的工作满意度和忠诚度，激发员工的工作热情。

(四) 变革推动者

人力资源管理部门要参与组织的变革与创新，提高员工对变革的适应能力，并妥善处理组织变革过程中的各种人力资源问题，以推动组织变革的进程。

四、人力资源组织模式的创新

IBM 公司基于戴维·尤里奇的思想，结合自身的人力资源管理转型实践，提出了 HR 三支柱模型，认为未来的人力资源部将分为三个单元，即人力资源专家中心 (HR Center of Expertise, HR COE)、人力资源业务合作伙伴 (HR Business Partner, HR BP) 和人力资源共享服务中心 (HR Shared Service Center, HR SSC)。以三支柱为支撑的人力资源管理体系源于公司战略，服务于公司业务，其核心理念是通过组织能力再造，让人力资源管理部门更好地为组织创造价值。

(一) 人力资源专家中心

人力资源专家中心的主要职责是为业务单元提供人力资源方面的专业咨询，包括人力资源规划、人事测评、培训需求调查及培训方案设计、绩效管理制度设计、薪酬设计和调查等专业性较强的工作，同时帮助人力资源业务合作伙伴解决在业务单元遇到的人力资源管理方面的专业性较强的难题，并从专业角度协助企业制定和完善人力资源管理方面的各项规定，指导人力资源共享服务中心开展服务活动。

(二) 人力资源业务合作伙伴

它是人力资源管理部门内部与各业务经理沟通的桥梁。人力资源业务合作伙伴既要熟悉人力资源管理各个职能领域，又要了解业务需求，即帮助业务单元更好维护员工关系，处理各业务单元日常出现的较简单的问题，协助业务经理更好地使用各种人力资源管理制度和工具管理员工。同时，人力资源业务合作伙伴也应利用自身的专业素养来发现业务单元日常人力资源管理中存在的种种问题，从而提出并整理发现的问题交付给人力资源专家，采用专业和有效的方法更好地解决问题或设计更加合理的工作流程，完善所在业务单元的运营流程。

（三）人力资源共享服务中心

人力资源共享服务中心统一处理企业各业务单元中所有与人力资源管理有关的基础性行政工作，比如将员工招聘、薪酬福利核算与发放、社会保险管理、人事档案、人事信息服务管理、劳动合同管理、新员工培训、员工投诉与建议处理、咨询服务等集中起来，建立一个服务中心统一进行处理。

人力资源管理组织模式向三支柱转型的价值主要体现在以下几个方面：第一，摆脱传统人力资源管理的各种弊端，密切人力资源管理与企业业务发展及客户需求的关系，强化企业业务发展过程之间的关联性，为各项业务的有效运行提供人力的支撑，把事务性的人力资源服务有效地分离出来。第二，使人力资源部转变为集三个角色于一身的部门，从而成为企业不可或缺的组成部分。在人力资源三支柱的引导下，人力资源从业者拥有企业战略决策参与者、业务伙伴的合作者与咨询服务的提供者等多重身份，人力资源部的工作体现出多元化发展的态势——参与企业战略制定与落实、参与企业战略制订、参与企业决策方案、调整与完善业务运行程序、协助企业各业务部门寻找合作伙伴等。第三，提升人力资源管理的效能。人力资源业务伙伴，一方面为管理层提供了统一的服务界面和端到端的解决方案，另一方面"将指导员配备到了连队"，为企业核心价值观的传承和人力资源管理政策的落地提供了组织保障；人力资源专家通过强大的专业能力，提升了企业人力资源管理政策、流程和方案的有效性，并为人力资源业务伙伴服务于业务部门提供了强有力的专业和技术支持。第四，提升人力资源管理的效率。人力资源共享服务中心通过标准化、流程化和规模化的人力资源管理服务，使人力资源部的管理层、人力资源业务伙伴和人力资源领域专家从繁琐的、操作性的人力资源事务性工作中解放出来，提升人力资源管理的整体服务效率和水平。

阅读案例2-1

腾讯公司的 HR 三支柱

作为中国知名的互联网服务提供商之一,自1998年成立以来,腾讯的业务量快速增长,与此同时,员工数量也在急剧增多。面对庞大的员工队伍,如何灵活应对员工的各种需求,如何对业务发展做出快速响应并制定有效方案,这对人力资源部门提出了新的挑战。2010年,腾讯正式提出要建立HR三支柱——腾讯人力资源专家中心、腾讯人力资源业务合作伙伴、腾讯人力资源共享服务中心。其中,人力资源专家中心的主要职责包括负责人力资源前瞻性的研究、参与并解读公司战略、规划人力资源战略、制定人力资源制度和政策、提供人力资源专家支持,主要服务对象是老板和公司高层,主要输出是人力资源管理战略、制度、政策,主要角色是战略能力贡献者、组织能力建设者、人才保障者;人力资源业务合作伙伴的主要职责包括制度落地、需求管理、业务支撑、员工沟通,主要服务对象是直线经理、普通员工,主要输出是人力资源需求解决方案,主要角色是业务能力支持者、人才保障者、协调人;人力资源共享服务中心的主要职责包括人力资源模块系统管理、人力资源统一标准化工作、外包管理,主要服务对象是人力资源专家中心、人力资源业务合作伙伴、普通员工,主要输出是人力资源职能类、标准化,主要角色是职能专家、业务能力支持者。

资料来源:鄢雪芳. 大数据在企业人力资源管理中的应用:以腾讯为例[J]. 企业改革与管理,2019(17):49-50.

五、人力资源管理者的胜任力

为了扮演好上述四种角色,人力资源管理者应具备多种能力,以发挥战略性人力资源管理的作用。戴维·尤里奇提出人力资源管理者应具备以下九种能力,如图2-2所示。

(一)战略定位者

该胜任力主要考察人力资源管理从业者评估内、外部商业环境的能力,以及将其转化为洞见的能力。战略定位者是人力资源管理从业者九大胜任力模型的关键板块。这是一种连接人与业务的重要胜任素质,它要求人力资源管理者不仅要有商业远见,还要能结合组织实际,把远见转化为洞察力,基于对战略的理解,搭建人力资源管理框架。

图 2-2 人力资源管理者的能力模型

阅读案例2-2

传统职能 HR 与业务型 HR 的区别

某公司几个月前完成了 B 轮融资,开始进军多个城市,业务体系也逐渐复杂起来。而原有的组织架构基本按照研发、产品、市场、商务、人力、财务、行政等职能来划分,已不能适应组织的发展。老板想要调整公司的组织架构,于是找到 HR,希望他能给出具体方案。

传统职能 HR:了解老板的想法,按照老板的想法,画出初步的组织框架图,给出调整路线图,然后在相关会议上获得通过,照章执行。

业务型 HR:公司为什么要执行这次调整?公司的业务发展到哪个阶段了?过去的组织架构存在什么问题?在支撑业务发展中还会出现什么问题?公司下面的业务战略和实施步骤有哪些?重新划定业务范围会对现有团队造成哪些冲击?利益格局上有哪些变化?公司现有各部门的

业务衔接和流程是怎样的？调整的必要性和可能性在哪里？现有人员结构配比是否合理？能力框架和经验框架是否合理？如果进行人员快速盘点，切入点和可行的方案有哪些？整个组织架构调整方案的运行路径应该是怎样的？

资料来源：李舟安. 预见人力资源：新时代HR的进化方法论［M］. 北京：人民邮电出版社，2018：125-126.

（二）矛盾疏导者

人力资源管理从业者必须能够处理组织中的各种矛盾，以最大限度地满足各方的需求。人力资源管理在面对经济转型和组织架构调整时会遇到各方阻力，要想在各个利益相关者的矛盾中找到并保持自己前进的方向，要求人力资源管理从业者必须能够从不同角度看问题，处理和疏导各种矛盾。

（三）文化和变革倡导者

为创造一个积极应对变化的组织，需要人力资源管理从业者做文化变革的先锋和旗帜，从组织结构上确保变革的可行性。人力资源管理从业者要学习塑造企业文化，发动变革并管理变革。这就要求人力资源管理者能认识到文化的价值，并使用商业化语言表达，能为文化变革规划蓝图，有规划地发起变革。该能力保证组织架构刚柔并济，以应对多变的商业需求。

（四）可信赖的行动派

该维度主要考察人力资源管理从业者能否在组织内部赢得信任和尊重，从而被视为有价值并能创造价值的合作伙伴。可信赖的行动派也是胜任力模型中的核心板块。它强调人力资源管理从业者的信誉以及行动力。无论是日常事务的执行，还是组织推动改革，人力资源管理从业者都需要建立自身信誉，积极高效，以充足的正能量来影响他人。

（五）人力资本管理者

为识别并发展适合组织目前及未来业务需求的人才，人力资源管理从业者要把对人才的把握与对工作职能的了解相结合，真正为每一个员工找到最能够发挥其效能的职位。

（六）薪酬福利大管家

薪酬福利不是简单的工作。作为薪酬福利大管家，人力资源管理从业者需要为员工和团体创造有形和无形的价值。在保障员工的薪酬福利具有竞争力的同时，还要为员工提供无形的价值，包括创造和展示组织发展前景和工作的价值。有意义和价值的工作相比薪酬更能提高员工的归属感和忠诚度，提升团队凝聚力。

（七）合规管控者

随着全球化进程的发展，人力资源管理从业者需要面对越来越多的来自不同国家、组织的法律法规。人力资源管理从业者需要对合规有更深刻的理解，肩负起合规管控的职能，来保障组织运营的稳定和可持续性。

（八）技术和媒体整合者

在数字化时代，人力资源管理从业者必须能够运用技术和社交媒体来打造高绩效组织和团队。同时，要整合各项技术，并应用各类媒体来加强对内对外的沟通，提高组织的效率。

（九）数据设计和解读者

在信息技术飞速发展的今天，大数据等技术的兴起改变了商业分析的模式，大数据技术为人力资源部门在数据分析上取得突破提供了条件，人力资源管理从业者要成为数据的设计和解读者，包括识别有关人力资源的数据，管理、处理数据，并解读和运用数据。

1. 数据内容

人力资源大数据可以分为生理大数据、行为大数据和关系大数据三种基本类型。

生理大数据主要包括实时的生理指标和人类基因数据两种基本类型。一方面，基于可穿戴设备和便携式生理分析技术，人力资源管理从业者可实时连续监测人体（包括心跳、体温、睡眠、激素水平以及其他理化指标）并进行数据存储和传输。这些指标动态、全面地反映了一个人的生理状态和健康水平，对于企业降低因病缺勤损失及员工保健开支具有重要意义。目前，生理大数据在体育产业等高度依赖人员身体素质的行业中已经得到广泛的应用。另一方面，人类基因包含了海量的遗传信息，属于典型的大数据范畴。这些信息从遗传的角度揭示了一个人的天生禀赋，对于人力分析具有重大的参考价值。虽然人类基因数据目前还仅限于医疗健康领域应用，但将来基因数据很有希望成为人力分析的重要工具。

行为大数据主要包括教育、求职、工作、娱乐和消费等方面的行为数据。相比过去企业掌握的行为数据，这些数据在全面性和精细程度上显著提升。例如，教育行为大数据包括在线教育资源的使用、图书资料的购买和借阅、参与非正式的技术分享等；求职行为大数据包括在线浏览职位和公司信息、投递简历、与猎头（head hunter）的接触以及参加面试等；工作行为大数据包括在办公场所的移动、办公软硬件设备的使用情况、使用讨论室的频率、使用工作场所休闲设施的频率以及在会议中的发言等。

关系大数据主要包括在线互动行为和线下互动行为。在线互动行为包括成员之间在电话、邮件系统以及其他即时通信系统上的联系行为，及其在各种社交网络中的发布和互动行为；线下互动行为包括项目团队内部的沟通和合作、茶水间的交流行为以及非工作场所的互动等。关系大数据为勾画成员间的联结网络和联结强度、进行社交网络分析提供了数据基础。

2. 数据搜集

在大数据条件下，数据搜集具有以下特点：第一，尽可能从多种不同来源获得数据，以便对数据进行三角验证，提高数据质量。第二，数据搜集手段以自动化采集为主，不需要人工调查或填报，搜集的速度很快，绝大部分数据是实时数据。第三，尾气数据（exhaust data）占据主导地位。尾气数据不是为人力分析的目的而有意识收集的，而是在提供服务的过程中自然产生的。对于数据的产生者来说，这些数据都不是有意识提供的，而是其行为的忠实记录，大大增强了关于人的数据的真实性、连续性和实时性。其缺陷在于数据的非结构化、低相关性，以及由于当事人不知情而存在隐私问题。

3. 数据分析

第一，在大数据时代，数据分析的方法呈现出以下三个方面的变革。首先，数据分析的自动化程度提高，分析方法的通用性增强。随着人工智能和机器学习在大数据分析中的应用，不需要改变程序就能够分析不同类型、不同结构的数据，有些系统甚至能够自动做出反馈。其次，数据分析的实时性要求提高，大多数情况下要求立即得到结果。最后，人力资源管理的理论不再是人力分析的必要前提，相关分析方法逐渐占主导地位。第二，在数据分析的目标上，预测成为人力分析的核心目标。精准的预测能力是人力分析能够支撑人力资源决策并创造商业价值的关键。例如，通过预测候选人的工作潜能和忠诚度来优化招聘决策，能够提高员工的生产率并降低离职率。第三，在数据分析结果上，人力资源管理从业人员要将数据分析的洞见与决策者关心的商业问题紧密关联起来，强调分析结果呈现的时效性和针对性，通过规范分析提供切实可行的建议，并且用后续数据不断证明人力分析所创造的商业价值。

阅读案例2-3

Transcom 的人员管理

由于人员的流失率过高，全球呼叫中心 Transcom 公司在 2012 年下半年使用大数据进行了员工行为分析。在涉及"诚实"这一品质时，员工会被询问"是否能进行简单的快捷键操作，如复制粘贴"。如果答案是肯定的，将会当场被要求在键盘上进行实际操作。

结果，负责收集和分析数据的 Evolv 公司发现，在"诚实"方面得分高的员工，其稳定性要高出 20%～30%。与此同时，Evolv 还找出了一些其他的数据规律。基于这些数据，Transcom 改变了招聘策略，优先聘用这些有着相同类型特质的员工，这使得员工数量下降了 20%，同时，人员流失率也大大降低，不仅降低了招聘成本，也节省了培训新员工的成本（新员工培训成本约为 1 500 美元/人）。

该公司还利用大数据找出旗下最成功呼叫人员所具有的特点，作为招聘新员工的重要依据。这使得该公司的招聘面试时间缩短至 12 分钟，平均呼叫时间压缩了 1 分钟，人员流失率下降了 39%。

资料来源：HR 的五种互联网思维，面对 90 后不再头疼！[EB/OL]．(2018-11-23)[2023-07-19]．https://www.sohu.com/a/277557452-764786.

第二节　通过人力资源管理推动组织变革

进入 21 世纪，组织面临的外部环境发生了巨大变化，主要表现在以下几个方面：第一，经济环境日趋不稳定。21 世纪全球经济环境的重要特征是复杂、动态、不确定、模糊性。第二，技术革新步伐加快，并深刻影响着人们的工作方式和生活方式。第三，顾客成为市场的主宰力量。消费者的权益日益受到重视，顾客在市场上的影响力越来越大，顾客需求日趋个性化。

面对日益复杂且动态变化的环境，企业要适应内外部的变化，必须适时进行变革并进行有效管理，以在千变万化的商业环境下保持自身的竞争力，保证企业的成功。为此，组织变革成为常态。

组织变革是指对组织中的要素（如组织的管理理念、工作方式、组织结构、人员配备、组织文化及技术等）进行调整、改进和革新的过程。变革就意味着改变，意味着打破传统。组织变革的成败很大程度上取决于企业的变革思路与变革方法，而最终获得成功的关键在于实施变革的过程中组织内部利益的分配和观念的转变。面对组织变革带来的利益重新分配、组织再造、流程再造与文化再造，组织的人力资源管理部门作为战略参与者应当充分发挥作用，以推动组织变革。

一、组织变革的阻力

组织变革的阻力一般来自人们反对变革、阻挠变革甚至对抗变革的制约力。阻力的存在意味着组织变革不可能一帆风顺。组织变革的阻力来源主要有以下两个方面。

（一）个人层面

组织变革中的个人阻力主要来自心理上的影响和利益上的影响。员工对待组织变革的态度与其个性有十分密切的关系。那些敢于接受挑战、乐于创新、具有全局观念、有较强适应能力的人通常变革的倾向较为强烈；那些没有强烈成功欲望的，或是因循守旧、心胸狭隘、崇尚稳定的人则对变革的容忍度较低，对变革的抵触情绪较大。而一些依赖性较强、没有主见的员工在变革中常常不知所措，依附于组织中多数群体的态度。除此之外，变革会打破现状，破坏已有的均衡，必然会损害一部分人的既得利益，这部分人常常是组织变革的最大阻力。

（二）组织层面

在组织层面上产生变革阻力的因素有很多，既包括组织结构、规章制度等显性阻力，还包括组织文化、氛围、员工的工作习惯等隐性阻力。由于组织变革会对组织内部各部门、各个群体的利益进行重新分配，那些原本在组织中权力较大、地位较高的部门和群体必然会将变革视为一种威胁，为了保护自身利益常常会抵制变革。另外，企业的业务流程再造必然会重组企业的组织结构，对某些部门、某些层级予以合并、撤减，以及重新界定权责，一些处于不利地位的部门和层级就会反对变革。相对组织内的显性阻力而言，组织内的隐性阻力更加隐蔽，而且一时间难以克服。因为组织内的文化、员工的工作方式已经成为一种工作习惯，在长期的工作中，员工与员工之间、员工与领导之间、员工与组织之间已经形成了某种默契或契约。一旦实行变革，就意味着改变员工业已形成的工作关系和工作方式，必然会引起员工的不满。

二、组织变革中的人力资源管理策略

面对众多阻碍组织变革的阻力及因素，人力资源管理者应合理运用人力资源管理策略，配合组织的战略目标，对组织变革中两个层面的阻力因素进行调研、分析、引导直至改变，以保证在最大限度上使组织变革取得成功。具体策略包括以下几个方面。

（一）确立新的核心人才队伍规划

在变革中，由于各种原因，组织中的一些核心人才会考虑离职。因此，如何稳定核心人才，如何依据组织未来新的战略、业务明确核心人才素质并确立新的核心人才队伍规划，是企业必须解决的问题。

（二）人力资源管理制度应与组织变革的目标保持一致

对大多数企业而言，经过多年的积累，已经形成一套相对稳定的人力资源管理体系。然而，在组织变革中，企业将提出新的愿景和战略，这时原有的人力资源管理制度（如薪酬、绩效考核、员工发展）可能无法满足组织变革的需求，因此需要对其进行相应的变革，以配合组织变革的开展。例如，绩效考核制度的设计和绩效考核方法应更有利于促进文化变革以及其他变革。同样，薪酬制度也要做相应的调整。

（三）引入第三方变革代言人

变革代言人即通常所谓的咨询顾问或机构。在变革的过程中，一些员工会认为变革的动机带有主观性质，变革是为了当局者能更好地谋取私利；一些员工会对变革发动者能否有效地实施变革表示怀疑。引入第三方变革代言人能很好地解决上述问题：一方面，变革代言人通常由一些外部专家和咨询顾问所组成，他们的知识和能力不容置疑；另一方面，由于变革代言人来自第三方，通常能较为客观地认识企业所面临的问题，较为公正地找到解决的办法。

(四) 保证员工获得全部有关组织变革的信息

要保证员工获得有关变革的全部信息，包括组织的现状、战略及愿景等，激发员工对未来前景的信赖，这是员工接受变革的前提。人力资源管理者要利用一切可以利用的方法在最短的时间内让员工全面了解变革的必要性，使他们认识到组织存在的问题，而且最好让员工参与现有问题的确认以及解决方案的制定。沟通必须做到明确、及时、可信、全面，且以数据和事实为依据。作为一个整体战略，必须尽可能快地向员工说明：新的行动计划是什么；我们应采取什么行动步骤；我们现在应该完成的工作是什么；通过变革我们能从中获得什么。同时要向员工提供尽可能多的有关组织前景的信息。当员工清楚地知道事情的进展以及可能的结果时，他们会成为变革的合作者和支持者，而不是抵制者。此外，可以通过员工调查来确定各级员工对变革的理解程度，这一环节既是调查又是再一次的宣传沟通。

(五) 促进员工积极参与变革

在组织变革中，如果得不到员工的支持和积极参与，变革是不可能成功的。为促进员工积极参与变革，应该做到以下几点：第一，赋予员工更多权利和责任。比如，在业务流程再造中，只有在流程专家的指导下，让员工参与改造流程，方能获得成功，因此，应赋予员工改造流程的责任和权利：流程改造如果失败，他们应该负相应的责任；流程改造一旦成功，员工也应得到相应的奖励。第二，应注重对员工的培训。通过培训，可以达到两个目的：一是加深员工对企业业务的理解，以帮助他们理解为什么要进行组织变革、哪些方面应该变革；二是帮助员工掌握组织变革所需的技能。如果授予员工更多的权利和责任，却没有教会他们实施变革的技能，最终结果可能会南辕北辙。第三，经常调查员工的态度和行为，将调查结果反馈给员工。这有助于员工清楚变革的过程，并帮助管理者了解企业文化变革进展到何种程度，及还有哪些地方没做到位。

(六) 有效开展招募工作

此项工作分为两个层面：一方面，对具备组织变革后所需能力的员工应予以保留和培训，这是最快也是最有效的建设员工能力的途径，同时也给其余的员工传递"样板"信息，使企业的人力资源素质提升和企业变革得以同步推进。另一方面，面向社会招募适合变革文化及岗位技能要求的员工，使那些敢于接受挑战、乐于创新、具有全局观念、有较强适应能力和岗位工作胜任能力的新员工在组织中发挥影响力和感召力。

（七）适当运用激励手段

一项牵涉各层次、各方面的变革需要得到管理行为的支持。这些管理行为必须与变革的目标和新的准则一致，才能成功实施变革。在组织变革的过程中适当运用激励手段，将达到意想不到的效果：一方面，组织可以在变革实施的过程中提高员工的工资和福利待遇，使员工感受到变革的好处和希望；另一方面，组织可以对一些员工予以重用，以稳住关键员工，消除他们的顾虑，使之安心地为组织工作。

（八）开展有效的评估

组织应当及时评估变革的进展情况和当前的状态。评估的指标包括两类：一类是传统指标，如财务指标；另一类是软性指标，如大股东、客户、中高层管理者的意见等。通常，评估结果应该及时反馈给所有员工。

总之，在组织变革时期，人力资源管理者应密切关注组织的战略调整，进行深层次的调查分析，合理运用人力资源各管理模块工具，积极参与并努力保证组织变革取得成功，使变革后的组织降低运营成本，创新而高效地运作，对市场变化做出迅速反应，从而在激烈的市场竞争中立于不败之地。

第三节 人力资源管理战略与企业战略的匹配

一、人力资源管理战略

人力资源管理战略是企业为适应外部环境日益变化的需要和人力资源开发与管理发展的需要，根据企业的发展战略并充分考虑员工的希望而制定的人力资源开发与管理的纲领性规划。

根据美国康奈尔大学的研究，人力资源管理战略有以下三种类型。

（一）诱引战略

这种战略主要通过丰厚的薪酬吸引和培养人才，从而形成一支稳定的高素质的员工队伍。为了控制人工成本，企业在实行高薪酬诱引战略时，往往需要严格控制员工数量，所吸引的员工通常是技能高度专业化的，招聘和培训的费用相对较低，管理上则采用以单纯利益交换为基础的严密的科学管理模式。富士康公司的人力资源战略就是典型的诱引战略，其薪酬高于制造业平均水平，给员工提供较好的福利，同时严格控制员工行为，比如：实行严格的等级制度，下级必须服从上级；有极度强调执行力的"目标管理"；对员工采用严格的奖惩机制。

（二）投资战略

投资战略主要是通过聘用数量较多的员工，形成一个备用人才库，并储备多种专业技能人才。这种战略视员工为投资对象，注重员工的开发与培训，注意培育良好的劳动关系。在这方面，管理者担负较重的责任，以确保员工得到所需的资源、培训和支持，得到较高的工作保障。例如，3M公司的人力资源战略属于典型的投资战略。该公司十分注重对员工的培训，并且力所能及地对员工的创新活动予以支持。

（三）参与战略

实行这种战略的企业倾向于扁平化和分权的组织结构。其员工多是高技术水准的专业人员，他们在工作中拥有自主权，管理人员像教练一样为员工提供必要的咨询和帮助。为了鼓励创新，这种战略谋求员工拥有较大的决策参与机会和权力。采取这种战略的企业很重视团队建设、自我管理和授权管理。巴西塞姆勒集团采取的战略属于典型的参与战略，员工在工作中有极大的自主权：员工自己确定薪水；员工自行决定上班的时间和地点；董事会有两个向全公司开放的空位，大家都可以应征，先到先得，每个人都有投票权；员工可以自愿参加公司所有的会议；员工可以凭借任何原因请假，最长达三年；取消门卫例行检查；取消考勤制度；取消着装制度；不为高层保留车位，先来先停。

二、与波特的企业竞争战略相匹配的人力资源管理战略

（一）企业竞争战略

哈佛大学商学院教授迈克尔·波特（Michael Porter）在其代表作《竞争战略》一书中指出，企业要在激烈竞争的市场中保持优势地位，

一般有三种通用战略，分别是成本领先战略（overall cost leadership）、差异化战略（differentiation）和集中战略（focus）。

1. 成本领先战略

成本领先战略要求企业坚决地建立起高效规模的生产设施，最大限度地减小研究开发、服务、推销、广告等方面的成本费用，以低于竞争对手的产品价格获得市场占有率，并获得同行业平均水平以上的利润。

2. 差异化战略

差异化战略是指将产品或公司提供的服务差别化，树立起一些全产业范围内具有独特性的东西。企业实现差别化战略可以有许多方式：名牌形象、技术上的先进性、性能特点、顾客服务、商业网络及其他方面的独特性。最理想的情况是公司同时在这几个方面都有其差别化特点。例如，履带拖拉机公司不仅以其商业网络和优良的零配件供应服务著称，而且以其优质耐用的产品质量享有盛誉。

3. 集中战略

集中战略是指主攻某个特定的客户群、某产品系列的一个细分区段或某一个地区市场。企业业务的集中化能够以更高效率、更好效果为某一狭窄的战略对象服务，从而超过较广范围内的竞争对手。这样做的结果是企业或者通过满足特殊对象的需要而实现了差别化，或者在为这一对象服务时实现了低成本，或者两者兼得，这样可以使企业盈利的潜力超过产业的普遍水平。

（二）人力资源管理战略与企业竞争战略的匹配

基于迈克尔·波特的竞争战略，路易斯·戈麦斯-梅西亚（Luis Gomez-Mejia）等提出了与三种竞争战略相匹配的人力资源管理战略，见表2-1。

表2-1 人力资源管理战略与企业竞争战略的匹配

企业竞争战略类型	相应的人力资源管理战略
成本领先战略	诱引战略： 　　　　中央集权 　　　　高度分工 　　　　严格控制 　　　　依靠工资与奖金维持员工的积极性

续表

企业竞争战略类型	相应的人力资源管理战略
差异化战略	投资战略： 重视人才储备 人力资本投资 企业与员工建立长期的工作关系 注重发挥管理人员和技术人员的作用
集中战略	参与战略： 企业决策权下放 员工参与管理 提高员工的认同感/归属感 注重发挥大多数员工的积极性、创造性和主动性

1. 与成本领先战略相匹配的人力资源管理战略

实行成本领先战略的企业依靠低成本的优势在竞争中处于领先的地位，因此与之相适应的人力资源管理战略主要应该集中在对工作分析、工作岗位的细化上，通过合理的设计减少工作中的风险，从而形成一支稳定、和谐的高素质队伍。为了确保员工的稳定性，企业不仅要保证员工队伍的稳定，还要保证员工在一定工作职能范围内的职责、表现的稳定，避免中坚力量的突然离岗造成生产成本增加的风险。在员工激励方面，除了基本的按劳分配原则外，还要通过利润分享、奖励政策、绩效考核以及其他的附加福利招揽更多的优秀人才，严格控制员工的数量以减少不必要的支出。例如，沃尔玛的竞争战略是成为成本领先的零售业巨头，坚持并激进地节省每一分钱。沃尔玛的管理特点是利用标准化政策、规模经济和数据采集的优势以降低成本，其采用的人力资源管理战略具有以下特点：政策集权化和标准化，劳动力成本由总部严格控制，严格规定和限制工人的行为，强烈反对工会的活动。

2. 与差异化战略相匹配的人力资源管理战略

实行差异化战略的企业通过提供与其他企业不同的产品和服务获得竞争优势，因此其人力资源管理战略要重视对人才的储备和人力资本的投资，通过聘用较多的优秀员工形成备用的人才库，注重员工的培训开发，建立起良好的劳动关系。

3. 与集中战略相匹配的人力资源管理战略

实行集中战略的企业主打某个产品或者某一个细分市场,这些企业在制定人力资源管理战略时要求企业能够将决策权下放,让员工参与到企业管理中,利用员工的决策参与权发挥自主权,培养员工的归属感,注重发挥员工的积极性和主动性,为员工提供必要的咨询和帮助。

三、与迈尔斯和斯诺的企业基本战略相匹配的人力资源管理战略

(一)企业基本战略

雷蒙德·迈尔斯(Raymond Myers)和查尔斯·斯诺(Charles Snow)在1978年《组织战略、结构和方法》一书中提出,企业战略并不取决于组织的类型或风格,而取决于那些需要战略解决的基础性问题:企业如何管理市场份额;企业如何执行解决业务问题的方案;企业如何架构以满足解决前两个问题的需要。基于这三种类型的问题,他们将企业分为三种战略类型:防御者、探索者、分析者。防御者拥有较为狭窄且相对稳定的产品市场领域,它们将注意力放在提高专业领域的技能,致力于资金密集、成本控制;探索者不断寻找产品和市场的新机会,它们的核心技能是市场能力和研发能力,拥有较多的技术类型和较长的产品线;分析者是一类规避风险同时又能够提供创新产品和服务的企业,致力于有限的产品和技术,以质量提高为手段,力争超越竞争对手。

(二)人力资源管理战略与企业基本战略的匹配

贝尔德和比奇勒提出了与以上三种企业基本战略相匹配的人力资源管理战略,见表2-2。

表2-2 人力资源管理战略与企业基本战略的匹配

企业战略	人力资源管理战略
防御者战略	累积者战略: 基于建立最大化员工投入及技能培养 获取员工的最大潜能 开发员工的能力、技能和知识
探索者战略	效用者战略: 基于极少的员工承诺和高技能的利用 雇用目前所需要的技能而且可以马上使用的员工 使员工的能力、技能与知识能够配合特定的工作

续表

企业战略	人力资源管理战略
分析者战略	协助者战略： 基于新知识和新技能的创造 雇用自我动机强的员工，鼓励和支持能力、技能和知识的自我开发 在正确的人员配置与弹性结构化团体之间进行协调

1. 与防御者战略相匹配的人力资源管理战略

防御者战略的核心是提高企业在专业领域的技能方面，因此，其人力资源管理战略具有累积性特点，将重点放在人员培训、培养和职业生涯管理方面，高度注重对员工潜能的长期开发，以提升员工的能力和技能。

2. 与探索者战略相匹配的人力资源管理战略

探索者战略的核心是企业的市场能力和研发能力，其人力资源管理战略具有实效性特点，在招聘时对员工技能、能力有较高要求，雇用的员工数量不多，而且强调员工的知识、能力、技能与岗位高度匹配。

3. 与分析者战略相匹配的人力资源管理战略

分析者战略的核心是提供创新产品和服务，其人力资源管理战略具有协助性特点，在招聘时倾向于雇用自我动机强的员工，鼓励员工自我开发，注重知识共享、团队建设。

总之，企业战略作为企业中最高层次的战略内容，是根据企业发展目标选择的企业竞争的经营领域，并合理调配企业所需要的资源，包括企业的发展目标、发展方向、具体措施、潜在危险等具体的经营战略。人力资源管理战略作为一种职能战略，是为了实现企业竞争目标而采取的基本行动进程。因此，人力资源管理战略要想发挥其重要的职能属性，就必须建立与企业战略相一致的发展方向，通过人力资源的管理实现提高企业绩效的目的。不同的企业战略要配合不同的人力资源管理战略，只有通过有效的配合才能够帮助企业增加获取市场竞争的机会，提升企业内部的组织优势，从而实现企业战略目标。

第四节　智能化人力资源管理信息系统及人力资源管理平台建设

一、人力资源大数据的类型和特点

(一) 人力资源大数据的类型

1. 人力资源内部数据

人力资源内部数据是基于员工在工作、生活、学习、发展四个圈产生的各种各样的信息。

2. 人力资源外部数据

人力资源外部数据包括以下三类：一是基准数据，比如各地政府对五险一金的规定会影响到企业人工成本，不同城市对于社保缴纳年限及买房买车、积分落户、住房补贴等规定会影响到人才的流动。二是行业对标数据，如薪酬调研报告、劳动力市场趋势报告等。三是竞争公司各方面的对标数据。

3. 企业经营数据

企业经营数据包括销售数据、成本数据、财务数据，也会影响到人力资源的数据分析。

(二) 人力资源大数据的特点

1. 相关性

人力资源内部数据和外部数据、内部数据之间、外部数据之间彼此关联又相互影响。

2. 流转性

大部分人力资源数据贯穿在"入离升降调，选用育留管"的各个流程中，前后端到端流通并交互，确保业务正常运转。流转性确保了数据的连续性与一致性，并且流程中产生的数据都有记录，累积下来可以进行未来进一步的大数据分析。

3. 分散性

第一，人力资源本身的数据分散在不同的系统里，如招聘数据、培训数据、测评数据、评估数据等。第二，人力资源之外的数据，涉及不同的部门，由于利益交错盘结，尚未实现共享。第三，外部行业对标数据大多分布在不同的地方，需要花费不少人力、物力去收集整理。

二、智能化人力资源管理信息系统

移动互联网时代，人力资源管理的"选用育留管"发生了根本变化，创新、激励、赋能、引领是这个时代的关键词，去中心化、去KPI、自组织、阿米巴①、合伙制是未来的大趋势。对人力资源管理从业者来说，建立一套完整的智能化人力资源管理信息系统，成为一个急切而重要的课题。

智能化人力资源管理系统具有以下功能：第一，智能化人力资源管理信息系统可以为战略决策提供重要支持。智能化人力资源管理系统通过对内部运营数据、舆情、对标数据的收集、处理以及大数据技术智能分析，为企业决策者提供管理驾驶舱、用户画像，让数据说话，建立事前有监测、事中有监控、事后有分析的决策机制，从而让管理者更快更好地做出"选用育留管"的决策，推动企业业务的发展。近年来，腾讯公司着手对管理模式进行转型升级，其中一项重要内容是人力资源管理数据能力的升级，强调在未来的数据化环境中，管理的决策应更多依赖数据。在转型升级后的腾讯人力资源管理中，大数据应当是智能"大脑"。人力资源部可以通过对收集到的大数据进行统计和分析，并结合企业的战略目标，制定未来的人力资源规划。在这方面，百度打造的人力资源App产品包括度学堂、度生活，就是一个互联互通的人力资源平台，在助力企业战略和业务方面发挥重要作用。第二，它整合人力资源管理各模块，为大数据智能分析奠定基础。其中，基础核心模块是职位管理，招聘、学习、绩效、薪酬是必不可少的模块，智能化人力资源管理系统将人力资源管理各模块有机地联系起来，打破信息孤岛，为大数据智能化分析打下良好的基础。详见图2-3所示。

---

① 即阿米巴经营模式，源于日本企业家稻盛和夫的管理模式，就是将公司分割成许多个被称为阿米巴的小型组织，每个小型组织都作为独立的利润中心，按照小企业、小商店的方式进行独立经营。

第二章　战略性人力资源管理　　51

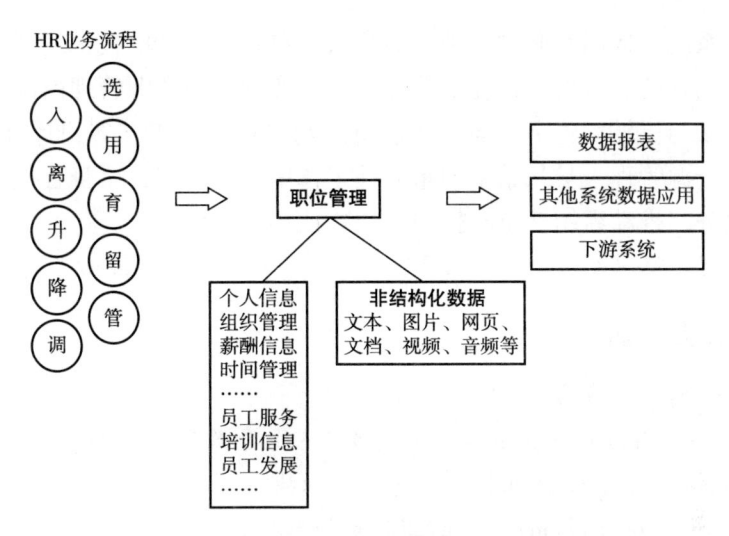

图 2-3　智能化人力资源管理信息系统

三、人力资源管理平台建设

人力资源管理平台建设的流程是：第一，企业需要建立内部人力资源系统。第二，按照云计算 IaaS（基础设施即服务）、PaaS（平台即服务）、SaaS（软件运营即服务）三层逻辑，重新改进人力资源信息系统，或购买云计算服务商的云服务。这种新的架构，除底层硬件部分的整合外，还要建设内部数据库，打通底层基础数据实现共享，彻底消除信息孤岛。这一过程就是人力资源管理系统云化的过程。企业将日常人力资源管理业务和工作内容迁移到该平台，实现实时数据分析和业务流程系统化，以提高人力资源管理的工作效率，使人力资源部门有更多的时间和精力来思考企业发展方面的问题，让人力资源管理系统能够充分发挥其灵活、弹性、免费迭代的优势。

如今，许多云计算服务商已开始提供端对端的人才管理系统，满足各类人力资源管理的流程需求。例如，一些云计算服务商已经开始提供 PaaS 服务，其目的是为企业人力资源管理提供一种能够适应各种不同应用的平台。通过这一途径，企业的人力资源管理能够建立起合作伙伴生态系统，利用上述平台打造全新的人力资源解决方案。例如，Success Factors 可以在 SAP 云平台上为企业提供一体化的人力资源管理解决方案。相对于传统的 OA 和人力资源管理工具，基于 PaaS 服务的人力资源管理系统，运用互联网思维，结合云端和移动云端的技术发展，可以提供更加智能、方便和快捷的管理工具，实现人力资源管理内部工作流程的互联与流转，将员工与员工、员工与企业、员工与客户连在一起，让人力资源管理人员从繁杂的重复性工作中解放出来，全身心投入到为员工服务，推动组织变革和扮演好战略伙伴的角色。

关键术语

strategy　　战略
strategic human resources　　战略性人力资源管理
human resources strategy　　人力资源战略
organizational change　　组织变革
human resources management reform　　人力资源管理变革

本章思考题

1. 什么是战略性人力资源管理？战略性人力资源管理有何特征？
2. 人力资源管理者在企业中扮演着什么角色？
3. 人力资源管理者应具备哪些胜任力？
4. 在数字化时代，如何通过人力资源管理推动组织变革？
5. 人力资源战略如何和企业战略相匹配？

课堂讨论

百度公司人力资源管理信息化之路

众所周知，人力资源管理信息化并不是一蹴而就的，它需要经过不同阶段的不断优化，才能实现。今天我们就来了解百度人力资源管理信息化进程，看看是否有可供借鉴的经验。

一、第一阶段（2011年以前）

百度公司的人力资源信息化处于基础应用阶段，主要体现为人力资源主数据库（其中包括组织、岗位、人事、薪资信息等）的运用，而外围入离职系统功能相对较简单，报表应用也偏于基础。由于百度业务迅速扩展，使得人数激增，原有的系统已无法满足与日俱增的数据和人力资源业务要求，因此开始着手开展人力资源信息系统的全线升级和优化。

二、第二阶段（2012—2014 年）

这个阶段是百度人力资源信息化全面发展与提升的阶段。2012 年是百度人力资源信息化的重要一年，人力资源部与 IT 部门成立联合项目组，打了一场人力资源信息化"战役"——集中优势"兵力"利用一年时间重新打造 HR 系统，敏捷开发，快速迭代，实现"入离升降调，选用育留辞"建设的一步到位。

（一）重新规划和完善人事主数据库

在原先薪酬系统中人事基本数据的基础上，丰富员工个人基本信息、家庭、教育、工作经历、岗位信息、工作信息、绩效信息、评估信息等，全方面完善公司万余名员工的人事数据并同时进行历史数据清理校准，提高准确度，为满足今后多样化的数据需求做好充分准备。

（二）外围系统的梳理与重新建设

对外围系统的规划可分为两个方面：一方面，实现从无到有的建设，自主开发了人事变更系统、试用期管理系统、绩效与发展管理系统和奖金系统等。另一方面，从不足到完善，实现系统与人力资源主数据库的无缝对接，克服了原先需要手动导入导出带来的不便。

（三）完成数据线上流转的一致性

基于员工在企业内的生命周期，实现员工从招聘、入职、进入人力资源主数据库、新员工培训、试用期、学习、考核、发展等一系列数据在系统互通互联的基础上能够自动流转，完善报表系统，便于多维度的数据分析。

2013—2014 年，百度打造了内部人力资源产品——度学堂和度生活，以实现移动化目标。

度学堂是以百度内部讲座为基础搭建的员工在线学习平台。通过移动客户端和 PC 客户端，员工可以实现如下功能：线上报名各类猎训课程，参与在线学习、考试、调查等活动；直播课堂、录播功能，观看各种"牛人大咖"等的专题讲座；将微课堂下载至移动端，碎片化时间随时随地学习；实现 UGC，员工可以上传自己制作的课程；技术论坛，交流互动。因此，员工既可以在度学堂进行线上实时学习交流，也可以选择并参与各类线下讲座或培训，在业务能力提升的同时，获得企业归属感。

度生活为员工提供生活和工作便利的产品，有PV端与移动端，主打移动端，通过不同的频道（生活频道、社区汇、生活站、挂号通、安居坊、跳蚤街、度优惠、工作频道、速查询、要盖章、问HR等），使员工能随时了解、关注公司社团、活动动态，以及享受公司的福利。

从2013年开始，在数据化方面，公司致力于打造商务智能仪表盘、个人全景图，为管理层直观展示人才各种结构以及多维分析，助力决策服务。同时，开展用户画像、预警、预测等项目的探索，为未来进一步的研究奠定了数据基础。

三、第三阶段（2015年开始打造eHR+3.0走向卓越的时代）

运用创新技术通过"四化"助力"smart HR"（智慧型HR），连接员工与HR服务。这四化分别是：数据化（明事实、察问题、拉预警、报预测）；移动化（便捷工作、碎片学习、多彩生活）；社交化（团队协作、分享互动、文化融合）；智能化（应用云、数据云、服务云）。

百度的数据应用可分为两个部分：70%为结合当前业务现状和需求所做的数据分析；30%为基于数据预测所做的超前预测。例如，通过商务智能仪表盘，监控部门内人力资源的主要数据，包括关键人才比、关键人才离职率、员工离职趋势等，直观反映部门人才动态；通过记录员工在企业内部职位变动的情况，回执个人职业发展路径图，从而整体观察内部人才迁徙和流动状况及流失去向；在数据预警、预测方面，进行大数据的舆情分析，非结构化数据的语义分析，以及离职、高潜质人才预测等方面的尝试等。

从百度公司人力资源管理信息化的历程看，人力资源信息化建设的各个阶段工作重心以及任务是不同的，从基本的工资核算、发放，到全流程生命周期的管理，再到大数据助力战略与业务，侧重点也由结果到过程再到价值，人力资源部的状态由被动到主动，地位也随之越来越重要。

问题：百度公司的人力资源信息化建设有哪些值得借鉴的地方？

资料来源：根据https://www.hr-soft.cn/info/2022052726184.html的资料整理而成。

课后讨论

华为的学习与"血洗"

研究华为，要从发展阶段来看。一个企业的成长，往往在面临绕不过去的坎儿时，必须进行一次深层次的变革，不管是人力资源变革、组织变革还是战略变革。只要跨过去了，企业就会迈上一个新台阶，如果跨不过去，就会在台阶上徘徊，然后慢慢下滑。

华为历史可以归结为四个阶段：第一阶段，创业求生存（1987—1995年）。初期所形成的领导团队到现在还保持稳定，这是中小企业研究华为的一个启示点。第二阶段，二次创业与迈向国际化（1996—2004年）。这一阶段是最值得研究的，华为所有的变革——人力资源系统、管理体系、流程体系，都是在这8年完成的，这一阶段也是华为面临困难最多、差点死掉的时期，尤其是在2002年、2003年，企业业绩下滑，任正非又得了抑郁症，但也正是在这一阶段，通过实施管理变革，华为实现国内销售收入第一名，并开始走向海外，成为国际化的公司。第三阶段，商业模式变革（2005—2010年）。华为的定位不再是简单地卖通信设备，而是提出要做电信解决方案供应商。过去追求把竞争对手击倒，这个阶段开始把对手叫友商，竞争变竞合，整个组织变革面向客户。第四阶段，组织转型（2011年至今）。追求云管端一体化。任正非从来不提"转型""变革"这样的字眼，只提"持续改良""改善"，但从企业发展史来看，华为的人力资源管理始终在转型、变革过程中。

一、创业初期

面向"农村"市场，谁拿下山头，谁就升官发财；提倡个人英雄主义、狼性文化、垫子文化，奠定了艰苦奋斗的基因。

二、进入主流市场期

要直接与中国电信、中国移动打交道，华为一些创业功臣的理念、做法已经落伍，从功臣变为企业的阻力，该怎么解决他们在企业的定位？华为引入竞争机制，首先是市场部集体辞职。1996年，孙亚芳带着市场部所有高管集体辞职，之后由专家组对所有人进行测评。被选下去的干部，包括一些副总裁被派到基层，没有一个人闹事。从此，干部能上能下、工作能左能右、人员能进能出、待遇能升能降这"四能"

机制开始推行。集体大辞职之后华为开始搞职能优化，提高总部的专业化管理能力。那时开始抓人力资源建设，抓财务建设，抓战略管理。

三、进入国际市场期

当进入国际市场，需要流程化的组织、职业化的队伍时，很多干部的思想观念又跟不上了，所以华为这时候又搞了一个内部大创业。什么叫内部大创业？其实企业内部很多人天生是当小老板的料，业务能力很强，你给他们一块市场，很快就能打开。而你一旦说做事需要流程，过去穿便装，现在要穿西装、打领带、穿皮鞋，他们不习惯，就会跟组织对抗。华为劝退300个这样的干部，你不按流程做可以，变成我的经销商。比如，李一男是1 500万股，那时候1块钱一股，我给你1 500万设备，你去卖，卖完以后这就是你的创业资金。这一时期又赶上华为的营销体系从自建营销体系开始转为代理体系，这样就把300个干部变成了华为的经销商。

四、组织转型期

持续完善人力资源管理机制，不断激活人才的活力。

从1996年市场部大辞职开始，华为的组织变革是一个持续的过程。创业时期避免一人占一个山头，要经历"一切缴获归公，反对山头文化"阶段；变革期，一切行动听指挥，反对本位主义；再往上走，到流程化时期，反对论资排辈，一切归零；再往后，就是持续奋斗，反对不思进取。

问题：华为的变革经验有什么成功和局限之处？

资料来源：带你学华为：任正非的学习与血洗［EB/OL］．（2013-12-09）［2023-07-19］．https://www.huxiu.com/article/24358.html。

第三章 数字化时代的人力资源规划

▮▮▮▮ 导入案例

长宇公司的困境

长宇制造公司和某海外大客户进行了将近一年的谈判，终于成功接到了一笔大订单，而且这仅仅是双方合作的开始，以后还会有源源不断的订单，然而由于该产品是新品种，仅凭公司现有的生产能力很难完成生产任务，而且在过去的3个月里，公司又流失了12名技术工人，他们都跳槽到待遇略好、能承诺良好发展前景的公司。长宇公司虽然在当地的报纸上刊登了招聘广告，但是回应的人很少。

对于长宇公司来说，事前可以采取的预防措施有：评估产能，做好人力资源配置；提供富有竞争力的薪酬；重视员工的职业生涯发展管理。

此外，可以采取以下手段解决目前的困境：扩大招聘渠道，尽快补充人力；实行外包或者联合生产；实行利润共享或项目提成等方式，提高员工积极性；鼓励员工加班；加大培训力度；采取措施让离职员工回流。

资料来源：作者调研并整理资料。

从上述案例可以看出，制订人力资源规划对于企业的持续发展具有重要作用。什么是人力资源规划？为什么要制订人力资源规划？人力资源规划的流程是怎样的？人力资源规划的方法有哪些？本章将对这些问题予以回答。

第一节　人力资源规划概述

一、人力资源规划的含义

人力资源规划也被称为人力资源计划，是指在企业发展战略和经营规划的指导下进行人员的供需平衡，以满足企业在不同发展时期对人员的需求，为企业的发展提供合质合量的人力资源保证，其最终目标是达成企业的战略目标和长期利益。

人力资源规划要能够解决以下三个问题：第一，企业在某一时期对人力资源的需求是什么？或者说，企业需要哪些人？需要多少这样的人？第二，在同一时期，企业人力资源的供给如何？或者说，各类各层级的职位分别能得到多少这样的人？第三，在相应时期，企业人力资源供给和需求比较的结果是什么？应当通过什么方式实现人力资源供需的平衡？

二、企业制订人力资源规划的动因

"凡事预则立，不预则废"，我们的先人很早就已经意识到"预"（规划）的重要性了。企业制订人力资源规划的动因主要来自以下几个方面。

（一）外部环境的变化

组织外部环境中的政治、经济、法律、技术、文化、外部竞争者等一系列因素始终处于动态变化中，使得企业对人力资源的需求会不断发生变化。就技术因素而言，技术创新和升级换代通常伴随着对技术水平低的工人的需求减少，对有相应技能的工人的需求增加。就竞争者因素而言，一方面，竞争者之间可能相互争夺人才，直接影响企业的人力资源配置和需求；另一方面，竞争对手的易变性，导致社会对企业产品或劳动力的需求发生变化，这种对产品或劳动力的需求变化必然引起企业人力资源需求的变化。

（二）企业战略的调整

企业战略本身的调整，使得企业必须对所需要的人力资源的数量和质量做出调整，如并购后的公司往往会选择裁员。

（三）企业员工队伍的变动

企业员工队伍本身的变动（如退休、离职），会造成岗位空缺和人力资源的缺乏，需要及时进行补充。

（四）核心人力资源需要一个培养过程

核心人力资源的知识、技能具有特殊性，不能从市场上随时购买，需要一个培养过程，因此要从长计议。

三、人力资源规划的内容

人力资源规划包括两个方面的内容：人力资源总体规划、人力资源业务规划。

（一）人力资源总体规划

人力资源总体规划是指以企业战略目标为依据，对规划期内人力资源开发利用管理的总目标、总方针与政策、实施步骤、时间安排表、费用预算等做出总体的安排，主要包括：阐述在企业战略规划期内组织对各种人力资源的需求和各种人力资源配置的总框架；阐明与人力资源管理方面有关的重要方针、政策和原则；确定人力资源投资预算。

（二）人力资源业务规划

人力资源业务规划是指总体规划的具体实施和人力资源管理具体业务的部署，主要包括人员补充计划、人员配置计划、人员流动计划、人员培训与开发计划、工资激励计划、员工关系计划和退休解聘计划等内容。每一项业务规划都设有自己的目标、任务和实施步骤，它们的有效实施是总体规划得以实现的重要保证。详见表3-1。

表3-1　人力资源业务规划的内容

规划名称	目标	政策	预算
人员补充计划	类型、数量、层次及人员素质结构的改善	任职资格、人员的来源、人员的起薪	招聘选拔费用
人员配置计划	部门编制、人力资源结构优化、职位匹配、职位轮换	任职资格、职位轮换的范围和时间	按使用规模、类别和人员状况决定薪酬预算
人员接替和提升计划	后备人员数量保持、人员结构的改善	选拔标准、提升比例、未提升人员的安置	职位变动引起的工资变动

续表

规划名称	目标	政策	预算
培训与开发计划	培训的数量和类型、提供内部的供给、提高工作效率	培训计划的安排、培训时间和效果的保证	培训开发的总费用
工资激励计划	劳动供给增加、士气提高、绩效改善	工资政策、激励政策、激励方式	增加工资奖金的数额
退休解聘计划	劳动力成本降低、生产率提高	退休政策及解聘程序	安置费用

四、人力资源规划的类型

按照不同的标准,人力资源规划可划分为不同类型。

(一) 按规划的独立性划分

按照规划的独立性,可以划分为专门性的人力资源规划和从属性的人力资源规划。专门性的人力资源规划是指将人力资源规划作为一项独立的职责来进行,最终结果体现为一份单独的规划报告。从属性的人力资源规划则是指将人力资源规划作为企业整体战略规划的一部分,在规划整体战略的过程中来对人力资源进行规划,并不是独立进行的,其最终结果大多不单独出现。

(二) 按规划的范围划分

按照规划的范围,可以分为整体人力资源规划、部门人力资源规划和某项具体任务或工作的人力资源规划。整体人力资源规划指的是整个企业的人力资源规划,它将所有部门都纳入规划的范围内。部门人力资源规划是在某部门范围内进行的局部规划。某项具体任务或工作的人力资源规划是为了满足完成某任务的人力资源需求而进行的规划。

(三) 按规划的期限划分

按规划的期限,可以分为长期规划、中期规划和短期规划。一般来说,五年及以上的规划可以称为长期规划,中期规划期限在一年以上五年以下,一年及以内的规划为短期规划。

第二节　人力资源规划的流程

人力资源规划的流程可以分为五个阶段：准备阶段、预测阶段、制订人力资源规划阶段、执行规划和实施监控阶段、评估人力资源规划阶段。

一、准备阶段

准备阶段的主要任务是调查、收集和整理涉及企业战略决策和经营环境的各种信息。这些信息包括外部环境信息和内部环境信息两个方面。外部环境信息主要涉及宏观经济形势和行业经济形势、技术的发展情况、行业的竞争性、劳动力市场、人口和社会发展趋势、政府的有关政策等。内部环境信息主要涉及企业的战略计划、战术计划、行动方案、企业各部门的计划、人力资源现状等。

二、预测阶段

这一阶段的主要工作是在分析人力资源供给和需求影响因素的基础上，采用科学方法对企业未来人力资源需求和供给进行预测，具体内容有以下几点。

（一）岗位设置和分类

根据企业战略发展及业务发展规划，梳理、设计或调整企业的组织结构，进行岗位设置和岗位分类。

（二）人员需求预测

这一步工作主要是根据企业的发展战略规划和企业的内外部条件选择预测技术，然后对人力需求的结构和数量、质量进行预测，包括总量需求预测和各类岗位需求预测。

（三）人员供给预测

人员供给预测也称为人员拥有量预测，是人力资源预测的又一个关键环节。只有进行人员拥有量预测并把它与人员需求量相对比之后，才能制订各种具体的规划。人员供给预测包括两部分：一是内部人力资源供给量预测，即根据现有人力资源及其未来变动情况，预测出规划各时间点上的人员拥有量。二是外部人力资源供给量预测，即确定在规划各时间点上的各类人员的可供量。人员供给预测包括总量供给预测和各类岗位供给预测。

三、制订人力资源规划阶段

这一阶段的工作包括两个方面：确定人员净需求量；制定人员匹配政策。

（一）确定人员净需求量

将预测到的各规划时间点上的供给与需求进行比较，确定人员在质量、数量结构及分布上的不一致之处，从而得到人员净需求量，包括企业人员总净需求量和各类岗位人员净需求量，见表3-2和表3-3。

表3-2 人员总净需求量

		第一年	第二年	第三年	第四年	第五年
需求	1. 年初人力资源需求量	120	140	140	120	120
	2. 预期年内需求之增加	20	—	-20	—	—
	3. 年末需求	140	140	120	120	120
内部供给	4. 年初拥有数	120	140	140	120	120
	5. 招聘人数	5	5	—	—	—
	6. 人员损耗：	20	27	20	19	17
	退休	3	4	4	1	3
	调动或升迁	15	17	14	15	14
	离职	2	4	6	6	—
	7. 年底拥有人数	105	118	112	101	103
净需求	8. 不足或有余	-35	-22	-28	-19	-17
	9. 新录入人员损耗总计	3	6	2	4	3
	10. 该年人力资源净需求	38	28	30	23	20

表3-3 各类岗位人员净需求量

主要工作类别	现有人员	计划人员	余缺	预期人员的流失						本期人力资源净需求
				调动	升迁	辞职	退休	离职	其他	合计	
高层主管	16	17	1	1	1	1	2	2	0	7	8
部门经理	28	25	-3	3	5	8	6	7	0	29	26
部门管理人员	152	163	11	12	10	9	5	11	0	47	58

续表

主要工作类别	现有人员	计划人员	余缺	预期人员的流失							本期人力资源净需求
				调动	升迁	辞职	退休	离职	其他	合计	
一线工作人员	482	469	-17	23	15	22	21	17	0	98	81
合计											

（二）制定人员匹配政策

这一步实际是制定各种具体的规划和行动方案，保证需求与供给在规划各时间点上的匹配，主要包括晋升规划、补充规划、培训开发规划、配备规划等。

四、执行规划和实施监控阶段

（一）执行确定的行动计划

这一步的主要工作是在各分类规划的指导下，确定企业如何具体实施这些规划。

（二）实施监控

实施监控的目的在于为人力资源总体规划和各项具体规划的修订或调整提供可靠信息。在人力资源预测中，由于不可控因素很多，常常会发生令人意想不到的变化或出现前所未有的情况，如果不对规划进行动态的监控、调整，人力资源规划最后就可能成为一纸空文，失去其指导意义。因此，执行监控是非常重要的一个环节，此外监控还有加强执行控制的作用。

五、评估人力资源规划阶段

人力资源规划评估包括两个步骤：事先的结果预期、实施后的效果评价。

（一）结果预期

通常由专家、用户及有关部门主管人员组成评估小组，对人力资源规划的成本效益、可行性、不足以及可改进的方面进行评价。评估小组主要考虑以下具体问题：第一，预测所依据信息的质量、广泛性、详尽性、可靠性、信息的误差及原因；第二，预测所选择的影响因素与人力资源需求的相关度；第三，预测方法在使用的时间、范围、对象的特点与数据类型等方面的适用性程度。

(二) 效果评价

实施后的效果评价包括对规划制订过程的评价和对规划效果的评价。

评价规划制订过程需要考虑的问题有：第一，人力资源规划者熟悉人事问题的程度以及这些人员在组织中的被重视程度。第二，规划者与提供数据和使用人力资源规划的人事、财务、业务等其他部门的工作关系。第三，有关各部门之间信息交流的难易程度。第四，决策者对人力资源规划中提出的预测结果、行动方案和建议的利用程度。

评价规划效果主要包括以下几点：第一，实际招聘人数与预测的人员需求量的比较。第二，劳动生产率的实际水平与预测水平的比较。第三，实际人员流动率与预测人员流动率的比较。第四，实际执行的行动方案与规划的行动方案的比较。第五，实施行动方案后的实际结果与预测结果的比较。第六，劳动力和行动方案的成本与预算额的比较。第七，行动方案的收益与成本的比较。

在对人力资源规划进行评价时，应坚持以下原则：评价要客观、公正和准确；要进行成本-效益分析，经济上没有效益的规划毫无疑问是失败的；在评价时一定要征求部门经理和基层领导的意见，因为他们是规划的直接受益者，对规划的效果最有发言权。

第三节　人力资源需求预测

所谓预测，是指利用预测对象本身历史和现状的信息，采用科学的方法和手段，对预测对象尚未发生的未来发展演变规律预先做出科学的判断。人力资源需求预测是指以影响人员需求的某些因素为基础，根据企业战略发展规划和内外条件选择合适的预测技术，对企业在未来某一特定时期内所需要的人力资源的数量、质量以及结构进行估计。

一、影响人力资源需求的因素

在预测人力资源需求时，主要应考虑以下因素。

（一）组织规模的变化

组织规模的变化主要来自两个方面：一是在原有业务范围内扩大或缩小规模；二是增加新业务或放弃旧业务。这两方面的变化都会对人力资源需求的数量和结构产生影响。一般地说，扩大组织规模和开展新业务会增加对人力资源的需求，缩小组织规模或放弃某项业务则会减少对人力资源的需求。

（二）预期员工流动比率

预期员工流动比率是指由于辞职、解聘、退休等原因引起的职位空缺。

（三）为提高生产率而进行的技术和组织管理革新

组织技术水平的提高、设备的更新换代及管理创新会直接影响组织对人力资源的需求。技术水平越高，设备的自动化程度越强，管理水平越高，组织对人员的需求就越少。

（四）组织经营方向的变化

组织经营方向的变化经常会对人力资源需求的数量和结构产生影响，例如施工企业转为房地产开发企业，会解雇大量建筑技工，增加营销策划人员。

二、人力资源需求预测的方法

人力资源需求预测的方法包括两大类，即定性预测法和定量预测法。

（一）定性预测法

1. 零基预测法

零基预测法又称人力资源现状规划法，是以组织现有员工数量为基础预测未来对员工的需求，在实际操作中，往往根据岗位的空缺情况进行人力资源需求预测。

2. 经验预测法

这是一种较为简单的预测方法，由管理人员凭借自己以往工作的经验和直觉，估计未来所需要的人力资源。在实际操作中，一般先由各个部门的负责人根据本部门未来一定时期内工作量的情况来预测本部门的人力资源需求，然后再汇总到企业最高领导层那里进行平衡，以确定企业最终需求。这种方法主要用于短期的预测，并且适用于那些规模较小或者经营环境稳定、人员流动不大的企业。

该方法简单易行，但由于完全依靠管理者的个人经验和能力，所以预测结果的准确性不能保证。此外，该方法还存在一个问题，那就是往往会出现"帕金森定律"所提到的现象：各部门的负责人在预测本部门人力资源需求时一般都会扩大。为了避免这一问题，就需要最高领导层加以控制。

3. 德尔菲法

这种方法是20世纪40年代末由兰德公司"思想库"发展而来的，通过邀请某领域的一些专家或有经验的管理人员对某问题进行预测并最终达成一致意见，有时也称作专家预测法。

德尔菲法的优点是：第一，它吸取和综合了众多专家的意见，避免了个人预测的片面性。第二，它不采用集体讨论的方式，而是匿名进行，也就是说采用"背靠背"的方式进行，这样就使专家可以独立地做出判断，避免了从众行为。因此，在实施德尔菲法的时候，需要一个中间人或者协调人在专家之间传递、归纳和反馈信息。第三，它采取多轮预测的方式。经过几轮的反复，专家的意见趋于一致，具有较高的准确性。

采用德尔菲法的步骤是：第一，整理相关的背景资料并设计调查的问卷，明确列出需要专家回答的问题。第二，将背景资料和问卷发给专家，由专家对这些问题进行判断和预测，并说明自己的理由。第三，中间人回收问卷，统计汇总专家预测的结果和意见，将这些结果和意见反馈给专家，进行第二轮预测。第四，再由中间人回收问卷，将第二轮预测的结果和意见进行统计汇总，接着进行下一轮预测。第五，经过多轮预测之后，当专家们的意见基本一致时就可以结束调查，将预测的结果用文字或图形加以表述。表3-4是某公司采用德尔菲法进行人力资源需求预测的过程。

表3-4 某公司人力资源需求预测专家综合反馈表

专家编号	第一次判断			第二次判断			第三次判断		
	最低需求	最可能需求	最高需求	最低需求	最可能需求	最高需求	最低需求	最可能需求	最高需求
1	100	150	180	120	150	180	110	150	180

续表

专家编号	第一次判断			第二次判断			第三次判断		
	最低需求	最可能需求	最高需求	最低需求	最可能需求	最高需求	最低需求	最可能需求	最高需求
2	40	90	120	60	100	130	80	100	130
3	80	120	160	100	140	160	100	140	160
4	150	180	300	120	150	300	100	120	250
5	20	40	70	40	80	100	60	100	120
6	60	100	150	60	100	150	60	120	150
7	50	60	80	50	80	100	80	100	120
8	50	60	100	70	80	120	70	80	120
9	80	100	190	100	110	200	60	80	120
平均	70	100	150	80	110	160	80	110	150

采用德尔菲法时需要注意以下几个问题：第一，要保证调查的权威性和广泛性。专家人数一般不少于30人，问卷的回收率应不低于60%。第二，提高问卷质量。问卷的问题应该符合预测的目的并且表达明确，保证专家都从同一个角度去理解问题，避免造成误解和歧义。第三，充分的信息。要给专家提供充分的资料和信息，使他们能够进行判断和预测。第四，取得各方支持。要取得参与专家的支持，确保他们能够认真进行每一次预测，同时也要向公司高层说明预测的意义和作用，取得高层的支持。

（二）定量预测法

1. 趋势预测法

这是一种简单的时间序列分析法。它是根据一个组织的雇佣水平在最近若干年的总体变化趋势，来预测组织在未来某一时期的人力资源需求数量的方法。

这种方法比较简单直观，在使用该方法时，一般都要假设其他一切因素都保持不变或者变化的幅度一致，因此具有较大的局限性。它比较适合那些经营稳定的组织，主要作为一种辅助方法来使用。

趋势预测法的步骤是：首先收集企业过去几年内人员数量的数据，并且用这些数据作图，然后用数学方法进行修正，使其成为一条平滑的曲线，将这条曲线延长就可以看出未来的变化趋势。为了简便起见，在实践中往往将这种趋势简化为直线关系。

2. 工作负荷法

这种方法按照历史数据、工作分析的结果，先计算出某一特定工作每单位时间每人的工作负荷，然后再根据未来的生产量目标或劳务目标计算出所需要完成的总工作量，最后依据前一标准折算出所需要的人力资源数量。这种方法主要适用于工作容易量化的生产类工作，可用公式表示为：

$$NHR = \frac{TP}{\overline{XP}}$$

其中，NHR 是未来一段时间内组织需要的人力资源，TP 是组织在预测期内的总工作量，$\overline{XP}$ 是人均单位时间工作负荷量。

工作负荷法的优点是能准确预测出企业总的工作量和员工的工作负荷。当企业所处的环境、劳动生产率增长比较稳定的时候，使用这种预测方法比较方便，预测效果也比较好。

例如，东方公司新设一车间，有四类工作，分别是注塑、修光、装配和检验，这四类工作的工时定额分别为 0.5、1、1、0.5 件/小时。工人出勤率为 80%，产品合格率为 95%，每天工作 8 小时。估计今后 3 年每一类工作的计划产量如表 3-5 所示。请计算每年需要的工人数量。

表 3-5　东方公司未来三年计划产量　　　　　　单位：件

	注塑	修光	装配	检验
第一年计划产量	14 000	37 000	22 000	12 000
第二年计划产量	16 000	38 000	28 000	18 000
第三年计划产量	18 000	40 000	32 000	25 000

一年 365 天，除去 52 个双休日共 104 天、11 天法定假日，工人出勤率为 80%，产品合格率为 95%，每天工作 8 小时。则每年每个工人的工作小时数为：

（365-104-11）×8×80%＝1 600（小时）

这样，可以得到未来 3 年所需人数分别为：
第一年：（85 000÷95%）÷1 600＝55.92≈56（人）
第二年：（100 000÷95%）÷1 600＝65.78≈66（人）
第三年：（115 000÷95%）÷1 600＝75.66≈76（人）

3. 比率分析法

这是一种基于某种关键经营或管理指标与组织的人力资源需求量之间的固定比率关系，来预测未来人力资源需求的方法。其假定前提是生产率保持不变。

比率分析法的操作步骤是：根据需要预测的人员类型选择关键因素；根据历史数据，计算出关键因素和所需人员之间的比率关系；预测未来关键因素的可能数值；根据预测的关键因素数值和比率值，计算未来的人员数量。

在上述过程中，选择关键因素非常重要，应选择影响人员需求的主要因素，而且容易测量、容易预测，还应该与人员需求存在一个稳定的比较精准的比率关系，而不仅仅是表面的相关。

由于选择的关键因素不同，可以将比率分析法再细分为两类，即生产率比率分析法和人员结构比率分析法。

（1）生产率比率分析法。生产率比率分析法的关键因素是企业的业务量，如销售额、产品数量等，根据业务量与所需人员的比率关系，可直接计算出需要的人员数量。假如要预测未来需要的销售人员数量、未来需要的生产工人数量、未来需要的企业总人数，可分别用下式计算：

$$销售收入＝销售人员数量×人均销售额$$
$$产品数量＝生产工人数量×人均生产产品数量$$
$$经营收益＝人力资源数量×人均生产率$$

（2）人员结构比率分析法。人员结构比率分析法的关键因素是关键岗位所需要的人数，根据关键岗位与其他岗位人数的比率关系，可以间接计算出需要的人员数量。假设知道关键岗位 A 与一般岗位 B 之间的人数比率为 r，并且可以预测到未来需要多少 A 类人员，则可以预测出相应需要多少 B 类人员。可用下式计算：

需要的 B 类人员数量 ＝ 需要的 A 类人员数量× r

4. 回归预测法

回归预测法的步骤是：利用历史数据找出某一个或几个组织因素与

人员需求之间的关系，建立回归方程；根据历史数据，计算出方程系数，确定回归方程；根据这些因素的变化以及确定的回归方程预测人力资源需求。

使用回归预测法的关键就是找出那些与人力资源需求高度相关的变量，这样建立起来的回归方程的预测效果才会比较好。实践中通常采用线性回归来进行预测。根据回归方程中变量的数目，可以将回归预测法分为一元回归预测和多元回归预测两种。一元回归只涉及一个变量，建立回归方程时相对比较简单；多元回归由于涉及的变量较多，所以建立方程时要复杂得多，而且多元回归预测法不是单纯地依靠拟合方程、延长趋势线来进行预测，它更重视变量之间的因果关系。由于它考虑的因素比较全面，所以预测的准确度往往高于前者，需要借助计算机进行计算。

例如，某家医院要预测明年所需的护士数量，如果使用回归预测法，首先要找出护士的需求量与哪些因素关系比较密切，对相关数据进行统计分析后可以发现，病床数与护士的需求量之间相关程度比较高，接下来就要分析它们之间到底是一种什么样的关系。

医院的人力资源经理找来了自己医院和其他医院病床数以及护士数的数据，如表 3-6 所示。

表 3-6　病床数和护士数的数据

病床数	200	300	400	500	600	700	800
护士数	180	270	345	460	550	620	710

将病床数设为自变量 X，护士数设为因变量 Y，两者之间的线性关系可以表示为 $Y=a+bX$，其中计算 a 和 b 的方法和趋势预测分析中使用的方法一样，经过计算得出 a = 2.321，b = 0.891，得到回归方程 Y = 2.321+0.891X，也就是说每增加一个床位，就要增加 0.891 个护士。

由于医院准备明年将病床数增加到 1 000 个，所以需要的护士数就是 894 人（Y = 2.321+0.891×1 000 = 893.321 ≈ 894）。

第四节　人力资源供给预测

从供给来源看，人力资源供给分为外部供给和内部供给。供给预测是预测在某一未来时期，组织内部所能供应的以及外部劳动力市场所提供的一定数量、质量和结构的人员，以满足企业为达成目标而产生的人员需求。

一、内部供给预测

（一）技能清单法

技能清单是一个用来反映员工工作能力特征的列表，一般来说，技能清单应包括几大类信息：第一，个人数据，如年龄、性别、婚姻状况。第二，技能，如教育经历、工作经验、培训经历。第三，特殊资格，如专业团体成员、特殊成就。第四，薪酬和工作历史，如现在和过去的薪酬水平、加薪日期、承担的各种工作。第五，公司数据，如福利计划数据、退休信息、资历。第六，个人能力，如在心理或其他测试中的测试成绩、健康信息。第七，个人特殊爱好，如地理位置、工作类型。

技能清单反映了员工的竞争力，可以用来帮助预测潜在的人力资源供给，主要服务于晋升人选的确定、职位调动的决策、对特殊项目的工作分配、培训和职业生涯规划等方面，见表3-7。

表 3-7 某企业技能清单

技能清单				
姓名：		职位：		部门：
出生年月：		婚姻状况：		到职日期：
教育背景	类别	学校	毕业日期	主修科目
	大学			
	研究生			
技能	技能种类			所获证书
训练背景	训练主题	训练机构		训练时间
志向	是否愿意从事其他类型的工作？		是	否
	是否愿意到其他部门工作？		是	否
	是否愿意接受工作轮换以丰富工作经验？		是	否
	你最喜欢从事哪种工作？			

续表

技能清单	
你认为自己需要接受何种训练	改善目前技能和绩效的训练
	晋升所需的经验和技能训练
你可以接受自己接受何种工作	

（二）管理人员接替模型

此方法是在对人力资源彻底调查和现有管理者潜力评估的基础上，确定公司中每一个管理职位的内部供应源。具体而言，根据现有管理人员分布状况及绩效评估的资料，在未来理想管理人员分布和流失率已知的条件下，对各个职位尤其是管理阶层的接班人预做安排，并且记录各职位的接班人预计可以晋升的时间，作为内部人力供给的参考。经过这一规划，由待补充职位空缺所要求的晋升量和人员补充量即可知道人力资源供给量，如图 3-1 所示。

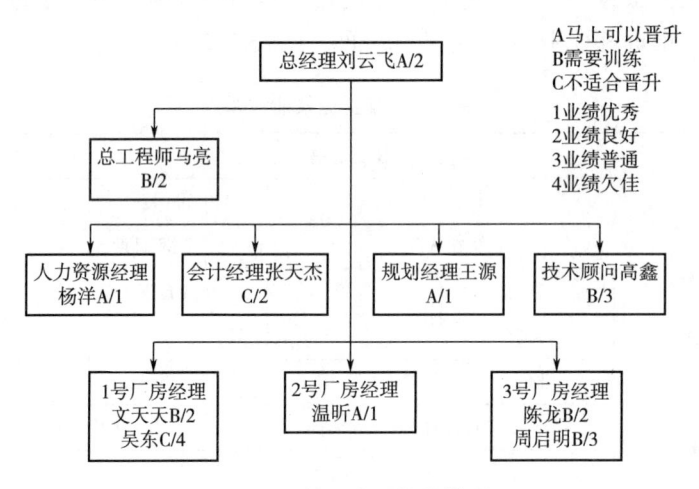

```
                    总经理刘云飞 A/2
                            |
                    总工程师马亮 B/2
                            |
    ┌───────────┬───────────┼───────────┐
人力资源经理    会计经理张天杰  规划经理王源  技术顾问高鑫
 杨洋 A/1         C/2           A/1         B/3
    |
┌───────────┬───────────┐
1号厂房经理  2号厂房经理  3号厂房经理
文天天 B/2    温昕 A/1    陈龙 B/2
吴东 C/4                  周启明 B/3
```

A 马上可以晋升
B 需要训练
C 不适合晋升
1 业绩优秀
2 业绩良好
3 业绩普通
4 业绩欠佳

图 3-1　管理人员接替模型

（三）人力资源"水池"模型

"水池"模型主要针对具体的部门、职位层次或职位类别来进行，它在现有人员的基础上通过计算流入量和流出量来预测未来的人员供给，用公式表示就是：

未来人员数量＝现有人员数量＋流入人员数量－流出人员数量

(四) 马尔科夫分析法

这种方法的基本思想是：找出过去人力资源变动（如流入、流出和晋升等）的规律，假定这种变动规律与未来的变化趋势一致，以此来推测未来人力资源变动的趋势。

马尔科夫分析法的步骤是：首先，编制人员变动矩阵；然后，将计划初期每一种岗位的人员数量与其各种变动概率相乘，得出该岗位人员的流动数量；最后，将各岗位纵向相加，便可以得出组织内部未来不同岗位人员的供给量。

假设一家企业今年的人员分布及计算出的转移率如下，就可以预测出明年的人员分布情况，如表3-8和3-9所示。

表3-8 今年各类人员数量及其转移率

初始人数		管理人员	技术人员	一般人员	离职
20	管理人员	0.9			0.1
30	技术人员	0.1	0.7		0.2
100	一般人员	0.1	0.1	0.6	0.2

表3-9 明年各类人员数量分布预测

初始人数		管理人员	技术人员	一般人员	离职
20	管理人员	18			2
30	技术人员	3	21		6
100	一般人员	10	10	60	20
预测人员供给量		31	31	60	28

(五) 利用人才数据库进行预测

人才库的建立，一方面有利于企业全面了解市场人才动态，准确把握组织人才需求变化；另一方面能丰富企业人才储备，应对大数据和人工智能带来的人才需求调整，能以最快的方式挖掘到企业所需人才并进行合理配置。建立人才库可以通过以下两种途径：企业将招聘时面试没有通过的应聘者纳入企业人才库，详细记录人才的个人资料、应聘表现、未通过原因；将面试通过的应聘者同样纳入企业人才库，记录其面试情况、入职后的关键行为表现、离职原因等,全面掌握与企业有交集的人才的信息。

人才信息库的建立可以帮助企业在未来招聘到更合适的人才,满足紧缺人才的供给。

二、外部供给预测

对人力资源外部供给进行预测是非常必要的,尤其是当内部供给不能满足需求时,更有必要寻找外部供给的资源。很多因素会影响到外部人力资源供给,比如,宏观经济形势和失业预期、当地劳动力市场的供求状况、行业劳动力市场的供求状况、人们的就业意识、组织的吸引力、竞争对手的动态及政府的政策、法规与压力。进行外部人力资源供给预测常可参考公布的统计资料,如每年大学毕业生的人数、企业的用人情况等(图3-2)。

外部供给预测的目的是明确某些人员的市场供给情况是供大于求还是供小于求,以便采取相应的对策。

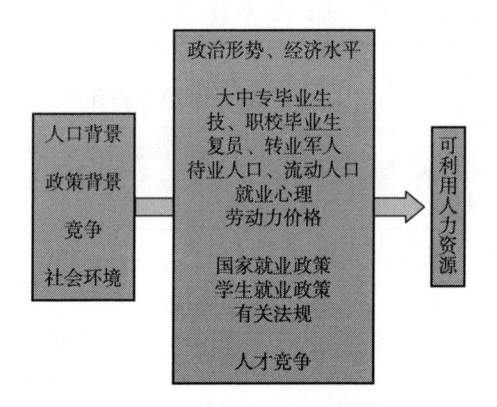

图 3-2 外部供给预测要考虑的因素

三、人力资源需求与供给的平衡

一般来说,人力资源供给和需求预测的比较结果有以下几种情况:第一,供给和需求在数量、质量及结构等方面基本相等。第二,供给和需求在总量上平衡,但结构上不匹配。第三,供给大于需求。第四,供给小于需求。

对于企业来说，更多地会出现后三种情况。当然，即便是出现第一种情况也并不是说不需要采取任何措施了，因为这种平衡是在一定条件下出现的，一旦条件发生变化，供给和需求就会出现不平衡。

当供给大于需求，企业可以采取的措施有：扩大经营规模，或者开拓新的增长点；永久性地裁员或者辞退员工；鼓励员工提前退休；冻结招聘；缩短员工的工作时间、实行工作分享或者降低员工工资；对富余员工进行培训。

当供给小于需求，企业可以采取的措施有：从外部雇用人员，包括返聘退休人员；提高现有员工的工作效率；延长工作时间，让员工加班加点；降低员工离职率，减少员工流失，进行内部调配；将企业的某些业务外包。

当供给和需求总量平衡、结构不匹配时，企业可以采取的措施有：进行人员内部的重新配置，包括晋升、调动、降职等，来弥补空缺职位；对人员进行有针对性的专门培训，使他们能够从事空缺职位的工作；进行人员置换，释放不需要的人员，补充需要的人员，以调整人员结构。

第五节 大数据技术和人工智能技术在人力资源规划中的运用

在数字化时代，大数据技术和人工智能技术已经渗透到人力资源管理的各个职能领域，其在人力资源规划方面的运用主要体现在以下几个方面：第一，企业利用大数据技术能有效分析未来行业趋势，使企业能够结合自身战略目标的调整转变业务重点，明确中长期人才需求，做好人才储备工作。例如，猎聘网在 2 800 万人才大数据的基础上，提供了 13 个行业以及更多的细分行业（如互联网金融）的行业人才分析报告，其中包括人才画像、职能分布、地域分布、流入流出、薪资分布等非常有价值的数据。第二，人力资源部门通过分析往年岗位信息可以得到人员供给、需求变化趋势，预测短期内的人员需求，及时通过招聘、调岗等策略平衡人员供给与需求。第三，结合企业整体发展方向，根据企业人力资源大数据、企业财务大数据、企业经营大数据、企业生产大数据、市场大数据以及宏观经济大数据，采用机器学习、人工神经网络等智能信息处理技术，从人员数量、质量和人才结构等方面对企业未来的人力资源供给进行精准细致的预测，为企业制订人力资源规划提供数据保障，帮助企业制订科学的人力资源规划。例如，在过去的几十年里，陶氏化学公司根据公司 4 万名员工的历史数据以及产业和资金大数据，预测出整个化工行业以 7 年为一波动周期的劳动力需求情况，据此测算企业的员工晋升率、内部职位调动和其他人力供应等情况，并设计了一个模型工具——陶氏战略性人员配置模拟，用以测算 5 年后的人员需求以及剩余员工的数量。

关键术语

human resources plan	人力资源规划
human resources demand	人力资源需求
human resources supply	人力资源供给
ratio analysis	比率分析
scatter point	散点分析

本章思考题

1. 什么是人力资源规划？人力资源规划的内容是什么？
2. 为什么要制订人力资源规划？
3. 人力资源规划的流程是什么？
4. 人力资源需求预测的方法有哪些？
5. 人力资源供给预测的方法有哪些？
6. 如何进行人力资源供需的平衡？
7. 如何基于大数据技术和人工智能技术进行人力资源规划？

课堂讨论

汽车制造公司如何进行人力资源供给预测

某公司是一家实力雄厚的汽车制造公司，根据企业未来五年总体发展规划，企业将达到年产 200 万辆汽车的生产规模。自上周开始，人力资源部着手起草 2020—2025 年度人力资源总体规划。负责起草该规划的人力资源部副经理交代规划起草小组，在进行企业外部人力资源供给预测之前，需要先组织一次全面深入的内部调查，尽可能多地采集相关数据，为人力资源内部供给预测做好准备。

问题：
1. 该公司在进行人力资源内部供给预测时，可以采取哪些方法？
2. 当预测到人力资源在未来几年可能发生短缺时，公司该怎么办？

资料来源：根据 https://easylearn.baidu.com/edu-page/tiangong/questiondetail?id=1729162655801388132&fr=search 的资料整理而成。

课后讨论

人力资源部该怎么办？

C 公司是一家高速发展的企业，在过去的 3 年中，通过公开招聘从全国 10 所高校和同类企业中引进一大批专业人才，他们被安排在公司总部的 15 个职能部门，如战略规划、党群工作、行政、人力资源、财务、物流、技术情报、工艺管理、计划统计等。据统计，这些职能部门总共配备了 550 名专职人员，但是各部门效率普遍不高。由于公司人力资源部刚刚从行政人事部分离出来，各项基础工作亟待完善和加强，包括企业各类人事档案的整顿、定岗定员标准的制定、各种规章制度的健全完善、劳动合同的签订和认证、绩效管理的设计与实施……新上任的人力资源部部长深感压力很大，问题太多，一时不知从何下手。在布置 2012 年下半年工作任务时，总经理明确提出：公司人力资源部必须改变目前盲目增人、效率低下的问题，在公司组织架构不变的情况下，于年底前将富余人员压下来，切实保障工作岗位任务满负荷，使现有人员减少 15%~20% 左右。

问题：如果你是人力资源部部长，你将采取何种行动实现总经理提出的工作目标？

资料来源：根据 https://easylearn.baidu.com/edu-page/tiangong/questiondetail?id=1729162655801388132&fr=search 的资料整理而成。

第四章 数字化时代的工作分析与胜任素质模型

▇▇▇ 导入案例

HY 公司的困惑

HY 国际食品有限公司是一家生产方便面的企业,由于开创初期实施了卓有成效的经营战略,产品一炮打响,迅速占领了国内市场。

随着市场的快速增长,企业规模急剧扩张,生产线从原来的 2 条扩大到 12 条,于是,管理上的各种问题接踵而来,其中最为突出的是薪酬问题:各部门的人都认为自己付出的比别人多,而得到的却比别人少,如生产人员觉得自己的劳动强度大,夏天需要在 40 多度的高温下工作,每天都会有人晕倒,但是工资却不高。经营部门的人强调自己每天都在外面跑业务、拿订单,既辛苦又需要承担巨大的工作压力,但是,工资却和自己的贡献不匹配。

对于薪酬,大家各执一词。又快到年底了,奖金怎么分配?明年谁应该加薪?这些问题如何解决?

资料来源:作者调研并整理资料。

在管理实践中,HY 公司遇到的困惑在许多企业都存在。要从根本上解决薪酬分配中的公平问题,就要从人力资源管理的基础性工作——工作分析和胜任素质模型入手。

第一节　工作分析概述

一、工作分析的概念

工作分析（job analysis）又称职位分析、岗位分析或职务分析，是通过系统全面的情报收集手段，提供相关工作的全面信息，形成工作说明书的过程。

工作分析提供的信息可以用6W1H来概括：第一，Who，谁来完成这些工作？第二，What，这一职位的具体工作内容是什么？第三，When，这些工作的时间安排是什么？第四，Where，这些工作在哪里进行？第五，Why，从事这些工作的目的是什么？第六，For Who，这些工作的服务对象是谁？第七，How，如何进行这些工作？

通过工作分析，我们要回答或者说要解决如下两个主要问题：第一，某职位是做什么事情的？第二，什么样的人来做这些事情最合适？

二、工作分析的作用

工作分析是组织人力资源管理活动的基石，几乎所有的人力资源职能活动都需要通过工作分析来提供信息，如图4-1所示。

| 人力资源规划 | 招聘录用 | 培训开发 | 绩效管理 | 薪酬管理 | 劳动关系管理 |

工作分析是人力资源管理的平台

图4-1　工作分析在人力资源管理各模块的应用

（一）工作分析在人力资源规划中的应用

人力资源规划的核心工作是人力需求与供给的预测，而工作分析为人力资源供给与需求预测提供了重要依据。人力资源供给首先从内部开始，弄清楚计划期内的人力资源能够满足企业目标到什么程度，而一份完整的工作说明书不但包括了岗位名称、工作环境、工作职责，同时对岗位的上下晋升关系、所受的培训也进行了规定，通过整理这些信息资料，可以进行相应的人员供给预测分析。在人力资源需求预测时，除了要对人力资源数量进行预测，还要对其质量进行预测，因此工作说明书中的任职资格条件就成为重要的参考。

（二）工作分析在人员招募和甄选中的应用

一个企业要想永远留住自己所需要的人才是不现实的，也不是人力资源管理所能控制的，因此，招募与甄选是人力资源管理中一项常新的工作。要使招募和甄选有效地发挥招纳企业所需人才的作用，就必须有一个基础平台支持其运转，这个平台就是工作分析。

1. 工作分析为确定人员甄选标准和条件提供依据

为保证甄选科学有效，招聘人员必须掌握充分、适当的岗位信息，以确定岗位的甄选标准和条件，而工作说明书中的工作规范明确了岗位的任职资格，包括知识、技能和能力等，为确定人员甄选标准和条件提供重要依据。

2. 工作分析为确定甄选方法提供依据

为了确保甄选的信度和效度，应聘人员必须根据测量要素选择适当的测量方法，而工作分析的任职资格为他们提供岗位关键因素信息，为确定选拔方法提供依据。用人单位可就工作分析中得到的职能范围内所需专业技能，编制笔试、面试的测验试题，以测出应聘者的实力是否符合职位的要求。

阅读案例4-1

T型轿车的成功奥秘

20世纪初，美国福特汽车公司的产品T型轿车创造了一个奇迹，曾连续生产20年，最高年产量达到200万辆，成为世界上第一种产量最高、销路最广的车型，福特公司也因此成为当时世界最大的汽车公司。亨利·福特在他的传记《我的生活和工作》一书中揭露了T型轿车的秘密，他详细地叙述了8 000多道工序对工人的要求：

949道工序需要强壮、灵活、身体各方面都非常好的成年男子；

3 338 道工序需要身体普通的男工；

剩下的工序可由女工或年纪稍大的儿童承担，其中：

50 道工序由没有腿的人来完成；

2 637 道工序由一条腿的人来完成；

2 道工序由没有手的人来完成；

715 道工序由一只手的人完成；

10 道工序由失明的人完成。

亨利·福特不仅是一位家族老板，而且是企业工作分析的行家里手与始祖。相信任何一个人力资源工作者都会感叹亨利·福特对工作内容和任职者的精确分析，正是这些分析有效地帮助福特组建了当时远远领先于同行的、严密的工作流程和组织架构。

资料来源：福特汽车创造奇迹的背后是什么？[EB/OL].（2022-02-19）[2023-07-19]. https://baijiahao.baidu.com/s?id=1725186854131827735&wfr=spider&for=pc.

阅读案例4-2

雅芳销售主管的招聘

雅芳中国有限公司欲招聘一名销售主管，有三个人前来应聘，分别是：闫丽，女，北京广播学院播音主持专业（本科），曾在某猎头公司任猎手一年；张海峰，男，南京大学经济学系（本科），曾在某集团QDI事业部任市场推广主管2年；孙志恒，女，哈尔滨商学院毕业，曾任上海某实业有限公司分公司经理3年，在山东东营市、德州市，黑龙江大庆市电台担任主持人（兼职）3年。

通过工作分析，我们发现这份工作主要是管理专卖店和品牌宣传，负责信贷回收。从任职资格来看，需要具备以下三个条件：第一，大学专科或以上学历；第二，2年以上的销售工作经验；第三，优秀的演讲、激励技巧及团队合作精神。

为了考察上述三人是否具备演讲、激励技巧与团队合作精神，公司设计了这样的招聘测试题目：把三个应聘者分到不同的雅芳专卖店，它们所处的地段、位置是非常相似的，同时执行人给的时间段也是非常相似的，在这样的前提下给应聘者10分钟时间熟悉公司产品。在产品柜台上还放了一些宣传单，看是否能成为应聘者利用的工具，然后在30

分钟时间内，测试应聘者能把多少顾客带进专卖店，其中必须有一对青年男女和一位男士。谁带得多，谁就有可能在这次测试中脱颖而出。

闫丽共带进18人，其中包括一对男女和一名男士。张海峰共带进8人，但没有按规定带进一对青年男女。孙志恒共带进8人，包括一对青年男女和一名男士。从结果来看，闫丽在这个测试中拔得头筹，因为她在整个活动中表现出了很好的沟通能力和说服力。最终，企业选择了闫丽。

资料来源：欧小庆. 浅析工作分析在人力资源管理中的应用：以雅芳公司招聘销售主管为例[J]. 中国管理信息化，2018（21）：104-105.

（三）工作分析在人员培训与开发中的应用

工作分析为确定培训需求、设计培训项目提供必要的依据。工作分析的结果包括岗位职责、工作流程和任职资格，它们是设计和编制相关培训课程的重要信息来源。只有对工作进行精确的分析并以此为依据，才能指引企业的培训方向，设计出以完成工作岗位、工作任务和员工需要为核心的、真正符合企业绩效和特殊工作环境需要的培训课程。

阅读案例4-3

美国联合包裹公司（UPS）的员工培训

美国联合包裹公司的愿景是要在邮运业提供最快捷的运送服务。它雇用了15万员工，平均每天要将900万个包裹发送到美国各地和180多个国家，每人每天的效率是运送130件包裹，而同时代的其他公司只有每人每天运送80件包裹的效率。

联合包裹公司是如何做到这一点的？首先是进行工作分析。以送货司机为例，公司的工程师对每一位司机的送货路线都进行了时间动作研究，并且对送货、暂停、取货、等红灯、穿过院落、按门铃、喝咖啡甚至上厕所等各种活动都设立了标准时间。

基于此，该公司系统培训员工，使他们以尽可能高的效率从事工作。司机们为了达到工作标准，必须按照工程师设计的流程和时间完成每一项任务。

资料来源：根据https://www.xuesai.cn/souti/MYKU784B.html的资料整理而成。

(四)工作分析在绩效管理中的应用

工作说明书详细描述了工作职责、工作内容和任职要求等，可以帮助考核人员针对不同的职位设计考核指标，从而使绩效评价有据可依，大大减少绩效评价的主观性和随意性。此外，由于每项工作的内容、特征不同，需要采取不同的考核方法，而工作特征的信息主要来源于工作分析。

(五)工作分析在薪酬管理中的应用

通过工作分析，企业可以对工作的职责、技能要求、教育水平要求、工作环境等有明确的了解和认识，根据这些因素可以判断一个工作对于企业的重要程度，从而形成一种工作相对重要程度的排序，并通过职位评价的量化形式来帮助组织确定每个职位的报酬水平。因此，工作分析是职位评价的基础，也是建立薪酬体系的基础。

(六)工作分析在劳动关系中的应用

工作分析为改善劳资关系提供依据，可以避免因工作内容和任职资格界定不清晰而产生抱怨及争议。

阅读案例4-4

公司能不能开除小刘？

小刘和某公司签订为期2年的劳动合同，确定了3个月的试用期，但2个月后，公司突然通知小刘不用来上班了。小刘请公司给出理由，公司的回复是小刘不符合录用条件，并且提出在试用期解除合同不需要理由。在和公司签订解除劳动合同的协议时，小刘请公司注明了这一点。

后来，小刘将公司告到劳动仲裁部门，要求公司维持劳动关系，该案件该如何裁定？

根据我国劳动合同法，在试用期间，如果员工不符合录用条件，单位可以解除劳动合同，并且不需要做出经济补偿。可是，该公司没有提供工作说明书，无法说明该岗位的任职条件以及要达到什么业绩标准，因此，公司解除劳动合同属于违法行为。

资料来源：作者调研并整理资料。

三、工作分析的时机

工作分析是企业组织系统落地的重要工作，同时也是一个动态的过程，随着企业的发展，需要反复进行。一般来说，当出现以下情况时，表明企业急需进行工作分析：第一，新成立的企业。第二，战略的调整、业务的发展，使工作内容和工作性质发生了变化。第三，企业由于技术创新和劳动生产率提高，导致工作流程的变革和调整，需要重新定岗和定员。第四，经常出现推诿扯皮、职责不清或决策困难的现象。第五，缺乏明确、完善的书面职位说明，员工对职位的职责和要求不清楚。第六，虽然有书面的职位说明，但工作说明书所描述的员工从事某项工作的具体内容和完成工作所需具备的各项知识、技能和能力与实际情况不符，很难遵照它去执行。

第二节　工作分析的流程

工作分析是一项技术性很强的工作，为了保证其实施效果，在实际操作过程中必须遵循一定的流程。一般来说，工作分析可以分为四个步骤，即准备阶段、实施阶段、结果形成阶段和应用反馈阶段。

一、准备阶段

准备阶段需要做的工作包括：确定工作分析的目标和侧重点；成立工作分析小组；制定总体实施方案；收集和分析有关的背景资料。

（一）确定工作分析的目标和侧重点

工作分析的目标决定了工作分析的侧重点，决定了在进行工作分析的过程中需要获得哪些信息，以及使用什么样的方法获得信息。从图 4-2 可以看出，如果工作分析的目的是分解新组织的职能，那么工作分析的重点是确定工作权限、职责和关联关系；如果工作分析的目的是招聘，那么工作分析的重点是明确对任职人员的要求，包括知识、能力、经验等；如果工作分析的目的是绩效考核，那么工作分析的重点则是明确衡量每一项工作任务的标准。

（二）成立工作分析小组

工作分析小组一般由以下三类人员组成：企业的高层领导、工作分析人员、外部的专家和顾问。

(三) 制定总体实施方案

总体实施方案主要包括以下内容：工作分析的目的和意义；工作分析所需要收集的信息内容；工作分析项目的组织形式与实施者；工作分析实施的过程与步骤；工作分析实施的时间和活动安排；工作分析方法的选择；界定待分析的工作样本；所需要的背景资料；工作分析所提供的结果。

(四) 收集和分析有关的背景资料

工作分析小组需要收集的背景资料包括：第一，企业外部信息，即国家有关职业分类的标准。目前我国的职业分类体系把职业划分为 8 个大类，66 个中类，413 个小类和 1 838 个细类。工作分析人员可以查阅职业分类词典获得相关信息。第二，企业内部信息，包括组织结构图、工作流程图、部门职能说明、已有的职位说明书和职位描述资料。工作分析时容易犯的错误是脱离组织背景对某一特定工作进行分析和设计，或者只强调单一、独立的工作，对一种工作与组织其他活动的联系缺乏系统考虑。为避免这些现象，就要在工作分析之前对整个组织和职位的情况有全面和深入的了解。

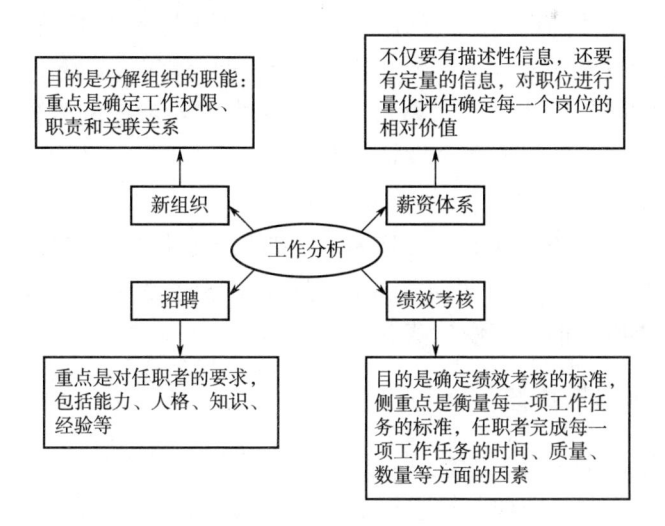

图 4-2 工作分析的目标与侧重点

二、实施阶段

实施阶段的工作有二：与有关人员沟通、实际收集和分析工作信息。

（一）与有关人员沟通

在工作分析过程中，与参与分析的有关人员沟通并取得他们的支持是非常必要的。通过沟通，应达到以下目标：让参与工作分析的有关人员了解工作分析的目的和意义，消除他们内心的顾虑，并争取他们在实际收集信息时提供支持；让参与工作分析的人了解工作分析需要花费的时间；让参与工作分析的人初步了解工作分析中可能使用的方法。

（二）实际收集和分析工作信息

1. 收集工作信息

收集工作信息主要包括以下内容：第一，工作活动，包括承担工作必须进行的活动和过程、进行工作所运用的程序、个人在工作中的权力和责任等。第二，工作中人的活动，包括人的行为（如身体行动及工作中的沟通）、工作作业方法中使用的基本动作、工作中的损耗（如体力损耗、精力损耗）。第三，在工作中所使用的设施，包括机器、工具、设备及其他辅助用品。第四，工作绩效的信息，包括完成工作需要的时间、所投入的成本、工作中容易出现的误差等。第五，工作环境，包括工作时间、工作地点。第六，工作对人的要求，包括知识、能力、技能、经验、身体素质和个性特征等。

2. 分析工作信息

在收集信息的基础上，要整理、归纳和分析信息。在分析资料时应遵循的原则有：对工作活动是分析而不是罗列；针对的是职位而不是人；分析要以当前的工作为依据。

三、结果形成阶段

这一阶段的主要工作包括：第一，与参与分析的有关人员审查和确认信息。工作分析小组的成员要对工作信息的准确性进行审查；若有疑问，需要找有关人员重新核实，或者再次返回到前一个步骤重新进行调查。第二，形成工作说明书。按照一定的格式撰写工作说明书，然后反馈给相关人员进行核实，形成工作说明书定稿。

四、应用反馈阶段

这一阶段的工作主要包括：第一，对直线经理进行工作说明书的培训与使用。第二，将工作分析结果运用于人力资源管理及企业管理的相关方面，真正发挥工作分析的作用。第三，工作说明书使用的反馈与调整。需要强调的是，作为人力资源管理的一项活动，工作分析是一个连续不断的动态过程，应当根据企业的发展变化随时进行这项工作，使工作说明书能及时地反应职位的变化情况。

第三节 数字化时代工作分析的方法

工作分析起源于20世纪20年代的美国，经过100多年的发展，已经形成了一套成熟的方法，主要有定性方法和量化方法两大类，见图4-3。

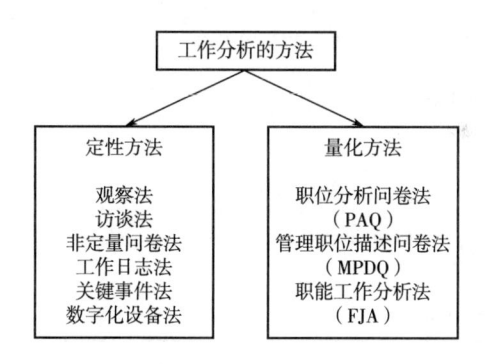

```
                    工作分析的方法
                    ／        ＼
            定性方法              量化方法
            观察法              职位分析问卷法
            访谈法                （PAQ）
            非定量问卷法        管理职位描述问卷法
            工作日志法            （MPDQ）
            关键事件法          职能工作分析法
            数字化设备法          （FJA）
```

图 4-3 工作分析的方法

一、定性方法

（一）观察法

观察法是一种最原始的工作分析方法，它是由工作分析师在工作现场运用感觉器官或其他工具，观察员工的实际工作过程、行为、特点、性质、工具、环境等。

1. 观察法的类型

观察法可以分为直接观察法、阶段观察法和工作表演法。

直接观察法是指工作分析者直接对员工工作的全过程进行观察,如餐厅服务员。阶段观察法是指工作分析者对员工工作进行分阶段的观察,如文员。工作表演法是指工作分析者请员工表演工作的关键事件,并进行观察,如消防员。

2. 观察法的操作要点

在采用观察法收集信息时,要遵循以下操作要点:注意工作行为样本的代表性;观察人员在观察时尽量不要引起被观察者的注意,以免干扰被观察者的工作;观察前要有详细的观察提纲和行为标准;观察者要避免机械地记录,应反映工作有关内容,并对工作信息进行比较和提炼。表4-1是工作分析观察提纲。

表4-1 工作分析观察提纲

被观察者姓名:	日期:
观察者姓名:	观察时间:
工作类型:	工作部分:
观察内容: 1. 什么时候开始正式工作 2. 上午工作多少小时 3. 上午休息几次 4. 上午完成几件产品 5. 平均多长时间完成一件产品 6. 与同事交谈多长时间 7. 每次约交谈多长时间	

3. 观察法的优缺点

观察法的优点是可以收集到直接的第一手资料,工作分析人员能较全面、深入地了解工作的要求和内容。

观察法的缺点是:应用存在局限性,只适用于重复量大、标准化的、周期短的、以体力为主的工作;可能影响被观察者的工作。

(二)访谈法

访谈法是工作分析人员就某一个工作或职位面对面地询问任职者、主管、专家等人对工作的意见和看法。这是使用得最广泛、最成熟的一种工作分析方法,适合所有的工作,特别是那些不能通过亲身实践或观察来收集信息的工作,如外科专家、设计人员、开发人员、高层管理人员等。

1. 访谈法的类型

访谈法有两种类型:个别员工访谈法、群体访谈法。

个别员工访谈法主要在各个员工的工作有明显的差异、工作分析的时间又比较充裕的情况下使用;群体访谈法主要在多个员工从事同样或相近工作的情况下使用。

2. 访谈法的操作技巧

(1) 访谈的准备。访谈的准备工作包括明确访谈的目的、编写访谈提纲、确定访谈对象、准备相应设备并提前与访谈对象取得联系、确定访谈时间和地点。

一个完整的访谈提纲一般应包括以下内容:你平时需要做哪些工作?主要的职责有哪些?如何去完成它们?在哪些地点工作?工作需要怎样的学历、经验、技能或专业执照?基本的绩效标准是什么?工作有哪些条件和环境?工作有哪些生理要求和情绪及感情上的要求?工作的安全和卫生状况如何?

(2) 访谈的实施。访谈的实施包括以下环节:①开场白阶段。由访谈者对项目进行简要介绍,并与访谈对象建立友好关系。②主体访谈阶段。工作分析人员根据访谈提纲进行提问,访谈对象回答问题。③结束访谈阶段。确认访谈对象的观点、做总结、致谢等。

3. 访谈法的优缺点

访谈法的优点有:可以对工作者的工作态度与工作动机等较深层次的内容有比较详细的了解;运用面广,能够简单而迅速地收集多方面的工作信息;由任职者亲口讲出工作内容,具体而准确;工作分析人员了解到其他方法不容易发现的情况,有助于管理者发现问题;有助于与员工沟通,缓解员工压力。

访谈法的缺点有:需要专门的技巧;费时费力;员工会认为是对自己工作业绩的考核或者薪酬调整的依据,所以会夸大或弱化某些职责。

(三) 非定量问卷法

非定量问卷法是由专业人员自行设计工作分析问卷,通过员工所填写的问卷了解其工作方面的信息。

1. 非定量问卷法的类型

非定量问卷法有三种类型：开放式问卷、封闭式问卷和混合式问卷。

开放式问卷只给出问题，没有备选答案，需要由被调查者根据自己的判断来填写。例如，"请用简洁的语言概括您所从事的工作"，在这种情况下，任职者可以自由地回答所提的问题。

封闭式问卷给出问题及各种备选答案，由被调查者根据实际工作在备选答案中进行选择。如果回答是肯定的，还需要进一步了解此项任务或行为出现的频率、重要性、难易程度以及其与整个工作的关系。

混合式问卷是开放式问卷与封闭式问卷结合起来的一种问卷形式。

表4-2是某公司的开放式工作分析问卷。

表4-2 某公司工作分析问卷

职位描述	此空格不填
1. 雇员姓名　　2. 职位编号　　3. 现行工资水平	
4. 职位描述的原因　　A. 新职位　B. 例行公事　C. 现职位发生变化　D. 检查	
5. 工作地点	6. 部门名称　　职位名称
7. 从何部门、接受谁的指导：姓名　　　　　　职位	
8. 具体描述本岗位的工作有哪些，按所花费时间的多少进行排列	
时间	任务
9. 上述工作任务持续了多长时间	10. 列出所使用的机器和设备以及工作环境
11. 进行管理所花费的时间百分比	12. 标准下级人数
13. 我保证上述岗位描述是我本人所写，并尽可能地详尽和准确	签名 日期

2. 非定量问卷法的设计技巧

在设计非定量问卷时，要注意以下问题：明确要获得何种信息，将信息化为可操作的项目或问题；每个问题的目的要明确，语言应该简洁易懂，必要时可以附加说明；易于回答的问题在前，难于回答的问题在后；按一定的逻辑顺序提问题，如按时间先后顺序，或按从上级到下级等级顺序排列；采用"漏斗性技术"进行提问，即先提范围广泛的、一般的甚至开放式的问题，后提职位相关性很强的问题；采取不同的提问方式，有助于提高回答者的兴趣。

3. 非定量问卷法的优缺点

非定量问卷法的优点是：能迅速得到进行工作分析所需的资料；节省时间和人力，实施费用较低；调查表可在工作之余填写，不会影响工作；调查的样本量可以很大，适用于需要对很多工作者进行调查的情况。

非定量问卷法的缺点是：设计理想的调查表费时、费力，设计费用较高；调查表由工作者单独填写，缺乏双向交流；被调查者可能不积极配合，不认真填写，从而影响调查质量。

（四）工作日志法

工作日志法指任职者按时间顺序，详细记录自己的工作内容与工作过程，然后工作分析人员经过归纳、分析，达到工作分析目的的一种方法。表4-3是某公司的工作日志表。

表4-3　某公司工作日志

序号	工作活动名称	工作活动内容	工作活动结果	时间消耗	结束时间
1	复印	合同文件	5张	6分钟	8：36
2	草拟合同	产品代理书	1 000字	75分钟	9：51
3	工作布置	北京区代理	1次	20分钟	10：11
4	会议	讨论地区代理	1次	90分钟	11：41
5	吃饭			30分钟	12：11
6	指标洽谈	建筑工程项目	1次	120分钟	14：11
……	……	……	……	……	……
12	打字	报告	1次	20分钟	16：05
13	接待	视察	5人	60分钟	17：05
14	搬运	办公家具	4人	35分钟	17：40

1. 工作日志法的操作技巧

工作分析人员应采取措施加强与填写者的沟通交流，如事前培训、过程指导、中期辅导等，以降低信息交流的单向性；应按照后期分析整理信息的要求，设计结构化程度较高的填写表格，以避免任职者在填写过程中可能出现的偏差和不规范之处。

2. 工作日志法的优缺点

工作日志法的优点有：信息可靠，适合于确定有关工作职责、工作内容、工作关系、劳动强度等方面的信息；费用花费少；对分析高水平、比较复杂的工作，显得比较经济有效。

工作日志法的缺点有：注意力集中于过程，而不是结果；适用范围小，只适合于工作循环周期较短、工作状态稳定、没有大的起伏的职位；整理信息的工作量大，归纳工作繁琐；会遗漏部分工作内容。

（五）关键事件法

关键事件法由美国学者弗拉纳根（Flanagan）和贝勒斯（Baras）在1954年提出，通用汽车公司在1955年运用这种方法获得成功。关键事件指的是使工作成功或失败的行为特征或事件（如成功与失败、盈利与亏损、高效与低产等）。关键事件法要求分析人员、管理人员、本岗位人员，将工作过程中的关键事件详细地加以记录，并在大量收集信息后，对岗位的特征和要求进行分析研究。

1. 关键事件的内容

关键事件的描述内容要包括：导致该事件发生的背景原因；员工的行为哪些是特别有效的，哪些是特别无效的；关键事件的后果能否被认知；员工控制上述行为后果的能力。

示例4-1

编写较好的关键事件

关键事件1：小王是某公司的物流主管，负责将客户从海外运过来的货物清关、报关，并把货物提取出来，然后按照客户的需求运到客户那里。这家公司规模比较小，共有20位员工，只有小王一人负责这项工作。在刚进行完1月的考评后，小王80多岁的祖母突然病逝。小王从小由祖母养大，他很悲伤，在料理祖母后事的过程中生病了。第二天，客户有一批货从美国运过来，要求清关后于当天6点钟之前准时运到。这是一个大客户，小王只好把家里的丧事放在一边，第二天早上9点钟准时出现在办公室。经理和同事都发现，小王的脸色铁青，精神也不好，一问才知道他家里出事了。但是，小王什么话也没说，一直忙着办理进出口报关、清关的手续，把货物从海关提出来，并且在下午5点钟就把这批货物发出去，及时运到了客户那里。

关键事件2：一位顾客打电话说其冰箱出现了不制冷和每隔几分钟就发出一阵噪声的问题。维修人员在出发前提前诊断出问题所在，然后检查自己的车上是否备有维修所需的零配件。当他发现自己的车上没有这些零配件时，就到库存中查找，以保证第一次上门维修就能修好电冰箱，从而让顾客满意。

2. 关键事件法的操作步骤

第一，把每一关键事件打印在卡片上。第二，让多位有经验的职位分析者对所有卡片进行分类。分类的标准可以统一，也可不统一。对那些分类有争议的事件要讨论，直到取得一致意见。第三，对类别予以明确的概括和定义。

示例4-2

工作：打字员

关键事件：

1. 查出信件、报告中显得不正确的地方，检查出来并改正。
2. 书写每一侧都是对齐的稿件，使它看起来像印刷版。
3. 检查并纠正在给顾客邮寄的资料中的错误地址。
4. 当怀疑有不适合的做法时，不使用秘书手册。
5. 按常规将图表、信件错误地归档。
6. 由于粗心，以颠倒的次序打出大小、位置及其他数据等关键信息。
7. 当某字可能是错误的时，因为不怀疑它而经常不查字典。
8. 产生打字错误和弯曲的边，以致必须重新打字50~100页。

维度：工作准确、整洁、美观的能力

3. 关键事件法的优缺点

关键事件法的优点是：研究的焦点集中在工作行为上，因为行为是可观察的、可测量的；可以为管理者向下属人员解释绩效评价结果提供一些确切的事实证据。

关键事件法的缺点是：费时费力，需要花大量的时间和精力去搜集那些关键事件，并加以概括和分类；无法对工作进行完整的描述。关键事件的定义是显著的对工作绩效有效或无效的事件，但是，这就遗漏了平均绩效水平。而对工作来说，最重要的一点就是要描述平均的职务绩效。利用关键事件法，对中等绩效的员工就难以涉及，因而全面的工作分析工作就不能完成。关键事件法不可单独作为考核工具，必须跟其他方法搭配使用，效果才会更好。

（六）数字化设备法

在互联网时代，人工智能技术越来越广泛地运用在人力资源管理领域，如人脸/指纹打卡签到、可穿戴设备、手环等。通过这些数字化设备，组织可以搜集员工的工作行为顺序和耗时，为工作分析提供依据。例如，美国容器商店（The Container Store）使用可穿戴设备实时跟踪其店员与同事、顾客之间的交流互动情况，以及店员在店内的位置移动状况，将此作为工作分析的参考。

数字化设备法的优点是可以收集到相关工作行为的细节，节省人力，信息精准。

数字化设备法的缺点是适合行为外显的、以体力为主的工作。

二、量化方法

（一）职位分析问卷法

职位分析问卷法（Position Analysis Questionnaire，PAQ）是由普度大学教授麦考密克（McCormick）、詹纳雷特（Jeanneret）和米查姆（Mecham）设计开发的。设计者的初衷在于开发一种通用的、以统计分析为基础的方法来建立某职位的能力模型，同时运用统计推理进行职位间的比较，以确定相对报酬。这是一种高度结构化的问卷，是专门针对管理人员设计的工作分析系统，侧重于任职者在履行工作时所需的知识、技术、能力以及其他行为特征。

1. 职位分析问卷法的内容

职位分析问卷法是一种包括194个问项的标准化工作分析问卷，问项涉及的信息可分为以下六个方面：

（1）信息投入。员工在工作中从何处得到信息，如何得到，包含35个工作要素。

（2）思维过程。在工作中如何推理、决策、规划，信息如何处理，包含14个工作要素。

（3）工作产出。工作需要哪些体力活动，需要哪些工具与仪器设备，包含49个工作要素。

（4）人际交往。工作中与哪些人员有关系，包含36个工作要素。

（5）工作环境。工作中自然环境与社会环境是什么，包含19个工作要素。

（6）其他特征。与工作相关的其他的活动、条件或特征是什么，包含41个工作要素。

对每个工作元素，都用以下六个标准之一进行衡量：使用程度、对工作的重要性、工作所需的时间、发生的概率、适用性、专用代码（用于职位分析问卷法特别项目的专用等级量表）。而且，每个等级量表都包括六个级别。例如，"对工作的重要性"的量表由下列评价等级组成：

不使用　N（0）
很小（1）
低（2）
平均（3）
高（4）
非常高（5）

示例4-3

职位分析问卷法示例

1. 工作信息源：根据职务承担者在执行工作任务时把该项目作为

信息源的范围，给下面的项目分级。

等级	使用范围（U）
—	不使用
1	很少/非常偶然
2	少/偶尔
3	中等/一般
4	相当大/比较经常
5	非常大/经常

1.1 工作信息的视觉来源

（1）书写材料（公告、报告、备忘录、文章、职务说明书、电脑打印件、批注等）；

（2）图片资料（出现在报纸上和电影中等的非口头信息源，如绘画、蓝图、图表、表格、地图等）；

（3）数量资料（报表、记账、细目、数据表格等，测量仪器除外）；

（4）工作辅助设施（工作辅助设备，如模板、模型等，在使用的期间作为观察的信息源）；

（5）机械设备（工具、设备、机器等，在使用或者操作中观察到的信息源）；

（6）不在加工过程中的材料（零件、材料、加工物等，如处理、检查、打包等但是没有在加工过程中的信息源）；

（7）加工材料（零件、材料、加工物等，为加工、操作或其他处理时的信息源）；

（8）不在加工过程中的材料（零件、材料、加工物等，如处理、检查、打包等但是没有在加工过程中的信息源）；

（9）视觉显示（拨号、量规、信号灯、雷达检测等）。

将这些评价结果输出到计算机上，会产生一份报告，说明某些工作在各个维度上的得分情况。

2. 职位分析问卷法的优缺点

职位分析问卷法的优点是用六个方面的工作元素和六个度量标准，就可决定一项职位在沟通、决策、社会责任、熟练工作的绩效、体能活动及相关的条件这六个方面的性质。根据这六个方面的性质，工作与工作就可以相互比较和划分工作族。但是，职位分析问卷法只对体力劳动性质的职位适用性较好，对于技术性质、管理性质职位的适用性较差，而且其格式标准化，不能描述工作中特定的、具体的任务活动，因而无法体现工作性质的差异。

（二）管理职位描述问卷法

管理职位描述问卷法（management position description questionnaire，MPDQ）是针对管理职位开发的一种工作分析问卷。这种问卷法是对管理者的工作进行定量化测试的方法，它涉及管理者所关心的问题、所承担的责任、所受的限制以及管理者的工作所具备的各种特征。通过因素分析，MPDQ 将所有题目划分为 15 个部分，每个部分包含一定量的相关题目。

1. 一般信息部分

这部分收集的是工作的一般信息，比如任职者的姓名、头衔、工作的职能范围、人力资源管理职责、财务职责以及其他主要职责，另外还包括管理人员下属的数量和类型、管理人员每年能支配的财政预算等。该部分包括 16 个题目。

2. 决策部分

决策部分包括决策背景与决策活动。决策背景描述与决策相关的背景因素，反映决策的复杂程度；决策活动反映整个决策过程中涉及的行为。该部分包括 27 个题目。

3. 计划与组织部分

计划与组织部分描述制订战略计划和执行计划的活动。该部分包括 27 个题目。

4. 行政部分

行政部分评估管理者的文件处理、写作、记录、公文管理等活动。该部分包括 21 个题目。

5. 控制部分

控制部分包括跟踪、控制和分析项目运作、财务预算、产品生产和其他商业活动。该部分包括 17 个题目。

6. 督导部分

督导部分描述的是与监督、指导下属相关的活动和行为。该部分包括 24 个题目。

7. 咨询与创新部分

咨询与创新部分的内容属于技术性专家的行为，比如律师、工业心理学家等的行为通常属于这一部分。该部分包括 20 个题目。

8. 联系部分

联系部分包括内部联系矩阵和外部联系矩阵。收集的信息包括联系对象和联系目的。该部分包括 16 个题目。

9. 协作部分

协作部分描述当存在内部联系时的行为，在矩阵式组织和团队作业为主的组织中多存在这种合作行为。该部分包括 18 个题目。

10. 表现力部分

表现力部分描述的行为通常发生在营销活动、谈判活动和广告宣传活动中。该部分包括 21 个题目。

11. 监控商业指标部分

监控商业指标部分包括监控财务指标、经济指标、市场指标的行为，多为高级经理人的职责。该部分包括 19 个题目。

12. 综合评定部分

综合评定部分根据上述部分将管理活动分为 10 种职能，要求问卷填写者估计这 10 种职能分别占整个工作时间的比重以及它们的重要程度。该部分包括 10 个题目。

13. 知识技能和能力部分

知识技能和能力部分要求问卷填写者判定为高效完成工作所需要达到的知识、技能和能力的熟练程度。本部分还要求问卷填写者回答他们是否希望接受培训、接受哪一方面的培训。该部分包括 31 个题目。

14. 组织层级结构图部分

组织层级结构图部分给出了一般性的组织层级结构图，让问卷填写者填写他们的下属、同级、直接上级和上级的上级分别是什么职位。

15. 评论部分

问卷的最后一部分要求问卷填写人员反馈对问卷的看法。他们首先要回答的问题是估计自己的工作有多大比例的内容被问卷涵盖；其次，让问卷填写人员评定问卷总体、问卷题目以及问卷模式的质量和使用的难易程度等；再次，问卷填写者还要回答他们花费了多少时间来完成问卷；最后，问卷填写者需要回答是否有重要的活动是问卷没有涉及的，如果有，需要说明是什么活动，这个问卷将有助于收集到其他的重要信息，而且为 MPDQ 将来的发展与修改提供依据。该部分包括 7 个题目。

与 PAQ 一样，MPDQ 因为结构化的项目导致该方法的灵活性不足，在分析技术、专业等其他职位时显得无能为力；耗时太长，工作效率较低；该方法是在对国外管理人员实证分析的基础上开发出来的，是否适合中国国情，还有待进一步验证。

（三）职能工作分析法

职能工作分析法（Functional Job Analysis，FJA）是由美国劳工部开发的，其主要目的在于找到一种能够对不同工作进行量化的等级划分以及分类比较的标准化方法。

这种方法假设所有的工作都涉及工作执行者与数据、人、事三者的关系，通过工作执行者与数据、人、事发生联系时的工作行为，可以反映工作的特征、工作的目的和人员的职能，见表4-4。

职能工作分析法的核心是通过分析工作执行人员在处理工作时对数据、人、事的特征来进行的。行为的难度越大，所需要的能力越高，也就说明了工作者职能等级越高。

表 4-4　职位承担者的基本职能

数据（信息)		人		事	
号码	描述	号码	描述	号码	描述
0	综合	0	教导	0	装配
1	协调	1	谈判	1	精确操作
2	分析	2	指导	2	操作控制
3	编辑	3	监督	3	驾驶操作
4	计算	4	转移注意力	4	操纵

续表

| 数据（信息） || 人 || 事 ||
号码	描述	号码	描述	号码	描述
5	复制	5	劝说	5	照料
6	比较	6	发出口头信号	6	送进移出
		7	服务	7	驾驶
		8	接受指导帮助		

注：每一项中，0代表最高等级。

我们以接待员为例来说明职能工作分析法的实施：首先确定该项工作在数据、人、事的难度等级，分别为5、6、7，接着对三种职能赋予一定的时间百分比，接待员在数据方面的时间比例为50%，在人员方面的时间比例为40%，在事务方面的时间比例为10%。

第四节 工作说明书的撰写

工作说明书是工作分析的成果，是指对组织中各类岗位（职位）的工作性质、工作任务、责任、权限、工作内容和方法、工作环境和条件，以及任职人资格条件所作的书面记录。工作说明书主要包括两个部分：一是工作描述；二是工作规范。需要注意的是，工作说明书的这两个部分并非简单的罗列，而是通过客观的内在逻辑形成一个完整的系统。

一、工作描述的主要内容

一个工作描述必须包括该项工作区别于其他工作的信息，提供有关工作是什么、为什么做、怎样做以及在哪做的清晰描述。它的主要功能是让员工了解工作概要，建立工作程序与工作标准，阐明工作任务、责任与权限，有助于人员的招聘、考核和培训。

具体讲，工作描述的主要内容应当包括以下几个部分。

（一）职位标识

职位标识如同职位标签，它让人们对职位有一个直观的印象。一般包括职位编号、职位名称、所属部门、直接上级及职位薪点。

（二）职位概要

用一句简练的话概括职位的主要工作职责。例如，物料经理职位概要是"负责生产线上所有材料的经济性购买、规范性运输以及存储和分配"，人力资源经理职位概要则是"制定、执行与认识活动有关的各方面的政策与措施"。

（三）工作职责

工作职责是职位概要的具体化，要描述某一职位承担的职责以及每项职责的主要活动内容。在实践过程中，这一部分是工作描述的核心，也是相对困难的部分。

1. 分解工作职责

首先，要将某职位的所有职责列出来，然后将每一项职责细分，分解为不同的具体任务。例如，某公司秘书的职责包括日常事务管理、接待事务、会议事务。其中，日常事务管理分为办公室管理、通信管理、值班事务、日程管理、印章管理五项任务，接待事务分为来访接待、安排服务两项任务，会议事务分为会议安排、会场布置、会议服务、会议文件的处理三项任务。

2. 工作职责的书写要求

在撰写工作职责时，有以下几个方面的要求：

第一，合法。要以国家法律为前提和依据，不能与法律法规相抵触。

第二，具体。要按照动宾短语即按照"动词+宾语+目的状语"的格式来进行描述。例如，人力资源经理的一项职责是"组织拟定公司的人力资源管理政策、制度，以提高公司的人力资源管理水平；监督和控制部门年度预算，以保证开支符合业务计划要求"。

第三，清晰。要准确地使用动词，尽量避免使用模糊性动词，如"负责""管理""领导"等。

在撰写工作说明书时，针对不同的主体和任务，往往选择使用不同的动词。表4-5列出了工作分析的常用动词。

表4-5 工作分析常用动词

主体和任务	动词
针对计划、制度、方案、文件等	编制、制订、拟定、起草、审定、审核、审查、转呈、转交、提交、呈报、下达、备案、存档、提出意见

续表

主体和任务	动词
针对信息、资料	调查、研究、收集、整理、分析、归纳、总结、提供、汇报、反馈、转达、通知、发布、维护管理
上级行为	主持、组织、指导、安排、协调、指示、监督、管理、分配、控制、牵头负责、审批、审定、签发、批准、评估
下级行为	核对、收集、获得、提交、制作

(四) 工作关系

工作关系一般指职位与企业内部哪些部门和哪些职位发生工作关系，以及需要与企业外部哪些部门和人员发生关系。例如某公司人力资源经理的工作关系是：向人事副总裁汇报；监督人事部门的工作人员、行政助理、劳资关系主管、劳工关系主管、培训主管、秘书；工作上的配合关系包括所有部门的经理和行政主管；组织外的关系包括职业介绍所、政府劳动管理机构、各种职位应征者和其他事业单位相关部门。

(五) 工作条件与环境

工作条件有两项内容：一是任职者要应用的设备名称；二是任职者运用信息资料的形式。工作环境一般指工作所处的自然环境，包括工作场所、工作环境的危险性、职业病、工作的时间以及工作环境的舒适程度。

(六) 工作权限

工作权限需要界定工作人员在工作活动内容上的权限范围，包括决策的权限以及经费预算的权限等。

(七) 绩效标准

绩效标准是指每项职责的衡量要素和标准。衡量要素是指对于每项工作要素，从哪些方面衡量它完成的好坏；衡量标准则是这些要素必须达到的要求。

二、工作规范的主要内容

工作规范指任职者胜任工作必须具备的资格与条件，主要包括以下几个方面的内容：知识要求，包括最低学历、专门知识、政策法规知识、管理知识、外语水平、相关知识；能力要求，指胜任岗位工作要求具备的主观条件，如理解判断能力、组织协调能力、决策能力、开拓能力、社会活动能力、语言文字能力等；经历要求，包括应具有的工作年限，从事低一级岗位的经历以及从事过与之相关的岗位工作经历。职业道德要求，如诚信、公正、敬业等品质。

下面是招聘专员的工作规范示例。

示例4-4

职位名称：招聘专员

一、生理要求

年龄：23~35岁　　　性别：不限

身高：女性155~170cm，男性160~185cm

体重：与身高成比例，在合理范围内

听力：正常　　　　　视力：矫正视力正常

声音：普通话发音标准，语音、语速正常

二、知识技能要求

1. 学历要求：本科，大专以上需要从事专业3年以上。

2. 工作经验：3年以上大型企业工作经验。

3. 专业背景要求：曾经从事人事招聘工作2年以上。

4. 英文水平：达到大学英语4级水平。

5. 计算机：熟练使用Windows和Ms Office系列软件。

三、特殊才能要求

1. 语言表达能力：能够准确、清晰、生动地向应聘者介绍企业情况，并准确、巧妙地解答应聘者提出的各种问题。

2. 文字表达能力：能够准确、快速地将希望表达的内容用文字表达出来。

3. 工作认真细心，能认真保管好各类招聘材料。

4. 有较好的公关能力，具备较强的招聘能力。

第五节　胜任素质模型

在工作分析中，企业主要关注的是完成工作所需的知识、技能、经验等，但是从很多企业甄选人员的实践中，我们可以发现，知识技能出色、背景优秀的人并不一定能创造出高绩效。20 世纪 90 年代以来，越来越多的企业开始引入胜任素质模型来分析完成工作所需要的深层次特征，以弥补工作分析的不足。

一、胜任素质的提出

20 世纪 70 年代，美国政府招聘了一批情报信息官，其使命是借助图书馆管理、外交文化活动，以及与当地人民的演讲对话等手段，来宣扬美国的对外政策，使更多的人理解和喜欢美国。要成为情报信息官，必须通过一种十分苛刻的考试，关键测试内容是：智商；学历、文凭和成绩；一般人文常识与相关的文化背景知识，包括美国历史、西方文化、英文以及政治、经济等专业知识。可是，实践证明，经过严格挑选的情报信息官，许多人并不能胜任自己的工作。于是，美国政府找来著名心理学家戴维·麦克利兰（David C. McClelland），协助甄选符合他们的战略及目标要求的人员。麦克利兰的研究小组对绩效优异者和绩效一般者进行访谈和对比，发现他们之间的差异不在智商和知识，而是以下三个方面：一是跨文化的人际敏感性，即深入了解不同的文化，准确理解不同文化背景下他人的言行，并明确自身文化背景可能带来的思维定式的能力；二是对他人的积极期望，即尊重他人的尊严和价值，即使在压力下也能保持对他人的积极期望；三是快速进入当地政治网络，即迅速了解当地人际关系网络和相关人员政治倾向的能力。

基于这项研究，麦克利兰在 1973 年提出胜任素质概念。

二、胜任素质的内涵

关于胜任素质的内涵，学术界尚未达成共识。大多数学者认为，所谓胜任素质是一个人所拥有的导致其在工作岗位取得有效或出色业绩的个人潜在的深层次特征。

胜任素质概念的提出者麦克利兰于 1973 年提出了一个著名的模型，

它将人员个体素质的不同表现形式划分为表面的"冰山以上部分"和深藏的"冰山以下部分",如图4-4所示。

图 4-4 胜任素质冰山模型

"冰山以上部分"包括知识和技能。其中,知识指个人在某一特定领域拥有的事实型信息与经验型信息;技能指结构化地运用知识完成某项具体工作的能力,即对某一特定领域所需技术与知识的掌握情况。知识和技能是胜任素质的外在表现,是容易了解与测量的部分,相对而言也是比较容易通过培训来加以改变和发展的。

"冰山以下部分"则包括社会角色、自我概念、特质和动机。其中,社会角色指一个人基于态度和价值观的行为方式与风格;自我概念指一个人的态度、价值观和自我印象;特质指个性、身体特征对环境和各种信息所表现出来的持续反应,特质可以预测个人在长期无人监督下的工作状态;动机指在一个特定领域的自然而持续的想法和偏好(如成就、亲和、影响力),它们将驱动、引导和决定一个人的外在行动。社会角色、自我概念、特质和动机是胜任素质中内隐的、难以测量的部分,它们不太容易通过外界的影响或培训而改变,但却是决定人的行为与表现的关键因素。研究发现,在胜任素质的结构中,最核心的、对一个人的绩效起关键作用的是成就动机。例如,对明星销售员的研究发现,他们往往不是那些能说会道、特别外向的人,而是成就动机非常强的人。

胜任素质概念的提出,克服了过去只看学历、智商进行招聘选拔的缺陷,为人力资源管理的发展做出了实质性和开创性的贡献。

三、胜任素质的构成

一项胜任素质一般包含 6 个要素：名称、定义、维度、分级、等级标准和行为描述。表 4-6 是胜任素质构成示例。

表 4-6　培养他人：对他人潜力保持正面期待，于成功发展而提升他人

等级	行为特征
1.A	培养他人的强度与培养行动的完成度
A.-1	让人气馁。表达出刻板或个人的负面期待，讨厌下属、学生、客户，具有"带步人"（竞赛时为人定步调的人）的管理风格
A.0	不适当。或未做出培养他人的明确努力。焦点放在做好自己的工作上，成为良好典范
A.1	表达对他人的正面期待。对他人的能力或潜力提出正面的看法。即便在"困难的"情况下也是如此。相信他人想要学习也有能力学习
A.2	给予详细的指导，和/或勤务上的示范说明。说明如何达成任务，提出明确有用的建议
A.3	给予理由或其他支援。给予包含道理或理论基础在内，如同训练策略的指导或示范说明；或给予实际的支援或协助，让工作进行更顺利（亦即义务提供额外的资源、工具、信息、专家建议）。提出问题，给予测验，或利用其他方法，确认他人了解说明或指示
A.4	基于培养的目的。给予明确下面或混合的回应
A.5	安慰与鼓励。挫折之后安慰他人。针对行为而非个人给予负面回应，并对未来绩效表达正面期待或给予个别化的改进建议；或将困难的任务分成较小的部分，或利用其他策略
A.6	进行长期的指导或训练。安排适当有用的任务，正式训练或其他体验，促成他人学习和发展。包括让人们自己设法找出问题的答案，如此一来他们才真正知道怎么做，而不是把答案丢给他们就算了，纯粹为了政府或企业要求而做的正式训练则不包含在内
A.7	创造新的教导/训练方式。明辨训练或开发需求所在，并设计新计划或备妥资料以满足此一需求；设计传授传统材料的新方法；或安排他人体验成功，以建立他们的技巧和自信心
A.8	充分授权。评估部属的能力之后，据此充分授予权力和责任，让他们按照自己的方法达成任务，包括在无关紧要的条件背景下犯错，以及从错误中学习的机会
A.9	奖励良好的发展。晋升特别有能力的部属，或安排为其升迁，作为奖励或发展经验，或针对良好绩效给予其他奖励。此一行为属于最高等级，因为主管通常必须先充分培育部属，才能够给予奖励，以激励对方

续表

等级	行为特征
2. B	已培养或指导的人员数量和阶级
B.1	一名属下
B.2	几名（2~6）属下
B.3	很多（超过6个）属下
B.4	一名同僚（供应商、同事等）
B.5	几名（2~6）同僚
B.6	很多同僚
B.7	一名主管或顾客
B.8	一名以上的主管或顾客
B.9	混合等级的大团体（超过200人）

评分要点：每一个等级，都含有适当程度的需求分析之意，如果是不恰当或误导的培养他人的方式，在本评量中则不予评分，然而并非培养他人成功才算数，但绝不能是明显不恰当的培养方式。
如遵从法律或企业的要求而派遣人员参加例行训练计划，或主要为因业务需求所做的升迁，因并未表达培养他人的企图，因此在评量中并未予以评分

四、胜任素质模型及构建

（一）胜任素质模型的定义

胜任素质模型是为完成某项工作，达成某一绩效目标，所要求的一系列不同胜任素质要素的组合，包括不同的知识、技能水平、社会角色、个性与品质、自我形象和动机表现。通常来说，胜任素质模型具备以下特点：通常由5~9项胜任素质要素构成；每项胜任素质都有一定的权重（重要性程度）；每项胜任素质都有明确的界定；部分胜任素质模型还界定了所需要达到的等级。

> **示例4-5**

某国有企业管理干部的胜任素质模型

追求卓越
　　结果导向（4级）　　适应调整（3级）
　　监控能力（3级）

有效掌控
　　团队领导（4级）　　影响能力（4级）
　　结交能力（3级）　　组织理解（1级）

持续成长
　　归纳思维（2级）　　把握未来（3级）
　　人才培养（3级）　　建立创新组织（2级）
　　战略导向（1级）

基本素质
　　组织文化认同（3级）　　责任心（3级）
　　学习领悟（1级）　　积极心态
　　人际理解（3级）　　重诺言

（二）胜任素质模型的构建

1. 定义绩效标准

定义合格绩效或优秀绩效的标准，是胜任特征模型研究的第一步，也是关键一步。如何确定绩效标准？通常可以采用以下两种方式：第一，采用工作分析的工具和方法明确工作的具体要求，提炼出区别优秀员工与一般员工的标准。第二，由优秀的领导者、人力资源管理者和研究人员组成专家小组，就岗位的任务、责任、绩效标准和期望表现出的胜任特征行为和特点进行讨论，最终得出一致的结论。例如，对销售经理的考核指标强调销售额、回款率等；对于大多数不宜用数量衡量的岗位，应关注其工作质量、时效性。

2. 确定效标样本

根据第一步确定的绩效标准,在从事该岗位的员工中,分别选取绩效优异者和一般者的样本。理论上说,在建立胜任素质模型时,每一组应该不少于 10 人。当然,也可以根据情况灵活确定。

在确定效标样本时,有以下注意事项:第一,双盲设计。被访谈者只知道被选来进行访谈,而不知道自己属于何种绩效类别;访谈者也不清楚被访谈者的绩效等级。第二,保密。信息传播的不可逆性决定了一旦泄露造成的后果是无法挽回的,因此,对访谈信息采取保密措施是必要的。

3. 获取样本信息

在这一步骤,需要采用一定的方法,收集被访者在一些事件中的具体行为和心理活动的详细信息。获取样本信息的方法有以下三种。

(1) 行为事件访谈法(behavior event interview,BEI)。行为事件访谈法最早是心理学家用以进行心理测评的一种方法。一般是让被访者详细叙述 4~6 件特别重要的完整事件,包括最成功的 2~3 件和最不成功的 2~3 件,据此收集被访者在这些事件中的具体行为和心理活动的详细信息,从中总结归纳被访谈对象的思想、情感和行为,通过对比分析所收集的信息,可以发现绩效优秀者普遍具备而绩效普通者普遍缺乏的胜任特征。

行为事件访谈法要取得良好的效果,访谈者必须按照 STAR 技术来提问:第一,情境(situation),关于事件或问题背景的具体描述。第二,目标(task),访谈对象在特定情境中所要达到的目标、所需完成的任务。第三,行动(action),访谈对象针对上述情境所采取的行动,或未采取的行动。第四,结果(result),访谈对象已经采取的行动导致的最终结果。通过这样的提问,可以逐步将被访谈者的陈述引向深入,并逐渐挖掘出被访谈者潜在的信息。

在实施行为事件访谈时,访谈者需要注意的事项有:先谈成功事件再谈失败事件;要求被访者按时间顺序讲述;让被访者详细叙述实际发生的具体事件;探究行为背后的原因;强化被访者的表现。

(2) 专家小组法。专家小组法又称"德尔菲法",它是召集对目标岗位有充分了解和深刻认识的专家,收集他们对目标岗位核心素质的看法和意见。这里的专家可以是组织内部有多年目标岗位工作经验的资深员工、直接管理者或退休人员等,也可以是组织外部对企业有深入研究和充分了解的研究型专家。

企业在选取专家小组成员的过程中,应充分考虑企业的实际需要,采用内外部专家相结合的方式,尽量保持专家小组成员的多样化,这样可以从不同角度对目标岗位提出不同的素质要求。同时,应注意各位专家对目标岗位所描述的行为要求(包括其定义和具体说明),这是专家小组成员访谈中的关键点。有了上述行为的描述,才易于确定素质要素的操作定义和评价等级。

相对于 BEI 而言,专家小组法具有操作程序较简单、花费时间少的特点,而且不需要大量访谈人员;但研究发现,专家小组收集的数据准确度只达到 BEI 的 50%,并且容易遗漏思维方式、内驱力等方面的信息。

(3)利用评价中心收集信息。评价中心对绩优者与一般者分别进行测试,然后将两类人群的测试结果进行对比,以发现绩优者与一般者之间的胜任特征差异。利用评价中心收集信息是所有方法中最复杂的方法。

4. 分析数据

分析数据是构建胜任力模型步骤中最关键的环节之一,而编码是这一环节的核心技术。

编码的主要任务是分析调研阶段收集到的原始记录数据,从各类资料及访谈记录中寻找与胜任特征具有相关性的资料和行为事件细节,在分析的基础上概括出包括知识、技能、能力、态度等系列胜任素质,目的是从更概括、直观的角度掌握数据的全貌。表 4-7 是一个编码示例。

表 4-7 编码示例

	事件描述	主题分析	编码
1	我知道如果我这样做了,一定会惹恼我们部门的经理,但是我还是这样做了,那份计划正如我当初所坚持的,最终被否决了	清楚采取行动的后果会给部门经理带来什么样的影响	影响力
2	我习惯于每天给自己订一个计划,这样就知道哪些是最重要的,哪些是不太着急的,不会让自己显得很混乱,对下属也能指挥若定	知道要按照业务目标来安排工作的优先次序	策略定位

5. 初步建立胜任素质模型

通过对数据分析的结果进行整理归纳，就可以建立初步的胜任素质模型。这一工作主要是对优异组和普通组在每一胜任特征上出现的频次和等级的差别进行比较分析检验，找出两组的共性和差异特征，根据不同的主题进行特征归类，确定胜任素质项目。

6. 验证胜任素质模型

接下来需要对胜任素质模型进行验证，常用的方法有问卷调查法、专家评议法、评价中心技术。

（1）问卷调查法。通过编制量表，选取较大规模的样本进行测试，对量表进行因素分析，以考察量表的结构是否与原模型相吻合。目前，探索性因子分析和验证性因子分析已被广泛运用到胜任素质模型的检验中。

（2）专家评议法。运用德尔菲法，与岗位有直接关系的上级、同事、下级和专家共同评议岗位的胜任素质模型。对于有争议的内容，需要所有参与者进行充分的讨论后最终确定。

（3）评价中心技术。利用评价中心技术对另外一组绩效优异者与绩效一般者进行测试和评价，测评的指标是先前确定的胜任素质模型的关键指标。测试结束后，将测评的结果与胜任素质模型进行比较，看真正的绩优者能否通过测评结果表现出来。如果绩优者在测试过程中的行为表现与胜任素质模型中的关键行为基本一致，说明已开发的胜任素质模型具有比较高的信度。

（三）数字化时代的胜任素质模型

在数字化条件下，通过大数据技术的应用，胜任素质模型的构建可以更加快速有效，并随着时代和企业发展呈现动态性特征。也就是说，当外部市场发生变化，当企业的组织架构发生变化，当岗位上绩效优异的员工发生变化，智能化人力资源管理系统可以及时对数据进行分析，动态调整胜任力模型，这样可以改变原有胜任力模型搭建过程中过度依赖建模人的现状。

关键术语

position　　职位

job   工作
job analysis   工作分析
job description   工作描述
job specification   工作规范
participant diary   工作日志
Position Analysis Questionnaire（PAQ）   职位分析问卷
competency   胜任素质

本章思考题

1. 什么是工作分析？工作分析的作用是什么？
2. 工作分析分为几个阶段或步骤？各个阶段的任务是什么？
3. 工作分析的方法有哪些？
4. 如何编写工作说明书？
5. 什么是胜任素质？它包含哪些要素？
6. 在数字化时代，如何基于大数据构建胜任素质模型？

课堂讨论

齐河公司的工作分析

小黄被齐河公司聘用为人力资源助理，这是一家生产电子设备的中型公司，她的直接主管是人力资源部主任。小黄加入公司后的第一个任务是为每个职位进行工作分析，并在此基础上编写职位描述和职位规范。人力资源部主任通知小黄，由她来负责整个项目，且必须在八个星期内完成。同时，她有与主管和员工面谈的自主权。

主任给每个主管发去一份备忘录，将小黄的工作任务和工作权限告知他们，希望他们全面合作。主管们都收到备忘录后，小黄开始逐个与他们面谈。她认为主管是职位描述和职位要求的最佳信息来源，准备参照人事管理教材上的职位描述样表来编写工作文件。作为工作信息收集的最后阶段，她计划与每个职位上的至少一名员工进行面谈。

三个星期之后，小黄开始对工作的进展感到沮丧。她原以为这是一个简单易行的项目，但是，她仅与20个主管中的7个进行了面谈。主管们似乎无意合作，经常不参加面谈，在重新安排第二次面谈时又故意拖延。虽然她原计划是先和所有的主管进行面谈，但鉴于这种拖拉的情况，她开始直接与任职员工面谈。

在与少数几个员工面谈之后，她就注意到所获信息的质量有问题。在工作职责与工作技能要求方面，员工们向她提供了互相矛盾的信息。总体上，与主管相比，员工认为该工作要求更多、职责更多，使用的技能也更多。她决定先不管这些矛盾之处，继续进行访谈，以便在规定的时间之前完成这些文件并提交给主任。在八个星期快结束的时候，经过几天加班，她交出了一套职位描述和职位要求。

几个星期之后，主任召见了她，与她讨论出现的问题。原来，有几个主管对与他们的下属在工作职责方面发生了较大的意见分歧。

问题：
1. 齐河公司为什么要做工作分析？
2. 工作分析是由小黄一个人负责吗？应该由谁来做工作分析？
3. 小黄收集工作信息的方法正确吗？为什么？

资料来源：根据 https://wenku.baidu.com/view/9c3fc1437d21af45b307e87101f69e314332faf5.html?_wkts_=1689682522653&bdQuery 的资料整理而成。

课后讨论

某公司财务经理的工作分析

某公司财务经理的直接上级是财务总监，所属部门是财务中心，工资等级是A职系五等，工作性质为管理人员，辖员人数5人，定员人数1人。

财务经理的职责是负责财务中心的日常财务工作的管理、协调、财务处理、资金调配以及工商税务方面的工作。

财务经理的任职资格要求是会计专业大学本科学历，其他经济管理类专业同等学历也可。要求有一年以上相关工作经验。任职前要通过会计、企业文化和管理类课程的培训考试。

财务经理的工作时间为上午9点到下午5点30分,时常需要加班。

问题:你认为这份工作说明书存在的主要问题是什么?应如何改进?

资料来源:作者调研并整理资料。

第五章　数字化时代的人员招聘

■ 导入案例

名企如何玩转网络招聘

一、联想

作为一家高科技企业，联想通过微信平台发布招聘信息，推送求职技巧，介绍校园宣讲会行程，宣传企业形象并提供自定义菜单栏查询功能，包括各类职位查询、企业介绍、在线答疑。在各类信息中，招聘信息所占比重最大，信息更新频率较高。

联想通过微信平台塑造了一个有良好发展前景又充满人文关怀的企业形象，为此公司启动了一系列宣传活动。"想知道你"是一个联想员工微介绍栏目，鼓励员工通过文字、视频、图片等各种形式介绍自己，在促进员工交流的同时帮助用户认识企业。"面试应答策略十招""笔试技巧来了"等栏目满足了应届生提升求职技巧的需求，充分展现了企业的人文关怀。其中，"你为什么选择联想"是一个以企业介绍为主题的活动，从职业发展、工作节奏、企业文化、福利等七个方面向用户介绍加入联想的理由。

联想通过微信对校园招聘进行全程宣传，除了校招行程安排和校招进程外，还提供阶段性的答疑服务，最为贴心的是介绍各城市简历投递情况、各岗位简历竞争情况，并提供用户求职进度查询和在线预约宣讲会的服务，方便用户全方位了解招聘信息。

联想还十分注重用户体验，积极征集用户意见，"想要看啥，你说了算"就是为了实现这一目的而开展的活动，在微信上征集大家想看的内容、期望的信息推送频率或者其他的想法。

二、宝洁中国

宝洁将微信招聘的对象锁定为应届毕业生,为此,宝洁通过微信平台主要开展企业宣传、发布满足应届生需求的求职技巧和职业技巧,并开设专门的查询功能。"宝洁精英挑战赛"是宝洁于 2014 年 2 月到 7 月开展的面向高校所有学生的比赛,旨在培养和选拔具有创新才能、领导能力和商业战略潜质以及科技创新能力的在校大学生。宝洁通过微信平台对此次活动进行全程报道,并在自定义菜单栏中设置大赛查询专栏。大赛的奖励也非常诱人,冠军团队奖励 15 000 元人民币、提供高管门徒培训以及免试通行证,亚军和季军团队的奖励也非常丰厚。

宝洁利用微信主要是吸引用户,并不直接提供具体的职位信息,用户还需通过新浪微博、应届生 BBS 等获取详细招聘信息。

三、Adobe

Adobe 在全球的员工总数超过 1 万名,其中,20% 的软件工程师是由外部的代理公司帮助招聘来的,Adobe 需要为每个职位支付 2 万美元的佣金。除了高昂的成本之外,Adobe 还要承担人才流失的风险,因为通过代理机构招来的员工留下来的比例并不是很高。如果因此出现新的人才缺口,Adobe 只能再开出更诱人的条件让代理公司去"猎"到合适的人。

几年前,Adobe 开展了一场"寻找天才员工"的竞赛,它把负责招聘的 HR 人员分成两组,一组采用传统的方式招聘 50 名可靠的技术工程师,另一组则在社交媒体网站上进行招聘。结果,用社交媒体的一组只用了几个小时就招够了人,而用传统方式的一组过了好几个星期还在寻找过程之中。

开展社交媒体招聘后,Adobe 不仅节省了大量的时间和成本,更让公司轻松找到了那些愿意为 Adobe 工作的人。在社交网络上,公司不仅能看到这些人的从业经历和所在的地理位置,还能知道哪些人对 Adobe 的战略和文化是认同的。社交网络不仅改变了人们的沟通方式,也让求职者和招聘企业的供求信息达到更精准的匹配。这除了有赖于人们在社交网络上留下的真实信息之外,更得益于企业主动对这张数字化的人际关系网络数据的挖掘和分析,最终让招聘工作人员快速有效地摸清求职者的工作技能、教育背景、从业经历、爱好、性格特征等信息。

通过社交网络,企业可以在特殊的圈子里找到自己需要的特定人才，然后有的放矢地去安排笔试、面试。以往，企业通常需要在几轮面试过后，才能大概掌握求职者的性格特征。现在，通过社交网络，企业在与求职者见面前就把对方的"底牌"基本摸得差不多了。

<small>资料来源：孙道银．向名企学习：联想华为新东方宝洁如何玩转微信招聘［EB/OL］．(2015-01-28) ［2023-06-03］．https：//www.hrtechchina.com/5494.html.</small>

从这三家企业招聘的实践来看，越来越多的企业已经开始网络招聘的探索，招聘渠道的多元化已是大势所趋。那么，在数字化时代，企业该如何进行人员招募？又该如何进行人员甄选？本章将主要介绍员工招聘概述、招募的来源与渠道、人员测评的基本问题、甄选方法、大数据和人工智能的应用等。

第一节 员工招聘概述

一、招聘的重要性

有效的招聘是指组织或招聘者在适宜的时间范围内，采取适宜的方式实现人、职位、组织三者的最佳匹配，以达到因事任人、人尽其才、才尽其用的互赢目标，其重要性体现在以下几个方面：第一，增强企业的竞争优势。招聘到合适的员工，满足企业用人需求，有利于企业补充空缺职位和规模的扩大，这对于企业增强自己的竞争优势至关重要。第二，有利于企业外部形象的传播。应聘者在招聘的过程中了解到了企业的组织结构、经营理念、管理特色、企业文化等，从而有利于企业外部形象的传播。第三，丰富企业文化。不同员工的教育背景、工作经历、经验和教训以及思维方式等都不一样，所以在解决问题时会有不同的方法和见解，可以丰富和完善企业文化。

总之，能否招聘到合适的人员，不仅关系到企业后备人才的储备，而且影响到企业的稳定运行。如何提高招聘的有效性，已不仅仅是人力资源部门所必须面对的问题，还成为企业高层及用人部门主管关注的焦点。

二、招聘的原则

为了将招聘工作做好，真正选用到企业所需的人员，在招聘工作中，必须按人力资源管理客观规律办事，遵循以下符合客观规律的科学原则去开展工作。

（一）人岗匹配原则

人岗匹配就是以组织的需要、岗位的空缺为出发点，根据岗位对任职者的资格要求和胜任素质模型来选用人员。由于个体的知识、阅历、兴趣、背景、人格、能力等方面存在着差异，在招聘时应量才录用。组织选择的员工不一定是最优秀的，但尽量要选到最合适的，只有这样，才可以做到事得其人、人适其事。

（二）人企融合原则

不同的企业有不同的文化和核心价值观，形成了各自独特的"水土"。在招聘时，应尽量录用那些个人价值观和企业文化、管理风格一致的员工。与企业文化和管理风格不能融合的人，即使有突出的能力和技能，对企业的发展也会有不利之处，而且也难以长期留在企业中。

（三）德才兼备、以德为先原则

古人说：德才兼备者重用，有才无德者慎用，无德无才者不用。这也应是现今企业的用人标准：德才兼备、以德为先。德是基点，是方向，一个人只有明大德、守公德、严私德，其才方能得其所。无德无才的人没有能力和力量，并不可怕；唯独有才无德的人是最有迷惑性和破坏力的，许多企业的失败都与错用了这种人有关。为此，在招聘选用工作中，对有才无德的人，必须摒弃不用。

（四）用人所长原则

俗话说"金无足赤，人无完人"。在招聘过程中，要克服求全责备的思想，树立主要看人的长处、优点的观念，必须把寻找人的长处和优点作为选人的目标。看一个人，主要是看他能做什么，看他的资格条件是否符合空缺岗位的要求。当然，用人之长的同时，也要正确对待其短处。如果短处直接影响其长处的发挥，则要采取积极的措施和态度，使其在发挥所长的过程中，把短处的影响降到最低限度。

三、招聘的流程

为保证招聘工作的科学规范，提高其效果，招聘工作一般按下面几个步骤来进行，如图5-1所示。

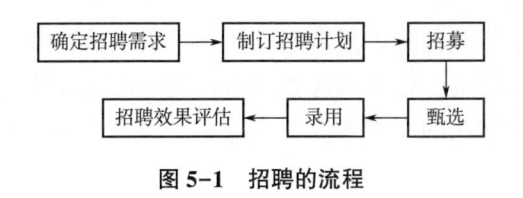

```
确定招聘需求 → 制订招聘计划 → 招募
                                  ↓
招聘效果评估 ← 录用 ← 甄选
```

图 5-1　招聘的流程

（一）确定招聘需求

确定招聘需求是整个招聘活动的起点。招聘需求包括数量（空缺职位）和质量（所需要具备的任职资格与胜任素质等）。只有明确获知招聘需求，才能开始进行招聘。招聘需求的确定，要以人力资源规划、工作说明书、职位胜任素质模型为基础。人力资源规划明确了所需人员的数量和质量结构，为招聘实施提供了重要前提；工作说明书、职位胜任素质则是招聘实施的重要依据，为制定招聘人员标准提供了参考。

（二）制订招聘计划

招聘需求明确后，人力资源管理部门需要会同用人部门共同制订招聘计划及具体措施。招聘计划的内容一般来说主要包括以下几个方面：招聘规模、招聘范围、招聘时间和招聘预算，当然企业还可以根据自己的情况再增加其他内容。

招聘规模指企业准备通过招聘活动吸引应聘者的数量。一般来说，企业可以将整个招聘过程分为四个阶段：吸引到的应聘者、参加笔试的应聘者、参加面试的应聘者及最终录用人数。企业应当以每个阶段参加的人数和通过的人数比例来确定招聘规模。

招聘范围指企业进行招聘活动的地域范围。一般来说，范围越大，招聘效果也会越好，但招聘成本也会随之增加，因此企业招聘需控制在适度的范围内。

招聘工作本身需要耗费一定的时间，加之录用及培训的时间，填补一个空缺职位往往需要耗费相当长的时间。为避免企业因缺少人员而影响正常运转，企业要合理确定招聘时间，保证空缺职位的及时填补。

招聘成本一般由人工费用（招聘人员的工资、福利、差旅费、生活补助、加班费等）、业务费用（通信费、专业咨询服务费、广告费、资料费等）、其他费用（设备折旧费、水电费等）组成。因此，在招聘计划中，需要对招聘预算做出估计。

(三) 招募

招募是企业通过各种手段吸引有意向的人员的过程，具体包括选择招募来源和招募渠道。招募来源是指潜在的应聘者所在的目标群体，招募渠道则是指让潜在的应聘者获知企业招聘信息的方式和途径。

(四) 甄选

甄选是指综合利用心理学、管理学等学科的理论、方法和技术，对候选人的任职资格和对工作的胜任程度，即与职务匹配程度进行系统、客观的测量和评价，从而做出录用决策。甄选是人员招聘中最关键的一个环节，甄选质量的高低直接决定选出来的应聘者能否达到企业的要求；甄选也是技术性最强的一个环节，涉及心理测试、无领导小组讨论等。甄选的最终目的是将不符合要求的应聘者淘汰，挑选出符合要求的应聘者供企业进一步筛选。

(五) 录用

录用阶段涉及的主要工作包括录用决策、通知录用者及未录用者、员工入职、试用和正式录用等。

1. 录用决策

录用决策主要是对甄选过程中产生的信息进行综合评价与分析，明确每个求职者的胜任素质和能力特点等，根据预先设计的人员录用标准对所有候选人进行客观、公正的评价，确定最符合企业要求的人选。

2. 通知录用者及未录用者

做出录用决策后，企业应该及时通过正式信函、电话或邮件等方式通知录用者，让录用者了解具体的职位、职责、薪酬等，并知会报到时间、地点、方法及报到应携带的资料与注意事项。除了通知录用者，企业还应该在第一时间以礼貌的方式通知未录用者，让他们了解到最终的结果，避免盲目等待。

3. 员工入职

在这一阶段，员工需要完成繁琐的入职手续，如签订劳动合同、办理各项福利转移手续、领取办公设备、新员工培训等。

4. 试用和正式录用

根据劳动合同法的规定，新入职的员工在签订劳动合同后有一段试用期，如果试用合格，则需要根据劳动合同法办理转正手续。

(六）招聘效果评估

招聘效果评估可以帮助企业发现招聘过程中存在的问题，采取有针对性的改进措施，提高以后招聘的效率。招聘效果评估一般要从招聘的时间、招聘的成本、应聘比率、录用比率等方面来进行。在数字化时代，招聘效果的评估将越来越多地运用大数据技术。

阅读案例5-1

数字化时代的招聘效果评估

蒙牛集团十分重视校园招聘的效果评估，在招聘全过程中，积累了大量招聘数据用于后期评估。

在录用通知发出后，蒙牛集团人力资源部门基于大数据统计报表对校园招聘各个站点进行评估。站点是招聘评估的重要维度，通过回溯校园招聘站点数据，能够清晰了解到在哪些高校、通过什么样的方式可以有效达到最优校园招聘结果。以站点为单位的招聘评估主要关注四个方面的数据：第一，通过计算招聘漏斗转化率、招聘需求完成率、应聘录用比来确定关键职位的招聘进度。第二，计算录用速度（收取简历到录用时间）、简历处理速度、面试反馈速度等来反映校园招聘的效率。第三，计算渠道成本（不同部门发布广告费用）、人力成本来分析招聘成本。第四，分析不同渠道的简历收取量与录用人数等。通过对大数据的整合分析，帮助人力资源部进行招聘流程和结果的优化分析，从而使得整个校园招聘流程高效且有序。

北京北森云计算股份有限公司招聘事业部也会针对蒙牛集团每次的校园招聘进行整体复盘与数据回溯，总结招聘过程中的问题以及提出优化建议。比如，将学生的在线测评结果反馈给学生，让学生发现自身短处及时改正；合理布局，优化"网申"路径，降低退出率；通过数据回溯寻求学生接受 offer 的关键原因；等等。除此之外，猎聘网会对前期宣传结果以及每一场宣讲会学生到场率进行深度评估。蒙牛集团利用多方数据对校园招聘工作进行360度分析，找出每一次招聘工作中的优势与劣势，并在后期加以完善。

资料来源：蒙牛线上线下觅"牛人"[EB/OL].（2021-12-24）[2023-07-19]. https://www.renrendoc.com/paper/178511776.html.

第二节　招募来源与招募渠道

概括起来讲，招募来源有两个方面：内部招募和外部招募。

一、内部招募的渠道

与外部招募相比，内部招募省时省力，效率高且见效快。据统计，顶尖互联网公司 50% 的人力资源都是通过内部招聘获得的，内部招募的主要渠道有以下几种。

（一）工作公告法

这是最常用的一种内部招募方法。它是通过向员工通报现有工作空缺，从而吸引相关人员来申请这些空缺职位，竞聘上岗。工作公告应包括空缺职位的各种信息，如工作内容、资格要求、上级职位、工作时间、薪资等级等。目前，企业多以内部电邮、内部 OA 系统、内部推荐系统、社交新媒体等进行内部通告，员工可根据自己意愿及职业发展规划自由应聘。

（二）档案记录法

企业人力资源管理部门一般都会保存员工的个人资料档案，从中可以了解到员工在教育、培训、经验、技能、绩效等方面的信息，通过这些信息，企业的高层和人力资源管理部门就可以确定符合空缺职位要求的人员。使用这种方法进行内部招募时，要注意两个问题：一是档案资料的信息必须真实可靠、全面详细，还要及时更新，这样才能保证挑选人员的质量；二是确定出人选后，应当征求本人的意见，看其是否愿意进行调整。

（三）主管或相关人士推荐

当一个工作岗位出现空缺时，主管或相关人士一般会对适合这个岗位的人选心中有数。此时，主管或与该工作有关的相关人士通常会向人力资源部门推荐人选。

该方法的优点是：第一，成功率高。这种方法充分利用了主管对空缺岗位和对他所管辖人员的充分认识，利用了主管长期工作的经验、知识、对工作的责任心和观察能力。所以，这种推荐不仅是有的放矢的，而且在人岗匹配方面是相当理性和准确的。第二，给予责任人相关的选择权力，该权力有利于主管与新上岗的员工（即由主管推荐的人）更融洽地工作。该方法的缺点是：如果主管的责任心不够强，权力的赋予恰好给予其建立帮派和拉拢人心的机会，若处置不当，会对工作产生消极影响。

（四）智能化人力资源信息管理系统

随着数字化时代的到来，除了传统的以上三种方法，企业还可借助智能化人力资源信息管理系统进行筛选和招募。

一个完整的企业内部智能化人力资源信息管理系统必须对企业内部员工的以下三类信息进行完整的收集和整理：①个人基本资料，包括年龄、性别、专业、学历、主要经历等；②个人特征资料，包括特长、性格、受过的奖惩、在其他企业担任过的职务、业余爱好和兴趣、职业期望值等；③在本企业的表现，包括在本企业从事的工作和担任的职务、工作业绩、工作责任心、工作的努力程度、组织对员工工作的认可度、团队意识和团队对员工的接纳度、员工对企业文化的接受程度、个人的突出才华和能力等。

当企业的工作岗位出现空缺时，可以根据空缺岗位对专业、能力、工作经验等多方面的要求，在企业内部智能化人力资源信息管理系统内进行搜寻。根据搜寻得到的信息，依据人岗匹配原则提出若干候选人，再由人力资源部与这些候选人面谈，结合候选人的意愿和期望选择适岗的人选。这种方法的优点是能够较快地找到合适的人，成本低且对内部员工有激励作用。缺点是某些更具主观性的信息（如道德品质、性格特征等）较难准确地判断。此外，如果企业的信息建设比较滞后，信息很不完备，内部网络系统也可能会存在某些偏差。

如今，智能化人力资源信息管理系统已逐步成熟，并在不少企业得到运用，可以对员工的个人信息进行动态化和规范化的管理，使得内部招募的效率和效果都得到大幅度提高。例如，佳之兴公司采用红海EHR系统，支持员工档案的统一管理，自动归整员工信息、异动信息及超缺编信息，满足员工360度职业生命周期档案信息的在线实时管控，实现员工信息的规范化管理，了解员工职业发展愿望，使得内部招募有据可查、清晰便捷；深圳国免集团同样使用红海EHR系统，自上而下分级建立人才信息库及职位体系，跟踪员工晋升路径，以任职资格为导向，使得员工能力与晋升岗位相匹配，实现人力资源配置效益最大化。

（五）职业生涯开发与管理系统

一些企业根据员工的具体情况，特别为具有高潜能的员工建立职业生涯开发与管理系统，在职业生涯通道上优先提供培训、AB 角锻炼、轮岗训练等，根据特定目标进行全面的培养。借助职业生涯开发与管理系统，一旦企业内部出现职位空缺，这些培养的对象就理所当然地"浮出水面"，及时补充到相应岗位上。

该方法的优点是：与职业生涯管理相配套，同时与企业的人才储备战略紧密相连；有利于留住企业的高素质人才、高绩效人才和有潜力的人才，提高他们的忠诚度和满意度。其缺点是：职业生涯开发与管理系统对人才的辨识和通道的设计存在一定的不可控性，一旦选择错误，就会失去一些有用之才，而留下的可能不是一流人才。

二、外部招募的渠道

外部招募的优点是选择余地大，有利于企业的创新。由于外部招募的来源都在企业外部，如何吸引潜在应聘者就成为招聘者需妥善思考的问题。外部招募的渠道主要有以下几种。

（一）内部员工推荐

内部员工推荐是指通过企业的员工推荐来进行招募。这种招募方法的好处是：招募的成本比较低；推荐人对应聘人员比较了解；应聘人员一旦录用，离职率比较低。它的缺点是：容易在企业内部形成非正式的小团体；如果不加控制，会出现任人唯亲的现象。由于推荐的应聘人员不可能太多，因此选拔的范围比较小。

根据北京北森云计算股份有限公司 2018—2020 年的招聘大数据，内部推荐渠道的价值与内部推荐的录用贡献率正在逐年增高，尤其在互联网行业，企业普遍运用内部推荐体系，通过持续运营，形成了成熟的内部推荐文化，部分企业来自内推渠道的录用人数甚至可达到录用总人数的 40%，如快手、腾讯、京东、网易、知乎、豆瓣、微博等。

阅读案例5-2

网易的内推招募

网易的人力资源部门认为，每一个网易人的朋友圈都是一个优质人才库，所以公司格外重视内推，为此网易专门搭建了一个内部推荐系统，并成立了专业的招聘运营团队来保障内推的良性发展。在网易2018的校园招聘中，内推自然而然成了宣传的重头戏，但是也有很多学生因为不认识或无法联系上在网易的学长而错过内推。因此，网易从2019年校园招聘开始推出"内推码"这一玩法：每一位在职网易员工都有一个内推码，内推码不限使用次数。即使学生不认识网易员工，也能通过网易招聘的各大网络平台找码。在内推期间，学生注册简历并填写内推码，就能获得简历免筛选直接进入笔试的特权。

另外，为了鼓励员工多多推荐人才，网易推出了一系列奖励措施：每一个参与内推的员工都可获得一张网易严选全场通用8折券；每周战报的前三名将获得金额不等的网易味央现金券，推荐数量多的还将获得Cherry机械键盘。另外，只要内推的学生收到了校招offer，无须等到签约入职，推荐人就可获得神秘福袋、Beats耳机、PS4等礼品。

事实上，在低门槛、高奖励的情况下，网易员工参与内推的热情持续高涨。

资料来源：根据 https://www.zhihu.com/question/313259041/answer/2655032197 的资料整理而成。

（二）借助职业中介机构招募

职业中介机构承担着双重角色，既为企业择人，又为求职者择业。借助这些机构，企业与求职者均可以获得对方的大量信息，同时也传播各自的信息。职业中介机构有多种类型，比如职业介绍所、人才交流中心、猎头公司等。其中，职业介绍所主要用于招募蓝领工人，人才交流中心主要用于招募各种专业人才，猎头公司主要用于招募职业经理人。

职业中介机构是专门从事人员招募工作的，掌握大量的信息，因此借助这些机构进行招募，不仅可以使招募活动更有针对性，而且可以代替企业完成很多工作，为企业节省大量的时间。但是这种方法也存在问题：职业中介机构对企业的情况并不完全熟悉，招募的人员可能会不完全符合企业的要求；职业中介机构的收费往往比较高。总体上说，正规猎头公司的收费一般是推荐成功的人年度工资的 20%~33%，外资或大型猎头公司一般在 25%~33%，这会增加企业的招募成本。

（三）校园招募

校园招募是一种重要的外部招募途径，指的是专业人才招聘机构、人才交流机构、政府、招聘组织（主要是大型企业）举办的毕业生招聘活动。

校园招募的优点是：第一，可以起到良好的宣传企业的作用，有助于吸引刚刚毕业的优秀人才。第二，在招募中可以向学校了解毕业生的真实情况，招募的准确度较高。

但是，校园招募也有缺点：当毕业生在工作理想和现实的矛盾中得不到统一时，就会因不适应社会而辞职，因此，企业必须为应届毕业生的社会适应性而付出代价。

（四）广告招募

广告是企业进行外部招募时最常用的一种方法，借助广告进行招募需要考虑两个问题：一是广告媒体的选择；二是广告内容的构思。

目前，除了传统的报纸、杂志、广播电视等广告方式，常用的广告媒体还有互联网网站，包括企业官网和专业招聘网站。通过网站发布招募广告，信息费用低、速度快、传播范围广泛、信息容量大，已成为企业招募的主流方式。

（五）社交新媒体招募

社交新媒体的常见功能有：公开信息（个人信息、个人背景、他人评价）、人脉信息、客户信息。近年来，社交新媒体渠道迅猛发展，在一些应用得好的公司能达到社招渠道的 5%，而且还有上升的趋势。社交新媒体渠道包括社交网络平台、微信、短视频、直播等。

阅读案例5-3

领英的招募特色

领英（Linkedin）是全球知名的职场社交平台，截至 2020 年，在全球拥有超过 7.4 亿用户，年收入为 80 亿美元。领英致力于打造"一站式职业发展平台"，帮助职场人连接无限机会。

领英有三大不同的用户产品，也体现了三种核心价值。

一、职业身份

职业身份呈现为个人档案。领英平台可以便捷地制作、管理、分享在线职业档案，全面展现职场中的自己。完善的个人档案是成功求职、开展职业社交的敲门砖。

在领英，个人档案包含六大重要部分：①头像展示。一张清晰大方的头像将立即为档案增加可见度与真实度。展示职业形象，可以使档案浏览量立即提升14倍。②职业概述。综合展示职业背景、领域、目标与兴趣，以及"下一步工作计划"，可以使档案浏览量提升7倍。③工作经历。展示工作经历，无论全职还是兼职，提供与职位有关的细节，以便档案访客能够快速了解工作信息，可以使档案浏览量提升12倍。④教育背景。完善的教育背景将提高个人档案的竞争力，填写暑期项目与交换学校等信息，展现全面的自己，可以使档案浏览量提升10倍。⑤技能认可。添加多种技能，得到联系人的认可。认可越多，档案吸引力越强。展示技能，可以使档案浏览量提升13倍。⑥推荐信。邀请朋友、同学、老师或同事写推荐信，将极大地增加档案的真实性，使技能与工作经历更受认可。实践证明，档案浏览量和推荐数量呈正比。

二、知识洞察

帮助用户关注行业信息、汲取人物观点、学习专业知识、提升职业技能、分享商业洞察。在飞速变化的互联网时代，把握市场脉动，获取知识见解，是保持职业竞争力的基础。

三、商业机会

在领英，用户可以寻找同学、同事、合作伙伴，搜索职位、公司信息，挖掘无限机遇。建立并拓展人脉网络，掌握行业资讯，让机会主动与你相连，助你开发职业潜力。

资料来源：开启海外招聘新篇章：领英助力企业招揽世界各地优秀人才［EB/OL］．（2023-03-16）［2023-07-19］．https：//business.sohu.com/a/655059939_121269250.

阅读案例5-4

蒙牛的微信招聘

蒙牛集团的微信招聘是校园招聘中的一大亮点。"蒙牛微招聘"的公众号包含"蒙牛集团家""2020校园招聘""内部举荐"三大块内容。在这里不仅可以看到企业概况、发展历史、企业文化等信息,还可以通过点击"牛奶之旅",以VR的方式看到一个生动有趣的短视频《一滴奶的前世今生》,大大提升了应聘者的互动体验。

蒙牛校园招聘专栏包括2020校园招聘、快速网申和常见问题三大模块。通过"2020校园招聘"专栏,应聘者可以便捷地知晓蒙牛集团的企业介绍、招聘计划、校园招聘流程以及校园招聘职位;通过"快速网申"模块,应聘者可以直接打开招聘门户的移动端,进入猎聘官网快速投递简历;通过"常见问题"模块,应聘者可以了解到关于2020校园招聘项目以及网申操作等方面的信息。

蒙牛集团的微信招聘方式不仅展现了蒙牛集团开放透明的企业氛围,而且提供了灵活便捷的求职体验,大大提升了品牌美誉度。

资料来源:蒙牛线上线下觅"牛人".[EB/OL].(2021-12-24)[2023-07-19]. https://www.renrendoc.com/paper/178511776.html.

阅读案例5-5

字节跳动玩转短视频、直播招聘

抖音已成为数字化时代人们使用频率较高的软件之一,其开发者字节跳动公司在招聘中也充分发挥了短视频、直播平台的优势,将其作为公司招募信息发布的平台。

字节跳动在抖音平台创建了自己的官方招聘账号——字节君,设有字节范儿、字节君小剧场、字节跳动冷知识、创造者故事等栏目,通过短视频的形式介绍字节跳动的工作体验、文化背景、文娱活动、空缺职位、校招安排等,以其诙谐、故事感的内容吸引了不少求职者的目光。在其"2021春季校园招聘空中宣讲会"视频中,获得了4.3万的点赞及2 000多条评论。

除了在短视频平台发布招募信息，字节跳动还在抖音进行招聘直播，吸引上万求职者参与互动，取得了良好的反响。

资料来源：抖音为何进军招聘？［EB/OL］．（2022-09-07）［2023-07-19］．https：//baijiahao．baidu．com/s？id=1743295477216985295&wfr=spider&for=pc．

第三节　大数据和人工智能技术在人员招募中的运用

一、智能招聘平台

在网络招募过程中，目前存在两个方面的问题：一方面，企业人力资源部的招聘专员需要在网站、平台和系统上逐一发布招聘信息，工作重复、工作效率低下且工作量巨大。同时，对于求职者来说，他们可能只关注其中一个或两个招聘网站信息，从而有可能错过企业在其他平台或系统上发布的招聘信息。另一方面，对于求职者关于招聘岗位信息的咨询和交流，企业招聘专员几乎很难从容应对，没有时间和精力去回答每一个求职者的问题。依托互联网技术和人工智能技术，有一些企业开发了智能招聘平台，其核心功能是智能管理招聘过程，能够在系统中实现招聘需求及职位集中管理、广告一键发布、简历管理及解析、人才轨迹跟踪、在线人才测评、面试管理支持视频面试、AI面试及校招叫号等多场景面试、录用入职个性定制、审批Offer、极速入职等招聘全流程智能化，使得招聘流程得以改进与优化，极大地提高了招募的便捷性和效率。图5-2是北森开发的"招聘云"入职流程。

阅读案例5-6

平安集团的HR-X

平安集团与上百家招募网站、招募平台和猎头公司合作，双方进行了系统对接，其招募系统可以做到职位一键发布。也就是说，招募专员只需要在招募系统内发布一次职位信息，与其合作的上百家招募网站、招募平台和猎头公司都可以同时收到相关内容，并同步发布招募信息。

资料来源：平安集团携手智联招聘　战略合作助力人才引进［EB/OL］．（2018-04-27）［2023-07-19］．http：//mt．sohu．com/20180427/n536036476．shtml．

130　数字化人力资源管理

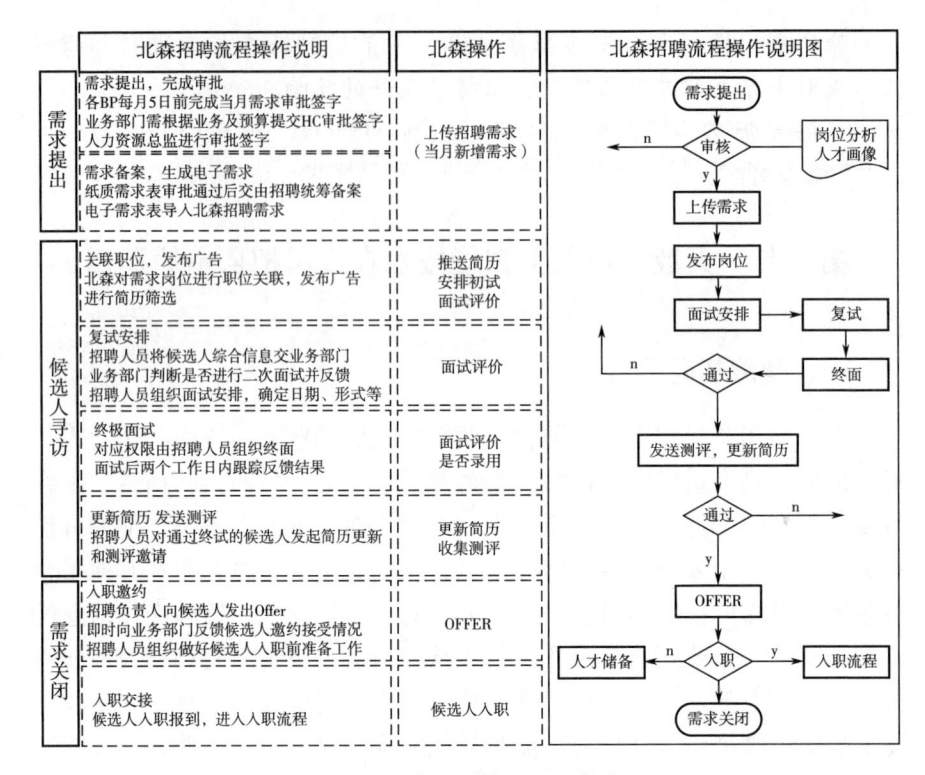

北森招聘流程操作说明	北森操作	北森招聘流程操作说明图
需求提出 需求提出，完成审批 各BP每月5日前完成当月需求审批签字 业务部门需根据业务及预算提交HC审批签字 人力资源总监进行审批签字 需求备案，生成电子需求 纸质需求表审批通过后交由招聘统筹备案 电子需求表导入北森招聘需求	上传招聘需求 （当月新增需求）	
候选人寻访 关联职位，发布广告 北森对需求岗位进行职位关联，发布广告 进行简历筛选 复试安排 招聘人员将候选人综合信息交业务部门 业务部门判断是否进行二次面试并反馈 招聘人员组织面试安排，确定日期、形式等 终极面试 对应权限由招聘人员组织终面 面试后两个工作日内跟踪反馈结果 更新简历 发送测评 招聘人员对通过终试的候选人发起简历更新 和测评邀请	推送简历 安排初试 面试评价 面试评价 面试评价 是否录用 更新简历 收集测评	
需求关闭 入职邀约 招聘负责人向候选人发出Offer 即时向业务部门反馈候选人邀约接受情况 招聘人员组织做好候选人入职前准备工作 入职交接 候选人入职报到，进入入职流程	OFFER 候选人入职	

图 5-2　北森"招聘云"入职流程

阅读案例5-7

蒙牛校招：AI 技术在简历筛选中的应用

在2020年的校园招聘中，蒙牛集团利用"网络申请"共收到了10 014份电子简历。面对如此海量的简历，北森"招聘云"帮助蒙牛集团人力资源部门解放双手，使得原本近3天的工作量能够在2~3个小时内完成。

招聘云自身连接着150多家线上招聘渠道，可以对应聘者简历进行集中管理和统一解析。应用 AI 技术，它能够自动查找重复和相似的简历，判断应聘者简历的可信度。蒙牛集团招聘团队利用北森招聘云中的简历智能解析引擎、筛选器与评分器三大功能，能够快速、准确地进行简历筛选与人才评析。其中，简历智能解析引擎提取了不同招聘渠道的简历样式与格式，可以定制专有的解析模板与提取方案，能够在简历中快速提取申请者所填写的各种字段，准确率可达到 99.8%。同时，融入自然语言处理器，使用词性等信息辅助判断语句结构，然后结合 LSTM 模型对简历中的文本语言进行类型识别，能准确理解简历中的每一句话。对于人力资源部门比较关注的姓名、联系方式、学历等信息，北森设计了在不同情况下的最优解决方案，结合命名实体识别、文档样式等信息，以确保达到最优解析效果。将简历筛选成结构化数据后，北森根据蒙牛集团设定好的筛选器，即通过固定条件进行筛选，比如加入条件"最高学历为研究生"，不符合的简历就会被自动淘汰。评分器则会根据蒙牛集团事先规定的指标对应聘者简历进行评分和排序，例如，应聘者毕业院校为 985，会有 5 分加分。那些评分较高的简历一般是硬实力水平较高的学生。

蒙牛集团使用北森招聘管理系统中关于简历智能解析的三大功能后，不仅节约了时间，而且提升了精确度。同时，这些简历除了用于筛选适合蒙牛集团的人才，更是为创建蒙牛集团潜在人才库打下了坚实的基础。

资料来源：蒙牛线上线下觅"牛人"［EB/OL］．（2021-12-24）［2023-07-19］．https：//www.renrendoc.com/paper/178511776.html.

二、实现求职者信息和岗位信息的智能评估、自动匹配与双向选择

随着信息技术的发展，无论是求职者的个人信息还是企业的招募信息和品牌形象，都在公开化的平台上得以展示，求职者可以通过社交网络找到在某一公司就职的人员，进一步了解更多、更精准的信息，促使求职者和企业的信息更加对称。而且，随着社交网络吸引了全球各行各业越来越多的用户，进一步提高了其网络外部性，产生的数据也更加丰富。通过大数据算法，对关键指标，如学历要求（本科还是硕士）、专业要求（计算机还是人力资源相关）、从业要求（2 年还是 5 年以上工作经验）、技能要求（Java、Python 等）、地点要求（京沪还是穗深）、能力要求（沟通协调能力、项目管理能力、领导力）等予以量化，然后对指标进行综合加权匹配，既可实现求职者信息和岗位信息的智能评估与自动匹配，从而为用人单位自动精准筛选求职者的简历，提升招聘

效率与产出；也可以向求职者推荐合适的岗位信息，达到用人单位主动吸引人才的目的，实现双赢。

阅读案例5-8

人才雷达系统：用大数据搜寻潜在的求职者

人才雷达系统（Talent Radar）是一个基于云端、利用大数据定向分析和挖掘，帮助企业寻找适合人才的员工推荐平台。

一、人才雷达的模式

在人才雷达网站上，每个企业都会有其内部的账户系统，人力资源部招聘专员可以在平台上发布空缺职位、招聘截止日期和推荐成功的奖励积分，然后通过人才雷达，搜索自己员工的社交人脉圈，以确定第一层级的任务传递者（一般是曾经成功推荐过该类职位的企业内部员工）。为避免对用户造成骚扰，平台推荐的第一层级传递者是5位，这5位员工都是基于人才雷达对过往推荐历史和员工社交人脉进行数据挖掘后所提出的建议。当然，如果招聘官心中已经清楚地知道哪些员工更可能推荐合格的人才，他也可以直接通过电邮邀请。所以，第一层级所邀请的5位推荐者可能有2位是过去的推荐人才，而另3位是通过数据挖掘而发现的潜在推荐人才。

被邀请的推荐者可以做两件事：第一，继续利用人才雷达挖掘自己的社交人脉圈，从而锁定下一层级的推荐牛人并发出任务邀请；第二，利用自己的社交网络散布招聘信息，帮助企业扩大传播范围。

理想状态是每一位任务传递者都可以找到并邀请5位下一层级的任务传递者，那么通过三层传递，一共可以有155位朋友圈的人脉被邀请完成招聘推荐任务。在人才雷达的推荐系统中，最多传递层次被设定为三层，其原因在于，在社交网络中，从一个人到另一个人的平均路径是4.37个人，理论上三层好友关系已经能够覆盖全网90%以上的用户，因此，通过匹配算法过滤后的候选人完全能够满足招聘需求，而如果再添加层级，反而会增加信息噪声。

二、人才雷达的核心技术

相比其他利用社交网络进行招聘信息传播的网站，人才雷达系统的成功关键在于，受邀用户可以选择绑定自己的 LinkedIn、微博等社交网络账号，人才雷达平台可以对各种网络文本和关系数据进行深度挖掘，甄别出有求职倾向和特定技术能力的用户，通过与企业招聘信息的匹配，为企业推荐合适的人才，并依照契合度进行推荐排序。

每一个被系统推荐出的应聘者头像旁都会出现一个九维的人才雷达图（图5-3），以方便招聘企业选拔。

人才雷达系统核心技术是人才搜寻模型和匹配算法，通过对被推荐者邮箱、网络 ID、cookie 地址等多维度身份标识的匹配，从职业背景、专业影响力、好友匹配、性格匹配、职业倾向、工作地点、求职意愿、信任关系和行为模式九个维度来判断被推荐人的适合程度。

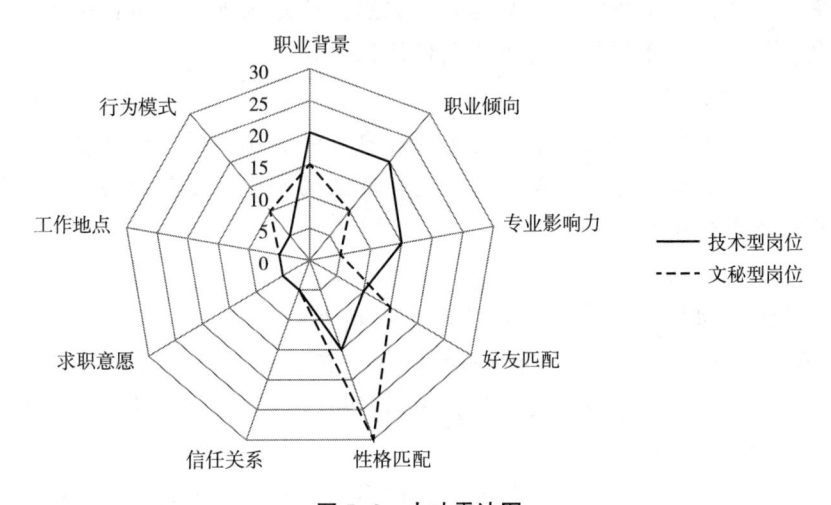

图 5-3 人才雷达图

（一）职业背景

利用文本挖掘技术，可以从用户的社交账户中获取其教育经历和从业经历，以此来判定其职业背景。如果客户需要，他们还可以增加".edu.cn"的索引，从高校网站上获取被推荐人的教育经历、获奖经历等信息。

（二）专业影响力

搜索引擎采用 PageRank 来评估网站的影响力，人才雷达则利用 LeaderRank 评估专业方向的影响力。例如，被推荐者是否有专业领域的论文发表，在专业论坛（如 Github、CSDN、知乎、丁香园等）上的发帖数、内容被引用数、引用人的影响力等。通过这些信息建模，完成其专业影响力的判断。

（三）好友匹配

社交关系也是判断一个人职业能力的因素之一。所以，判别用户在社交网络上的好友的专业影响力也是人才雷达推荐系统中的一个重点。同时，即使被推荐者的个人能力难以符合职业需求，但如果其有着能力不错的好友关系，则也可以作为合适的"推荐人"将任务传播到下一层级当中。

（四）性格匹配

依据人类行为语言学，将用户在网络上的抽象言行转换为对应的性格特点。这种匹配并不是单纯的文本识别，而是根据用户讨论时的反馈数、言辞激烈程度等各种因素来判定其性格。

（五）职业倾向

不少人追求的职业并不一定是适合自己的职业，所以用户在社交网络上的行为表现将有助于系统判别其对职业的符合程度是否与其个人描述的职业愿景相符。

（六）工作地点

虽然不少人在网络上都会填写个人所在地，但由于地点变迁等原因，其工作地点并不一定和填写的一致，但根据用户 Cookie 地址、历史填写信息、言论等多维度判别，可以了解被推荐人合适的工作地点。

（七）求职意愿

由于人的兴趣是不断变化的，所以当用户在网络上的言行有一些明显暗示或变化时，可能表示其将要转换职业方向或离职。这项技术曾被用于联通用户离网意愿的检测。

（八）信任关系

通过对用户社交网络的分析，判断出招聘者到达用户的最有效关系链和这个层级中用户之间的信任关系，利用强关系链进行联系，将更利于企业完成对人才的招聘。

（九）行为模式

不同用户在社交网络上的行为习惯是不同的，如发微博的时间规律、在专业论坛上的时间长短。这些行为模式可以用来判别其工作时间规律，看其是否符合对应的职位需求。

通过以上九个维度的建模画像，人才雷达能够在节省成本的前提下帮助企业提高人才招聘的效率。同时，与传统的猎头业务相比，人才雷达采用群体智慧的方式能够更广泛和客观地筛选人才，并且，人才雷达被动测量的方式也能在一定程度上避免直接面试时部分求职者的虚假表现。

资料来源：让大数据帮你找到潜在的求职者，人才雷达想颠覆传统的招聘内推形式［EB/OL］.（2013-08-12）[2023-07-19］. https：//36kr.com/p/1641764569089.

第四节　人员测评的基本问题

人员测评作为一种科学的测评形式，必须遵守信度和效度的基本原则，这是我们评判一次测验有效性的基本依据。一般来说，信度是效度的必要条件，也就是说效度必须建立在信度的基础上，但是没有效度的测量，即使信度再高，也是没有意义的。所以，在人员测评中，信度和效度缺一不可。

一、信度

信度是指测试的可靠程度和客观程度，即测试方法得到的测试结果的稳定性和一致性程度。例如，钢尺与具有弹性的皮尺的测量信度，二者显然是不一样的。

评定测量信度的方法主要有以下五种。

（一）重测信度

重测信度反映测验跨越时间的稳定性和一致性，即应用同一测验方法，对同一组被试者先后两次进行测查，然后计算两次测查所得分数的相关系数。该信度能表示两次测试结果有无变动。

（二）复本信度

复本信度也是测定信度的指标之一。在问卷调查中，设计两套在难度、长度、排布、内容上尽可能相似类同的问卷，这两套问卷是等价的，称为复本。用两套问卷调查同一个对象，比较相应问题的答案，求出相关系数，称为复本信度，又称等价系数。

（三）分半信度

分半信度是指在测验后将测验项目分成相等的两组（两半），通常采用奇偶分组方法，即将测验题目按照序号的奇数和偶数分成两半，然后计算两个项目分之间的相关系数。分半信度越高表示信度高或内部一致性程度高。

(四) 内部一致性信度

内部一致性信度是指测验内部所有题目间的一致性程度。当测验的各个题目得分有较高的正相关时，不论题目内容和形式如何，测试都是同质的；相反，即使所有题目看起来都好像测量同一特质，但相关系数很低，这个测验就是异质的。

(五) 评分者信度

评分者信度指的是多个评分者给同一批人的答卷评分的一致性程度。在由客观性试题组成的心理测验中，答案具体而固定，无须考察评分者信度；但在投射测验、道德判断测验、创造性思维测验等测验的评分中，答案并不固定，评分时必然掺杂有主观判断因素，因此，需要评定评分者信度。

二、效度

效度指测评的有效性和正确性，即测量工具是否测量到了需要测定的东西或是否达到了预定的目标。

评定测量效度的方法有内容效度和效标效度。

(一) 内容效度

内容效度指测评工具所包括的题目是否能真正代表所需要测评的内容。成就测验和熟练测验特别注重这种效度。例如，在成就测验中，测验题目是根据教学大纲和教材内容适当抽出来的，内容效度就是判断测验题目是否符合它预测的目标。

(二) 效标效度

效标即衡量测验有效性的参照标准。在人员测评中，效标通常指的是工作绩效。效标效度指测试分数与工作绩效的相关性。一个人测试中所得分数高，其绩效也好，说明效标效度较高。

第五节　人员甄选的方法

人员甄选是指运用一定的工具和手段对已经招募到的求职者进行鉴别和考察，区分他们的人格特点与知识技能水平，预测其未来工作绩效，最终挑选出企业所需要的、恰当的职位空缺填补者。

为准确理解人员甄选的含义，要把握以下几个要点：第一，人员甄选应包括两个方面的工作，一是评价应聘者的知识、能力、个性，二是测应聘者未来在企业中的绩效。很多企业在员工甄选时将注意力过多地集中在前者，往往忽视了后者，其实后者对企业来说才是更有意义和价值的。第二，人员甄选要以空缺职位所要求的任职资格条件和所要求具备的胜任素质为依据来进行，只有那些符合职位要求的应聘者才是企业所需要的。第三，人员甄选是由人力资源部门和直线部门共同完成的，最终的录用决策应当由直线部门做出。

近年来，随着心理学的发展，人员甄选的方法也日益完善，主要有笔试、面试、心理测验、评价中心技术等。

一、笔试

（一）笔试的优缺点

1. 优点

笔试起源于中国隋唐的科举考试，是最古老的一种人员选拔方法。其优点如下：第一，对知识和能力的考察具有较高的信度和效度。一次笔试能提出十几道乃至上百道试题，由于考试题目较多，可以增加对知识、技能和能力考察的信度与效度。第二，效率较高。笔试可以对大规模的应聘者同时进行筛选，花较少的时间实现高效率。第三，有利于应聘者发挥正常水平。对应聘者来说，心理压力较小，容易发挥出正常水平。第四，成绩评定比较客观。正是由于上述优点，笔试至今仍是组织经常使用的甄选人员的重要方法。

2. 缺点

笔试的缺点是不能全面考察应聘者的求职动机、工作态度、品德修养以及企业管理能力、口头表达能力和操作能力等。因此，还需要采用其他方法进行补充。一般来说，在人员甄选中，笔试往往作为应聘者的初次竞争，成绩合格者才能继续参加面试或下一轮的竞争。

（二）笔试测试的内容

1. 智力测验

智力指的是个体加工数字、文字、图形方面的能力，包括算术、言语理解、知觉速度、归纳推理、演绎推理、空间视知觉、记忆力。智力是从事各种工作和活动所通用的、起基础作用的能力，也被称为一般能力。

测验智力的常用量表有韦克斯勒智力量表和瑞文推理测验。

（1）韦克斯勒智力量表。韦克斯勒智力量表是由美国心理学家韦克斯勒（Wechsler）在临床心理工作中编制的，分为W-BI（韦克斯勒-贝尔韦量表）、WAIS（韦克斯勒成人智力量表）、WISC（韦克斯勒儿童智力量表）和WPPSI（韦克斯勒幼儿智力量表）四个智力量表。韦克斯勒成人智力量表是用来测量16~74岁成人智力的测量工具，是韦克斯勒于1955年编制并于1981年修订的。

韦克斯勒成人智力量表修订本包括言语量表和操作量表两个部分（见表5-1、表5-2）。常识、理解、心算、相似、背数、词汇6个分测验构成言语量表，图像组合、填图、图片排序、积木拼图、译码5个分测验构成操作量表。在测试时，言语量表和操作量表交替进行。

表 5-1　韦克斯勒成人智力量表言语分量表

名称	测验内容	测验实例
常识	知识的广度	水蒸气是怎样来的？什么是胡椒？
理解	实际知识和理解能力	为什么电线常用铜制成？为什么有人不给售货收据？
心算	算术推理能力	刷一间房3个人用9天，如果3天内要完成它，需用多少人？
相似	抽象概括能力	圆和三角形有何相似？蛋和种子呢？
背数	注意力和机械记忆能力	顺背数字：1、3、7、5、4，倒背数字：5、8、2、4、9、6
词汇	语词知识	什么是河马？"类似"是什么意思？

表 5-2　韦克斯勒成人智力量表操作分量表

名称	测验内容	测验实例
图像组合	处理部分与整体关系	将拼图小板拼成一个物体，如人手、半身像等

续表

名称	测验内容	测验实例
填图	视觉记忆及视觉理解性	指出每张画缺了什么,并说出名称
图片排序	对社会情境的理解能力	把三张以上的图片按正确顺序排列,并说出一个故事
积木拼图	视觉与分析模式能力	在看一种图案之后,用小木块拼成相同的样子
译码	学习和书写速度	学会将每个数字用不同的符号连在一起,然后在某个数字的空格内填符号

（2）瑞文推理测验。瑞文推理测验是由英国心理学家瑞文（Raven）设计的一种非文字智力测验,主要用来测验一个人的观察力及清晰思维的能力。它较少受到被试知识水平或受教育程度的影响,努力做到公平,故心理学家们尤其喜欢采用这个测验作为跨文化研究的工具。

瑞文推理测验分为标准型、彩色型和高级型。标准型是瑞文推理测验的基本型,适用于6岁到成人的被试,一共由60张图案组成,按逐步增加难度的顺序分成A、B、C、D、E五组,每组图案都有一定的主题,题目的类型略有不同。A组题主要测量知觉辨别、图形比较和图形想象等方面的能力；B组题主要测量类同、比较和图形组合等方面的能力；C组题主要测量比较、推理和图形组合等方面的能力；D组题主要测量系列关系、图形套合及比拟等方面的能力；E组题主要测量组合、互换等抽象思维能力。瑞文标准推理测验样题如图5-4所示。

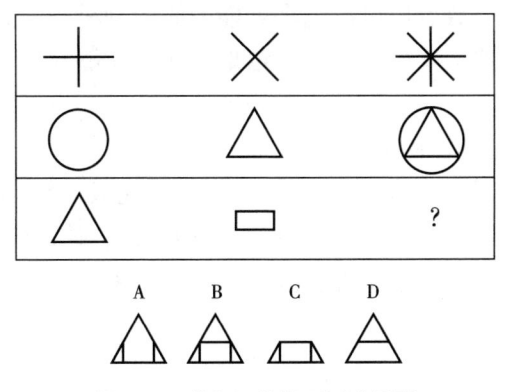

图5-4 瑞文标准推理测验样题

2. 能力倾向测验

能力倾向测验是测定被测试者完成某项专业活动或者特定工作所具备的潜在能力的一种测试，也称特殊能力测验。目前比较流行的能力倾向测验有飞行能力测验、音乐能力测验、美术能力测验、文书能力测验、明尼苏达办事员能力测验、机械能力测验、一般能力倾向测验。

（1）明尼苏达办事员能力测验。这是一种比较著名的文书能力测验，主要测评知觉的广度、速度与正确性。该测验的两个分测验各有200题。第一个分测验是数目校对，每一对数字从3~12位不等，其中有些相同，有些不同，要求考生比较异同，把不同的找出来。第二个分测验是人名校对，也是要求把不同的找出来。这种测验并不难，但要求被试者尽快无误地完成核对。

（2）机械能力测验。机械能力测验主要测试应聘者的机械操作能力。根据心理测试原理，在测试机械能力时，应当布置各种标准化的机械情境，使受试者产生反应，再将他的反应和一般受试者的反应进行比较，以评定高低。

（3）一般能力倾向测验。一般能力倾向测验（General Aptitude Test Battery，GATB）是20世纪40年代由美国劳工部就业保险局设计而成的综合式职业倾向测验，可用于测量以下9种能力倾向因素：一般智力（G）、言语能力（V）、数的能力（N）、空间关系理解力（S）、形状知觉能力（P）、文书知觉能力（Q）、动作协调能力（K）、手指灵巧性（F）、手部灵巧性（M）。该测验由15种测验项目构成，其中11种是纸笔测验，其余4种是操作测验。记分采用标准分数，各能力因素的原始分数转换为标准分数后便可绘制个人能力倾向剖析图，并与职业能力倾向类型相对照，被试就可以从测验结果中知道能够充分发挥个人能力特性的职业活动领域。

3. 工作相关知识测验

这种测验主要用来衡量应聘者是否具备完成职位职责所要求的知识。虽然具备职位所要求的知识并不是实际工作绩效良好的充分条件，但却往往是它的一个必要条件，因此员工甄选中要对应聘者的相关知识进行测试。

二、面试

面试是通过应聘者与主考官之间面对面的交流和沟通，从而对应聘者做出评价的方法。它是企业最常用、最重要的员工甄选方法。

（一）面试的类型

1. 按照面试的结构化程度划分

根据面试的结构化（标准化）程度，可以将面试分为结构化面试、半结构化面试和非结构化面试。结构化面试是指面试题目、面试实施程序、面试评价、考官构成等方面都有统一明确规范的面试；半结构化面试是指只对面试的部分因素有统一要求的面试，如规定有统一的程序和评价标准，但面试题目可以根据面试对象而随意变化；非结构化面试是对与面试有关的因素不做任何限定的面试，也就是通常意义上的没有任何规范的随意性面试。

正规的面试一般都为结构化面试，因为它可以保证所有的应聘者都回答同样的问题，接受同样的评分标准，使面试的操作过程更加公正、易于操作。

2. 按照面试的组织方式划分

按照面试的组织方式，可以将面试分为陪审团式面试和集体面试。陪审团式面试，是指由多个面试考官对一个应聘者进行面试。这种方法可以对应聘者做出比较全面的评价，但较为耗费时间。集体面试是指由一个面试考官同时对多个应聘者进行面试。它虽然可以节省时间，但容易出现观察不到的情况。

3. 按照面试的过程划分

按照面试的过程，可以将面试分为一次性面试和系列面试。一次性面试是对应聘者只进行一次面试就做出决策，系列面试是对应聘者依次进行几轮面试才做出决策。

4. 按照面试的氛围划分

按照面试的氛围，可以将面试分为压力面试和非压力面试。压力面试是将应聘者置于人为的紧张气氛中，让应聘者接受挑衅性、刁难性或攻击性的提问，以考察应聘者承受压力、调节情绪及应变和解决突发问题的能力；非压力面试是在没有人为压力情景下的面试。

阅读案例5-9

压力面试

梁先生是某IT公司职员。去年底的一天，梁先生精神抖擞地去一家跨国通信公司参加面试。考官是个30多岁的香港人，看上去很精干。他先从桌上拿起一张纸，拎在手里抖得哗啦哗啦响，然后有些傲慢地拖起了长腔："这就是你的简历吗？"梁先生一愣，礼貌地回答："是的。您觉得还有什么需要说明的问题吗？"考官松开手，让简历飘落到桌上，很凶地盯着梁先生说道："很有问题。你不是上海人吧？不会说上海话，你在上海怎样开展工作？"梁先生冷静地回答："上海是个国际大都市，我想会不会说方言应该不会对工作造成实质性的影响。如果工作确实需要，我会马上去学上海话。"

考官无从发作，又拿起他的简历，看了一会突然发问："你是和母亲单独住吗？现在公司有项紧急任务，但你又接到电话说母亲住院了，你准备怎么办？"梁先生沉默了一会，镇定地说："我想先找个同事帮忙把工作处理一下，自己马上赶到医院，如果情况不严重的话，再立刻赶回来。"谁知考官步步紧逼："工作是没有办法找人代的，你考虑好怎么办了吗？"梁先生一咬牙干脆回答："对不起，我只能先赶回去。事业再重要，也没有生我养我的母亲重要！"

考官扬扬得意地往椅背上一靠，说："我对你的表现非常失望。"梁先生按下怒气，三言两语答完几个常规问题后便起身告辞。走到门口，梁先生想了想，回头说："我觉得您今天有一些问题问得不太礼貌。""是吗？你要那么想我也没办法啦！"考官歪在椅子上，一边抖腿一边挑衅地盯着梁先生。梁先生不愿再和他啰唆，昂首推门而出。

不久，梁先生居然接到了这家公司的offer。据说那个香港考官很赞赏他，因为他面对强大的压力，还能充分保持冷静和克制，是块干客户的好材料。

资料来源：大公司压力面试案例［EB/OL］.（2022-11-18）［2023-07-19］. https://www.renrendoc.com/paper/229158983.html.

（二）面试的方法

1. 行为面试

行为面试是给予应试者一个具体的、既定的情境或者过去的事件，要求应试者做出详细回答。

采用行为面试有两个方面的目的：第一，探测胜任素质。基于行为的问题都是应聘者过去行为中的一些特定事件，从这些事件中的行为细节可以探测与关键胜任特征有关的行为样本，从而判断应聘者是否具备岗位所需要的胜任素质。第二，行为的一致性。通过了解应聘者过去的行为模式，从而预计其会在新岗位上有怎样的表现。例如，你过去如何处理与同事的冲突，会在今后一再重现。下面是行为面试的示例。

示例5-1

考察解决难题的能力

传统题目：你为什么认为自己擅长解决难题？

行为面试题目：请你举出一个具体的例子，在最近的工作中，你遇到了什么难题？请谈谈你是怎样克服那些困难的。

2. 情境面试

情境面试的题目主要由一系列假设的情境构成，通过评价求职者在这些情境下的反应情况，对其进行评价。下面是情境面试的示例。

示例5-2

考察人际技能

传统题目：你为什么具备很强的人际技能？

情境面试题目：假设你的上级安排你与一位经验丰富、年纪比你大的同事来共同完成一项工作，出于某种考虑，上级让你来做项目负责人，而那位同事对此却有些不满，你会怎样处理这个问题？

（三）面试题目的编制

在面试之前，编制一套信度和效度较高的面试题目是面试取得成功的关键。如何编制面试题目？一般来讲，应按照以下五个步骤进行。

1. 确定面试维度

首先，主考官要详细列出面试的维度，接下来的面试一定要围绕这些对工作成功十分重要的维度来进行，这样才可以使面试有的放矢。

其次，在确定面试要测量的维度后，还要给每一个维度下一个定义，才能保证面试题目与测量的维度的一致性。例如，情绪控制能力是一个很大、宽泛的概念，如果没有详细的定义，那么每个人对这个概念的理解可能都不一致，因此会出现很大的偏差。

2. 编制面试题目

编制面试题目有两种方式：一是根据选定的维度和维度的内涵编制题目。例如，我们对计划能力的定义是能对实际工作任务提出实施目标，能制定现实可行的实施方案。那么针对计划能力，可以这样编制题目：你过去有没有为部门制定过年度目标和月度目标？能说说如何制定目标的吗？有没有制定相应的实施方案？二是对工作分析中收集到的关键事件进行分类，那些对某一维度最有代表性的关键事件就可以用来编制面试题目，这样可以保证题目有较高的内容效度，同时也能够与实际工作有较高的关联度。下面是某医院甄选护士时的面试题目。

示例5-3

某医院甄选护士的面试题目

测试维度：情绪控制能力、处理轻重缓急的能力、责任心、人际沟通能力。

面试题目：

1. 上夜班时，你的同事被叫去急诊帮忙了，就剩下你一个人，然后你给一个很胖的病人打了很多针但就是打不上，病人对你发脾气，你怎么办？

2. 如果你和患者有矛盾，你应该怎么解决？（注：你本来做的事情就是对的，但是患者不理解说你是错的叫你道歉。）

3. 手术后你发现只剩下六块纱布，而你明明记得是七块，医生却说"我是主任还是你是主任"。谈谈你对这件事的看法。

4. 你在值班时，手里已经有很多事务，护士长又交给你一件重要的事，你怎么办？

5. 假设你在某单位工作成绩比较突出，得到领导肯定；但同时你发现同事们越来越孤立你，你准备怎么办？

3. 确定评分标准

评分标准是指使用行为样例作为标准，来对不同的评分等级进行描述，给出客观的参照点，以减少评分的模糊性和由不同评分者对语义理解的差异而带来的评分误差。下面是面试题目评分标准示例。

示例5-4

面试题目评分标准

问题：在你即将旅行的前一天晚上，你已经整装待发。就在准备休息时，你接到工厂的一个电话，工厂出现了一个只有你才能解决的问题，并被请求处理此事。在这种情况下，你会怎么做？

评分指导：

较好："我回去工厂，以确保万无一失，然后我再去度假。"

好："不存在只有我能处理的问题，我会确保一个合适的人去那里处理的。"

一般："我会试着找另一个人处理。"

差："我会去度假。"

4. 确定维度权重

通过专家讨论和打分，确定要测试各维度的权重。

5. 编制面试评分表

在上述工作的基础上，形成面试评分表。面试评分表包括职位、考核要素、权重、评分标准、评分等级等。表5-3是一个销售代表的结构化面试评分表。

表 5-3　销售代表结构化面试评分表

测评要求	逻辑思维	创新意识	组织协调	经营决策	仪表气质	专业知识	专业技能	综合应用能力
权重分数	10	15	10	20	5	10	10	20
评分要点	语言表达、思维品质	管理创新、针对变化	团队创新、人际交往	决策程序、策略原则	外表、言语的亲和力；对他人的感染力	本管理岗位所需要的专业理论知识	本管理岗位所需要的专业经验	能够综合应用所掌握的知识、技能和实际经验
评分等级	9~10（优秀）	12~15（优秀）	9~10（优秀）	16~20（优秀）	4~5（优秀）	9~10（优秀）	9~10（优秀）	16~20（优秀）
	6~8（较好）	8~11（较好）	6~8（较好）	11~15（较好）	3（较好）	6~8（较好）	6~8（较好）	11~15（较好）
	3~5（较差）	4~7（较差）	3~5（较差）	6~10（较差）	2（较差）	3~5（较差）	3~5（较差）	6~10（较差）
	0~2（很差）	0~3（很差）	0~2（很差）	0~5（很差）	0~1（很差）	0~2（很差）	0~2（很差）	0~5（很差）
得分								

（四）面试的流程

面试流程可以分为准备阶段、实施阶段和结果处理阶段。

1. 准备阶段

准备阶段需要完成以下工作：

第一，选择面试考官。这是决定面试成功与否的一个重要因素。有经验的面试考官能很好地控制面试进程，能够通过对应聘者的观察做出正确的判断。面试考官一般由人力资源部门和业务部门的人员共同组成。

第二，明确面试时间。这不仅可以让应聘者充分做好准备，更重要的是可以让面试者提前对自己的工作进行安排，避免与面试时间发生冲突，以保证面试的顺利进行。

第三，了解应聘者的情况。面试者应提前查阅应聘者的相关资料，对应聘者的基本情况有一个大致的了解，这样在面试中可以更有针对性地提出问题，以提高面试的效率。

第四，准备面试材料。这包括两个方面的内容：一是面试评价表；二是面试提纲。对于结构化和半结构化面试来说，一定要提前准备好面试提纲；即使是非结构化面试，也要在面试之前大致思考一下准备提问的主题，以免在面试过程中离题太远；面试提纲一般要根据准备评价的要素来编制。

第五，安排面试场所。面试场所是构成面试的空间要素，企业在安排面试场所时应当尽可能让应聘者易于寻找。此外，面试场所应该做到宽敞、明亮、干净、整洁、安静，为应聘者提供一个舒适的环境。

2. 实施阶段

这是面试的具体操作阶段，也是整个面试过程的主体部分，一般又可以分为几个小的阶段。

（1）引入阶段。应聘者刚开始进行面试时往往比较紧张，因此面试者不能一上来就切入主题，而应当经过一个引入阶段，问一些比较轻松的话题，以消除应聘者的紧张情绪，建立起宽松、融洽的面试气氛，比如问："你今天是怎么过来的呀？""我们这里还好找吧？"等等。

（2）正题阶段。在这一阶段，主考官根据设计好的面谈题目进行提问，要求应聘者做出回答。

在实际面试过程中，由于各种原因，应聘者的回答有时是模糊信息，有时是不完整信息，有时还会跑题。这时候，主考官要进行追问，以求获得更多、更真实有效的信息。

如何进行追问？主考官需要遵循 STAR 原则，即围绕应聘者过去工作、生活中实际发生的案例，就其发生的情境（situation）、需完成的任务（task）、应聘者所采取的行动（action）以及行动结果（result）这四个要素进行提问，这样，就可以得到一个完整的行为事件，并通过了解应聘者的过去行为表现来衡量其自身素质与能力是否适合所招聘岗位的要求。下面分别是销售代表面试中的追问和某企业高管面试中的追问。

示例5-5

销售代表面试中的追问

问题：你去年的销售业绩怎样？

应聘者回答：我的销售业绩去年提升了10%。

主考官追问：

S：去年和前年相比，市场形势有何变化？公司的产品有何变化？竞争格局有何变化？

T：你具体承担了哪些任务？完成了哪些工作？搞定了哪些客户？

A：你具体采取了哪些措施？遇到了哪些困难？如何克服的？

R：销售收入是什么？是利润还是收入？与相同职级的人相比，你的业绩处于什么水平？与公司下达的目标相比，你的业绩处于什么状况？

示例5-6

某企业高管面试中的追问

面试官：请谈一下你印象最深的这样一个经历——你和企业高层或你的同事在解决某问题上有不同的看法，当时你是如何处理你们之间的分歧的？

应聘者B：提到这个问题，让我想起有过这么一件事。那是2005年3月，我们公司开高层会议。当时公司业务正处于不断拓展中，我们在全国很多大中城市都设立了分支机构或者办事处，这样难免就遇到各地薪酬标准不一样的问题，有时一个地方都会出现几套不同的薪酬标准。公司当时也没有什么成熟的员工驻外薪酬标准管理方面的制度，所以，这种内部不均衡造成很多员工对工资不满意，有的甚至就因为这个跳槽。

但问题总得解决吧，所以我就向公司提出进行人力资源的集中化管理，当时几乎其他所有人都不支持我这么做，他们反对我，觉得各城市的自行管理正好可以使人力资源工作与当地实际情况相结合，而且这事一直以来也没出现什么大问题，没有费力解决的必要。但是我认为，这终究还是存在问题的，所以我就基于企业未来战略发展，通过对公司的人力资源集中化管理进行利弊论证，得出集中管理势在必行的观点。然后，经过充分的纵向和横向沟通，我的观点得到了多数人的认可。

面试官：你刚才提到你是经过人力资源集中化管理论证以及充分的沟通来解决分歧的，那么请问，对于集中化管理你当时都考虑了哪些方面？同时做了哪些具体工作？怎么做的？（注：以上是对行动（A）的追问）

应聘者B：我记得当时我提交过一份公司人力资源集中化管理的报告。首先结合公司未来发展战略阐述了集中化管理的目的，实行集中化管理能带来的优势，简单来说：首先，有利于信息共享，进行优势资源整合；其次，公司人力资源管理15%~20%是管理性活动，80%~85%是操作性活动，从公司未来战略发展来看，未来战略性管理活动会增加，集中管理有利于发挥集体效应；最后，招聘、培训、绩效、薪酬方面管理工作的统一有利于企业节约管理成本，提高资源利用率。具体到目前面临的这个问题，也有利于确定薪酬标准，解决问题，提高员工满意度。当然，我当时在报告中也指出，集中化管理要掌握好度，不能进行极端的人力资源集中管理，应当适当地授权，各城市根据自身的实际情况可以保持一定的灵活性。

此外，在调查论证的同时，我还对各分支机构和办事处的现状有了一定程度的了解。结合各地实际情况综合考虑后，我提出了一个公司人力资源集中化管理方案。在此基础上，各地某些具体的分歧可以采取会议形式予以解决。

从应聘者的回答来看，应聘者能立足于企业未来发展，站在公司战略目标的角度深入思考问题，在整体上来说表现还是非常不错的。首先，在对过去事件的描述上很清晰，STAR四要素基本完备。在应聘者第一段陈述中，行动与背景、任务及结果的符合度较高，可以相信这是一个真实经历。若应聘者当时直接回答说自己实施了人力资源集中化管理，没有任何阻碍，而且实行的效果很好，这样是值得怀疑的。接着，经过调查与论证，应聘者以合理的方式主动与相关人员进行沟通，拿出了建议方案。通过种种努力，最后问题才得到了解决，可见应聘者具有一定的沟通协作能力。

3. 结果处理阶段

通过对面试过程中产生的信息进行综合评价与分析，确定每一位应试者的素质和能力特点。

（五）智能面试机器人的运用

在面试过程中，主考官容易犯一些常见的认知错误：第一，首因效应。在最初的几分钟面试时，就对应聘者做出评价。第二，晕轮效应。当主考官对应聘者的某种特征形成好或者不好的印象后，他或她就会据此推论应聘者其他方面的特征，从而产生以偏概全、以点带面的现象。第三，刻板印象。主考官往往会根据自己的经验和知识，按照自己所设定的知觉标准评估应聘者，对人群进行分类，形成固定形象。第四，类我效应。如果应聘者表现出与主考官相似的经历、观念、背景等，主考官就会对其更具好感，从而影响到最后的认知评价。第五，对比效应。由于一些应聘者的资格和能力超过了当前的应聘者，就会影响对当前应聘者的评价。

为了提升面试的标准化程度，减少人为偏见因素，有公司研发出智能面试机器人。从实际应用的效果来看，智能面试机器人可以根据职位的条件绑定几个关键问题，与求职者进行互动，并录制成视频，供面试官回看。求职者可以通过视频进行答题，不需要安装客户端，也不需要上传视频，其回答的问题会被实时记录。智能面试机器人会将求职者的语音答题内容识别成文字，并与系统内设的答案进行比对，从而得出答题成绩。

智能面试机器人在求职者回答问题时，还会对求职者的面部表情进行识别，进行微表情分析，得出求职者的情绪状态、性格特征、大五人格、职业兴趣，然后与招聘岗位的特点进行匹配，最终对面试结果提出建议。

需要指出的是，智能面试机器人对求职者的评价本质上是根据算法得出的结论，而算法本身需要不断进行迭代和完善。因此，智能面试机器人提供的面试结果仅供参考，并不能完全替代面试官进行人员面试。

三、心理测验

（一）心理测验及其特点

心理测验（mental test）是根据一定的法则和心理学原理，使用一定的操作程序对人的认知、行为、情感的心理活动予以量化。

心理测验具有以下特点：

1. 间接性

心理特质与客观的物理现象不同，心理特质是看不见、摸不着的，所以我们不能对心理进行直接的测量，对心理的测量只能是一种间接的测量。根据心理学特质理论，某种内在的不可直接测量的特质，可表现为一系列具有内在联系的外显行为。因此，心理测量只是测量了一个人对测验项目所进行的行为反应，心理学家对测量结果进行推论，从而间接了解人的心理属性。

2. 相对性

对人的心理或行为进行比较，没有绝对的标准，而只能选取群体中的其他人作为标准。所以心理测量的结果通常参照每个人处在一个群体中的位置，而位置具有相对性。例如，测得一个人智力的高低，就是与其所在总体的人的智力标准相比较而言的。同时，标准也不是一成不变的。

3. 客观性

客观性是一切测量的基本要求。测量的客观性实际上就是测验的标准化问题。心理测量是一门科学，因此它的测量结果应该是客观的。它的每一个步骤，包括测验项目的收集与选取、测验的信度与效度检验、施测过程、数据的处理与结果解释，均应按照标准化的程序来进行。

（二）人员甄选中心理测验的类型

1. 人格测验

人格是一个人在其生理基础和后天环境共同作用下，通过社会实践形成和发展起来的，具有一定倾向性和比较稳定的心理特征的总和，包括气质、性格、信念、需要、动机等。人格测验的目的是寻找人的内在性格中某些对未来绩效具有预测作用的特征，以此作为人员甄选的依据。

人格测验的方法主要有自陈式测验和投影测试。

（1）自陈式测验。自陈式测验是目前最流行的人格测量技术，它通常由一组精心设计的、结构式的、测量同一人格特质的题目所组成。题目分为两部分，一部分是题干，另一部分是选项。题干是陈述句，即对个人行为表现和心理感受的描述，选项则是对题干内容的回答与判定。每一选项都有评分,以此来衡量被试者的人格特征。

目前,在人员甄选中,常用的自陈式测验的方法有大五人格理论、梅耶斯-布瑞格斯人格特质理论。

大五人格理论认为,有五种人格维度构成了所有人格因素的基础,即:外向性,表现出善于社交、善于言谈、自信果断等特质;亲和性,一个人随和、合作且信赖他人;尽责性,包括责任感、可靠性、持久性、成就倾向等方面的品质;开放性,富有创造性,具有想象力,凡事好奇;情绪稳定性,个体承受压力的程度,包括平和、自信、安全及焦虑、紧张、冲动、失望、不安全等特质。研究者在此基础上开发的大五人格量表即 NEO 人格量表共有 60 题,采取五级评分法,包括五个分量表,每个分量表各有 12 个条目。经过实践反复检验,该量表具有较高的信度和效度。

梅耶斯-布瑞格斯人格特质理论(Myers-Briggs type indicator,MBTI)是由布瑞格斯(Briggs)和梅耶斯(Myers)母女根据瑞士精神病学家荣格(Jung)的理论,在 20 世纪 70 年代提出的。该理论认为,人与人的差异表现在四个方面:第一,能量来源,分为外向 E 和内向 I;第二,获取信息,分为实感 S 和直觉 N;第三,决策方式,分为思维 T 和情感 F;第四,生活方式,分为判断 J 和知觉 P。对以上四个维度的基本偏好不同组合便构成了 16 种人格类型。这 16 种人格的特点如表 5-4 所示。

表 5-4　MBTI16 种人格的特点

ISTJ	ISFJ	INFJ	INTJ
安静、严肃,通过全面性和可靠性获得成功。实际,有责任感。决定有逻辑性,并一步步地朝着目标前进,不易分心。喜欢将工作、家庭和生活都安排得井井有条。重视传统和忠诚	安静、友好、有责任感和良知。坚定地致力于完成他们的义务。全面、勤勉、精确,忠诚、体贴,留心和记得他们重视的人的小细节,关心他人的感受。努力把工作和家庭环境营造得有序而温馨	寻求思想、关系、物质等之间的意义和联系。希望了解什么能够激励人,对人有很强的洞察力。有责任心,坚持自己的价值观。对于怎样更好地服务大众有清晰的远景。在对于目标的实现过程中有计划而且果断坚定	在实现自己的想法和达成自己的目标时有创新的想法和非凡的动力。能很快洞察到外界事物间的规律并形成长期的远景计划。一旦决定做一件事就会开始规划并直到完成为止。多疑、独立,对于自己和他人能力和表现的要求都非常高

续表

ISTP	ISFP	INFP	INTP
灵活、忍耐力强，是个安静的观察者直到有问题发生，就会马上行动，找到实用的解决方法。分析事物运作的原理，能从大量的信息中很快找到关键的症结所在。对于原因和结果感兴趣，用逻辑的方式处理问题，重视效率	安静、友好、敏感、和善。享受当前。喜欢有自己的空间，喜欢能按照自己的时间表工作。对于自己的价值观和自己觉得重要的人非常忠诚，有责任心。不喜欢争论和冲突。不会将自己的观念和价值观强加到别人身上	理想主义，对于自己的价值观和自己觉得重要的人非常忠诚。希望外部的生活和自己内心的价值观是统一的。好奇心重，很快能看到事情的可能性，能成为实现想法的催化剂。寻求理解别人和帮助他们实现潜能。适应力强，灵活，善于接受，除非是有悖于自己的价值观的	对于自己感兴趣的任何事物都寻求找到合理的解释。喜欢理论性的和抽象的事物，热衷于思考而非社交活动。安静、内向、灵活、适应力强。对于自己感兴趣的领域有超凡的集中精力深度解决问题的能力。多疑，有时会有点挑剔，喜欢分析
ESTP	ESFP	ENFP	ENTP
灵活、忍耐力强，实际，注重结果。觉得理论和抽象的解释非常无趣。喜欢积极地采取行动解决问题。注重当前，自然不做作，享受和他人在一起的时刻。喜欢物质享受和时尚。学习新事物最有效的方式是通过亲身感受和练习	外向、友好、接受力强。热爱生活、人类和物质上的享受。喜欢和别人一起将事情做成。在工作中讲常识和实用性，并使工作显得有趣。灵活、自然不做作，对于新的任何事物都能很快地适应。学习新事物最有效的方式是和他人一起尝试	热情洋溢、富有想象力。认为人生有很多的可能性。能很快地将事情和信息联系起来，然后很自信地根据自己的判断解决问题。总是需要得到别人的认可，也总是准备着给予他人赏识和帮助。灵活、自然不做作，有很强的即兴发挥的能力，言语流畅	反应快、睿智，有激励别人的能力，警觉性强、直言不讳。在解决新的、具有挑战性的问题时机智而有策略。善于找出理论上的可能性，然后再用战略的眼光分析。善于理解别人。不喜欢例行公事，很少会用相同的方法做相同的事情，倾向于一个接一个的发展新的爱好

续表

ESTJ	ESFJ	ENFJ	ENTJ
实际、现实主义。果断，一旦下决心就会马上行动。善于将项目和人组织起来完成事情，并尽可能用最有效率的方法得到结果。注重日常的细节。有一套非常清晰的逻辑标准，有系统性地遵循，并希望他人也同样遵循。在实施计划时强而有力	热心肠、有责任心、合作。希望周边的环境温馨而和谐，并为此果断地执行。喜欢和他人一起精确并及时地完成任务。事无巨细都会保持忠诚。能体察到他人在日常生活中的所需并竭尽全力帮助。希望自己和自己的所为能受到他人的认可和赏识	热情、为他人着想、敏感、有责任心。非常注重他人的感情、需求和动机。善于发现他人的潜能，并希望能帮助他们实现。能成为个人或群体成长和进步的催化剂。忠诚，对于赞扬和批评都会积极地回应。友善、好社交。在团体中能很好地帮助他人，并有鼓舞他人的领导能力	坦诚、果断，有天生的领导能力。能很快看到公司/组织程序和政策中的不合理性和低效能性，发展并实施有效和全面的系统来解决问题。善于做长期的计划和目标的设定。通常见多识广，博览群书，喜欢拓广自己的知识面并将此分享给他人。在陈述自己的想法时非常强而有力

（2）投影测试。投影测试是向被试提供一种模棱两可的多义刺激物，然后要求被试在极短的时间内立即做出反应。由于刺激与反应之间相隔的时间极短，被试者根本无法进行全面而周到的思考，所以在回答问题的过程中常常把自己的真实情绪、情感、态度、需要、动机、观点、信念和个性特点等心理活动，投射在个人的反应之中。测试者通过分析反应的结果，从而揭示一个人的人格形态和深层动机。

投影测试主要有以下三种方法：

罗夏克墨迹测验是由瑞士精神病学家罗夏克（Rorschach）于1921年设计的一套人格测验方法。该测验由10张墨迹图片组成，包括五张彩色图片和五张黑白图片。主试每次按顺序给被试呈现一张图片，同时问被试"你看到了什么？""这可能是什么东西？""你想到了什么？"等问题。被试可以从不同角度看图片，做出自由回答。主试记录被试的语言反应，并注意其情绪表现和伴随的动作。

主题统觉测验是美国心理学家莫瑞（Murray）和摩根（Morgen）于1935年编制的一套测试题目。它由30张模棱两可的图片和一张空白图片组成。图片内容多为人物，也有部分风景，但每张图片都至少有一个物。测试者每次给被试呈现一张图片，让被试根据看到的内容编故事。每次被试都必须回答这样四个问题：图中发生了什么事？为什么会出现这种情境？图中的人物正在想什么？故事的结局会怎样？测验完毕后，测试者会与被测者做一次谈话，了解被测者编造故事的来源和依据，以此作为分析时的参考。

人树屋测验是让被试按照自己内心所想，不拘泥于其他任何束缚，分别将树、屋、人画在一张白纸上。树通常象征着一个人的感情，从树的画法可以看出人们的感情体验，并且通过画不同的树、位于白纸不同的位置可以看出不同的象征；房屋是一个人成长的场所，通过房屋的画法，可以看出这个人内心的安全感如何，或者其理想家园是什么样的，也可以表示其身体状况或精神家园；人的画法可以投射出受测者自我形象及人格的完整性，根据画出人的不同可以看出这个人对自己的形象和内在最在意的是什么。通过分析树、屋、人这三者画在纸上不同的方位、大小以及是否规整，可以分析受测者的人格特点和内心世界。

2. 成就动机测试

成就动机理论是美国哈佛大学教授麦克利兰（McClelland）通过对人的需求和动机进行研究，于20世纪50年代提出的。麦克利兰把人的高层次需求归纳为对成就、权力和亲和的需求。他对这三种需求特别是成就需求做了深入的研究。麦克利兰认为可以通过主题统觉测验（图5-5）来测量个体的动机。他对莫瑞的主题统觉测验进行了修改，增强了其客观化程度，并使之适合于团体施测。

图 5-5　主题统觉测验
（说明：此图用来测试成就动机。如果被试的回答是"给别人打电话报告晋升""拿到订单""获得奖项"等，均可以被视为高成就动机者。）

四、评价中心技术

评价中心技术是通过创设一种逼真的模拟管理系统或工作场景，将被测试人纳入该环境系统中，使其完成系统环境下对应的各种工作，主试观察和分析被测试人的心理、行为、表现和工作绩效，以评价被测试人的管理能力和潜力。

西方管理学家在分析评价中心技术的效果时发现：由企业领导随意选拔的管理人员，按照使用的结果，其正确性只有15%；经过各级经理层层提名推荐的，其正确性达到35%；而通过评价中心测试选拔的，其正确性在70%以上。

评价中心技术主要包括公文筐练习、无领导小组讨论法、角色扮演法等。

（一）公文筐练习

在这一测试中，工作所处情境及将遇到的一系列难题分别被写在一张纸上，包括通知、报告、客户的来信、下级反映情况的信件、电话记录、关于人事或财务等方面的一些信息以及办公室的备忘录等，并被放在篮子里。这些问题会涉及各种不同类型的群体——同事、下级以及组织外的一些人。应聘者必须先按照重要程度对这些问题排序，有时还要求写出具体措施。在测试中，对每一个人都给予一定的时间限制，偶尔还要被中途打来的电话打断，以创造一个更紧张和压力更大的环境。

示例5-7

公文筐测验

一、情境

某公司是一家以经营建筑材料为主，集科研、生产、营销、工程建造于一体的大型企业。经过近20年的发展，已成为拥有200亿元净资产的股份制公司。到2006年，公司员工达到2 500人，在全国各地设立了多家分支机构以及5个生产基地。公司实行董事会下的总经理负责制，下设生产副总、营销副总和人事总监3个副总经理级别的高级职位，分管相关职能部门，财务部和办公室直属经理。

在本次测验中，您的身份是该公司刚上任的人事总监王晓东。由于前任人事总监张旭华于 11 月 20 日突然辞职另谋高就，11 月 22 日您被公司确定接任其工作。

人事总监分管人力资源部和社会事务部，并兼任人力资源部部长。人力资源部下设招聘、薪酬、绩效、培训和劳动关系等 5 位主管，共有 12 位工作人员。您被任命后，一直忙于新旧部门的交接工作，直至今天（11 月 25 日），才开始处理积压的公文。您上午 8 点已经到达办公室，您办公桌上有一些书面请示、便函等，还有一些电话录音和电子邮件需要回复。11 点钟您务必参加一个公司高层的办公会议，所以，您处理公文的时间仅有 3 小时。

二、任务

在接下来的 3 小时中，请您查阅文件筐中的各种信函、电话录音以及电子邮件等，并用如下回复表作为样例，给出您对每个文件的处理意见。具体答题要求是：①确定您所选择的回复方式，并在相应选项前的"□"里画"√"；②请给出您的处理意见，并准确、详细地写出您将要采取的措施及意图；③在处理文件的过程中，请注意文件之间的相互联系。

文件 1

类别：电话录音

来电人：王胜车　综合办公室主任

接受人：张旭华　人事总监

日期：11 月 20 日

张总监，您好！我是办公室老王，给您反映的老田那件事又拖一段时间了，您一直没有答复我。老田从上次机构调整之后来办公室当副主任，我必须承认他确实是一个非常能吃苦的人。前段时间我因公出差，总经理将一项大型会议准备接待工作交给了他，他接到任务后，四处奔波，从联系开会地点、车辆、食宿到回程车票等，工作非常辛苦，但还是因为开会地点安排不当，导致会议开幕时间延误了半天。这类事情已经发生多次了，部门内部很多下属对他的工作能力都很有看法，希望您能和汤总沟通一下，对综合办公室的人事安排重新做出调整，否则综合办公室的工作会受很大影响。能否安排一个时间，我们好好谈谈？

文件 2

类别：电话录音

来电人：张青　××培训公司销售主管

接受人：张旭华　人事总监

日期：11月22日

张总监，您好！我是××培训公司张青，我们为贵公司员工的团队合作训练制定了一套拓展培训方案，总共三期，第一期培训已经完成。按照协议规定，在完成第一期后将支付当期的全部费用，但贵公司的培训主管李小红以员工对培训课程的满意度未达90%为由，拒绝支付剩余款项。虽然合同对培训满意度和费用支付有详细的规定，但由于培训课程的满意度是贵公司单方面进行调查的，我们对调查结果存有很大疑虑。我们希望能尽快与您见面，以解决费用支付问题，否则我们将按照合同规定中止后两期的培训，并按规定不再返还合同签订时支付的保证金。

文件 3

类别：书面请示

发件人：刘小波　劳动关系主管

接受人：王晓东　人事总监

日期：11月23日

王总监，最近，我在医疗管理上遇到一件麻烦事，不知怎么处理。事情是这样的：我们在徐州的生产基地最近频频出现工伤事故，事故数量占到今年集团工伤事故总数的68%。从事故的具体情况来看，多数为十级伤残，且绝大多数受伤员工是来自同一个职业中介机构，很多人还是同乡，工伤事故多发生在正式合同签订后的两三个月内。事故发生后，单位都按规定为受伤的员工支付了全部医疗费用，但多数员工伤愈后立刻提出解除劳动合同，并要求单位支付一次性工伤医疗补助金和伤残就业补助金。从我的角度看，这一系列事故可能不单纯是工伤事故问题，您看我该如何处理这个问题？

文件 4

类别：电子邮件

发件人：胡文强　社会事务部经理

接受人：王晓东　人事总监

日期：11月24日

老王，你好！首先祝贺你的高升。有一件事要麻烦你，你在社会服务部也工作了多年，部里事情多，人手少，大家经常像消防员一样。你在时我们就有招聘计划，但张总监一直以我们部门人员定额已满为由，拖延招聘进程。你调走后工作更加繁忙，问题也更加严重。现在应该好办了，咱们能否找时间聊一下？

文件5

类别：便函

发件人：刘文福　财务部经理

接受人：王晓东　人事总监

日期：11月23日

王总监，您好！关于人力资源部的部门费用使用情况，需要和您通报一下：下半年划拨的费用近20万元，现在还未到年底，但费用已超支2万余元，一些报销的项目并未列在年初的费用预算中，还有一些项目的花费超出了预算，但报销单上都有张总监的签字。我知道您刚刚上任，事务繁忙，但请关注此事。由于人力资源部的费用已经超过预警线，按照规定，财务部最近会暂停人力资源部的报销申请，请和汤总协商此事。不获得总经理的许可，财务部将不能接受人力资源部的报销申请，请见谅。

（二）无领导小组讨论法

无领导小组讨论法又叫无主持人讨论法，是将几个被评价者组成一个小组，给他们提供一个议题，事先不指定主持人，让他们通过小组讨论的方式在限定时间内做出一个决策，评价者观察被评价者在讨论过程中的言语及非言语行为并对他们做出评价。无领导小组讨论法比较独特的地方在于它能考察出求职者在人际互动中的能力和特性，如人际敏感性、社会性和领导能力。同时，通过观察讨论过程中每个人自发承担的角色，可以对求职者的计划组织能力、分析问题的能力、创造性解决问题的能力，主动性、坚定性和决断性等意志力进行一定的考察。

无领导小组讨论的题目从形式上而言，可以分为以下几种：

1. 开放式问题

开放式问题答案的范围可以很广、很宽，主要考察被评价者思考问题是否全面、是否有针对性，思路是否清晰，是否有新的观点和见解。例如，你认为什么样的领导是好领导？关于此问题，被评价者可以从很多方面，如领导的人格魅力、才能、亲和取向、管理取向等来回答，可以列出很多优良品质。对考官来讲，此类问题出题较为容易，但不容易对被评价者进行评价，因为此类问题不太容易引起被评价者之间的争辩，所测查被评价者的能力范围较为有限。

2. 两难问题

两难问题是让被评价者在两种各有利弊的答案中选择其中一种，主要考察被评价者的分析能力、语言表达能力以及说服力等。例如，你认为以工作为取向的领导是好领导还是以人为取向的领导是好领导？对被评价者而言，此类问题既通俗易懂，又能够引起充分的辩论。对于考官而言，在编制题目方面比较方便，而且在评价被评价者方面也比较有效。但要注意的是，此类问题的两种备选答案要具有同等程度的利弊，其中一个答案不能比另一个答案有明显的选择性优势。

3. 多项选择问题

多项选择问题是让被评价者在多种备选答案中选择几种答案或对备选答案的重要性进行排序，主要考察被评价者分析问题、抓住问题本质的能力等。这类问题难度较大，但有利于考察被评价者的能力和人格特点。

4. 操作性问题

给出材料、工具和道具，让被评价者用所给材料制造出一个或一些考官指定的物品，主要考察被评价者的能动性、合作能力及在实际操作任务中所充当的角色特点。

5. 资源争夺问题

此类问题适用于指定角色的无领导小组讨论，是让处于同等地位的被评价者就有限的资源进行分配，从而考察被评价者的语言表达能力、概括或总结能力、发言的积极性、反应的灵敏性等，如让被评价者担当各个分部门的经理并就指定数量的资金进行分配。因为要想获得更多的资源，自己必须要有理有据，必须能说服他人，所以此类问题能引起被评价者的充分辩论，也有利于考官对被评价者的评价，但是对试题的设计要求较高。

在进行无领导小组讨论时，应注意几点：第一，适当控制小组人数（6人左右）。第二，保证适宜的环境（圆桌）。第三，可以随着讨论的进行增加新的信息，以加深讨论的深入程度。第四，事先制定统一的评分标准。

示例5-8

无领导小组讨论——资源争夺问题

一、背景资料

乐居公司是一家中等规模的家具配件公司，最近上级拨给公司一个参加国外高级员工培训班的名额，培训的内容与公司大部分岗位相关，而且可由员工自己选定所需的培训课程。公司传达培训通知后，报名的人很多，有的甚至托人向经理打招呼。总经理意识到，如果这件事处理得不公平的话，会影响员工的士气。于是，他决定让下属的5个部门各推出1名候选人，然后再将5位候选人的情况进行比较再确定人选。5位候选人的情况如下：

生产部李月：掌握最先进的生产技术，经验丰富，曾多次获得先进工作者称号。为人忠厚老实，但灵活性不够，不善于与人沟通，喜欢埋头干事，不能整合大家的智慧。

销售部王家斌：拥有较高的学历，虽然进入公司的时间不长，但业绩骄人，且善于与人交流，为人热情开朗，但容易冲动，凡事缺乏耐心，凭兴趣做事。

人事部赵敏：成功策划了几次非常重要的招聘会，提出过富有创意的用人方案。虽然智商很高，但为人孤傲冷僻，难以接近。

财务部张辉：提出的重要财务建议使公司的资金运转至今仍保持良好的势头。做事勤勤恳恳、任劳任怨，但不大关心其他部门的事，对员工提出的一些补助申请不做了解就予以否定，为此得罪了不少员工。

设计部梁英：工作主动性强，去年设计的两项新产品具有较高的市场占有率，也是公司保持核心竞争力的关键因素。因成绩突出，常常看不起别人,总是为自己争取最大利益。

二、任务

现在你们对号入座,分别充当这5个部门的负责人。这5位候选人也是由你们各自提出的,你们对自己提出的本部门员工最熟悉,相信有充分的理由推荐他们。现在你们坐在一起,来讨论决定其中的哪一位最有资格获得培训名额,同时也能为公司员工所接受。

(三)角色扮演法

在这种测试中,主试设置了一系列尖锐的人际矛盾与人际冲突,要求被试者扮演某一角色并进入角色情景,去处理各种问题和矛盾。主试观察和记录被试者在不同人员角色的情景中表现出来的行为,测评其素质潜能,或评价被试者是否具备某些素质特征以及个人在模拟的情景中的行为表现与组织预期的行为模式、与担任职位角色规范之间的吻合程度,来预测被试者的个性特征与工作情景间的和谐统一。

在角色扮演中,主试对受测被试的行为表现一般从以下几个方面进行评价:第一,角色适应性。被试是否能迅速地判断形势并进入角色情景,按照角色规范的要求采取相应的对策行为。第二,角色扮演的表现,包括被试在角色扮演过程中所表现出来的行为风格、人际交往技巧、对突发事件的应变能力、思维的敏捷性等。第三,其他能力,包括被试在扮演指定的角色处理问题的过程中所表现出来的决策、问题解决、指挥、控制、协调等管理能力。

示例5-9

某省公开招聘某国有大型集团公司总经理角色扮演题目

某省在公开招聘某集团公司总经理面试环节中加入角色扮演测试,主要是基于以下考虑:首先,总经理的首要职责是调动一切积极因素,团结公司员工形成合力,顺利完成董事会制定的战略目标,这就需要总经理具备很强的沟通协调能力,而角色扮演对于检测应试者的沟通协调能力具有较高的信度和效度;其次,加入角色扮演测试,模拟真实的工作场景,诱发应试者的真实行为,能更准确地测试应试者的实际工作能力和性格；最后，在角色扮演测试中加入压力测试，能有效降低应试者的掩饰效应，以求更真实地反映应试者在现实工作中的能力素质。

应聘者的角色身份是集团公司刚上任的总经理，配合者包括：集团公司分管人事的副总凌某、A子公司（该公司一年前刚被并购进集团公司）的总经理张某（此人人际关系好但能力平平）、A子公司常务副总沈某（此人懂管理且精通业务）。

测试情境如下：

今年是集团公司对子公司推行绩效考核的第一年，各子公司抵触情绪较大。春节前，A子公司绩效考核在集团排倒数第一，只能发30%的绩效奖金，员工不满情绪严重，危机一触即发。忐忑不安的张某找到了总经理（应聘者）评理，认为A子公司绩效低是集团年初考核指标定得过高、集团对A子公司项目选择出现决策失误等诸多原因造成的，不能怪罪A子公司，要求全额发放绩效奖金。集团公司分管人事的副总凌某认为集团应坚持原则，不能放松对A子公司的考核。而沈某因在A子公司被张某孤立，工作无法开展，找到总经理递交辞职信，要跳槽到同行业另一家公司。此外，总经理还要赶飞机与重要合作伙伴签约。

此题测试目的：

考察应聘者在面对贯彻集团公司政策、维护子公司稳定、安抚关键管理人员、绩效推行受阻、对外签约时间冲突等诸多困难时，如何在有限的半个小时面试时间内做出正确决策。

第六节　大数据和人工智能技术在人员甄选中的运用

一、基于大数据和人工智能技术，人员甄选中的非显性因素评估将更科学

在传统的人才评价机制中，道德、团队合作等非显性因素由于难以量化和定性易流于形式，但在大数据基于相关关系的分析逻辑和人工智能精确算法的框架下，应聘者评价所牵涉的内容将更加多元化，评判依据也将随着数据的丰富更趋于理性。例如，IBM　Waston（IBM认知计

算系统的一个杰出代表，也是技术平台）已经开始研究候选人的性格。先让候选人给机器发送信息，机器人会在几秒钟之内给出一个完整的候选人性格报告。这项技术运用人工智能分析文本，可以推断候选人的性格特点。

二、大数据的数据挖掘功能可以填补应聘者潜力评估的空白

人才素质包括两个方面：一是现有的素质和能力；二是可待开发的潜力。在当前的人才评价机制中，潜力的权重被严重弱化，因为潜力非常难以量化考察，而在日趋精密的数字技术条件下，依托搜集来的信息，应聘者的行为不再被视为互不相关、随意偶然的独立事件，而是被视为相互依存的奇妙大网的一部分，是相互串联的故事集中的一个片段。利用数据挖掘技术的优势，可以从候选人既存行为中归纳并推测其潜在能力，实现以点破面的效果，从而使人才甄选不必拘泥于当下的素质能力，能做到主动预测人才潜力，及早发现人才价值。

三、大数据、人工智能以及区块链技术可以帮助预测应聘者未来的工作表现

过去只能通过复杂的测评手段才能获得的人才信息，在当下已经能够从人力资源大数据中获取，而且其数据的成本要低廉得多。根据大数据、人工智能以及区块链技术，员工的求职简历、面试表现、工作绩效、工作能力、离职情况、诚信记录等一系列工作和社交行为数据将在网络中留下痕迹，人工智能可以筛选出数以百万计的非结构化数据，通过使用机器学习、适应性在线评估和游戏来预测特定角色的工作表现，缩短员工的甄选周期，提高甄选效率。

四、人才甄选可以摆脱少数面试官的经验判断，保证人岗的匹配度

过去，在面试过程中，企业更多地依靠面试官的直觉和经验来判断应聘者是否匹配应聘岗位，而运用大数据分析技术可以填补人员甄选中的主观猜测部分，提供更为客观的应聘者数据资料，以帮助面试官做出科学的录用决策。通过大数据搜集技术得来的求职者个人信息，不仅包

括与其申请的岗位直接关联的技能、经验、性格等要素，还囊括了个人方方面面的信息，如兴趣爱好、社交圈子、生活状态等。只要在保护个人隐私的前提下有节制地加以提取，便能够对求职者个人形成"全息搜索"，获得其综合情况、发展潜力的立体信息，给人才精准"画像"，保证企业的录用决策有充分的参考标准。

阅读案例5-10

宁波市鄞州区：大数据给干部"画像"

干部是否胜任当前工作？是否具有发展潜力？是否存在负面风险？

浙江省宁波市鄞州区从2015年起运用大数据思维，通过常态化采集、精细化分析、合理化运用等方式，探索建立起基于大数据的干部识别选拔新模式，用科学的方法代替过去识人凭经验、用人凭印象的做法，有力推动了干部工作由感性化向数字化转变。

"将数据采集常态化，通过多途径多元化的日常信息收集将干部信息及时录入大数据库，'一人一档'建立实干实绩清单。"江东区委组织部相关负责人表示，定期考核"集中性收集"、日常考察"常态化收集"、部门联动"全方位收集"等多元方式的三管齐下，使得数据采集日益常态化。截至目前，来自不同时期、不同类别、不同部门的数据汇总成1 000余份干部实干实绩及能力素质清单，500余名鄞州区干部有了自己的虚拟"肖像图"。

这套数据库包含"工作绩效""胜任度""负面信息"三方面内容，精细化分析数据，内容丰富，架构明晰。前两项涵盖了目标任务进展、特色工作推进、获得奖励荣誉、群众工作能力、攻坚克难水平等8大类25项指标要素，对干部学习能力、业务能力、创新能力、个性特点、内在素质等进行汇总分析，绘制干部学历分析图、知识储备图、能力素质图、经历成长图和发展走势图，摸清干部发展潜力所在。

该系统"负面信息"板块通过收集纪检监察、公检法、审计、信访等部门掌握的问题线索，设置了违规违纪、作风不实、为官不为、重要事项推进不力等12个负面指标，对一些苗头性、倾向性问题进行分类汇总，并按照红、橙、黄、绿4种颜色分别标注，以显示问题严重程度。目前，该区已有干部负面信息清单 80 余份，涉及干部 36 人。

如何合理使用这些数据，让干部工作更精准？

"这些数据与干部的特点、本质具有关联性，系统的每块内容都能反映干部的某项素质。"江东区委组织部表示，通过对发展潜力指数的纵向分析和横向比对，使"数据说话"，做到人岗精准匹配，如决策果断的"狮子型"干部可作为街道党工委书记等一把手岗位的后备人选，协调能力好的"管理型"干部可作为街道办事处主任等岗位的后备人选。而通过分析胜任度，干部评先评优、考核定级有了重要依据；通过负面信息的综合分析进行有效的监督管理，发现问题苗头，及时约谈提醒。

经过一年多的运行，该模式明显提升了干部选拔任用的透明度，一批想干事、敢干事、善干事的干部脱颖而出，走进组织视野，有效提升了整个干部队伍的工作积极性。

资料来源：李攀. 宁波江东："大数据"给干部"画像"［EB/OL］.（2016-05-26）［2023-07-19］. http://www.zjdj.com.cn/zx/xw/dyzd/201606/t20160608_1613100.shtml.

关键术语

recruitment　　人员招聘

personnel assessment　　人员测评

reliability　　信度

validity　　效度

written examination　　笔试

interview　　面试

psychological test　　心理测验

Assessment Center　　评价中心技术

本章思考题

1. 人员招募的渠道有哪些？
2. 数字化时代的人员招募有何特点？
3. 什么是人员测评的信度和效度？

4. 笔试主要测试候选人的哪些胜任力？其优缺点是什么？
5. 什么是行为性面试？如何编制面试题目？
6. 什么是心理测验？有何特点？其主要类型有哪些？
7. 人格测验的方法有哪些？
8. 什么是评价中心技术？其主要方法有哪些？
9. 数字化时代的人员甄选有何特点？

课堂讨论

招聘一位项目经理

主考官：请告诉我一件你最近在工作中与其他人共同解决问题的事件。

应聘者：还是在今年5月的时候，当时我和一个同事在编写一个应用软件时，出现了一些不同的看法——在一个算法的实现上应该怎么做，我们两个意见不一样。当时时间特别紧，大概还剩十天的时间就要求结项了，但是，我们就因为那个问题吵了三天，就是什么事也不干，对这个问题应该怎么做不断地吵。我觉得做事情肯定会有意见不一致的时候，争论也是有必要的，可以找到最好的办法。最后结果不是我们两个人原始的意见，好像还去过图书馆，但还是一起做出来了。

问题：
1. 你认为考官提出这个问题主要想考察应聘者哪方面的胜任特征？
2. 这个回答能体现出我们需要的胜任特征吗？为什么？

资料来源：作者调研并整理资料。

小组活动

角色模拟练习

背景资料：某液压股份有限公司是1996年上市的省级高新技术企业，是一家军民结合型的专业化企业，现有员工2 000余人。经过四十余年的创业发展，已经成为军民结合型航空航天和民用工程的专业化大型骨干企业，是国务院批准的全国基础件特定振兴企业之一，承担了多项国家高新工程、航空、航天重点工程研制配套项目，是典型的"寓军于民"企业。公司拥有一支500多名具有高、中级专业技术职称科研人员组成的技术队伍，是企业成长发展的主力军。公司广泛为国内工程机械、建筑机械、矿山机械、冶金机械、船舶机械、工业机械、铁路机车等行业的液压系统提供配套产品。该公司拟进行校园招聘，招聘的岗位有：会计1名；维护工程师1名；行政助理1名。

任务：各个小组分为招聘组、应聘组（各占50%，请为自己的小组设计一个logo）。

招聘组任务：请为某一个岗位的招聘设计一次面试活动，面试题目在5~8个。

应聘组任务：制作简历，参加面试。

资料来源：根据https：//zhuanlan.zhihu.com/p/355735372？utm_id=0整理而成。

第六章　数字化时代的人员培训与开发

▍导入案例

思科公司的互联网培训

自 1997 年起，思科公司就开始将互联网技术应用于内部管理、运营系统和培训系统。

一、WebEx：在线培训的首选

收购 WebEx 后，思科很快将其应用到内部会议和大量培训中。通过 WebEx，员工坐在办公室就能参加网络研讨会、现场培训与学习、在线演示、常规会议等，即使在出差中，也能分享培训成果，随时与他人交流。从参与者角度看，他们可以在任何拥有 Internet 的电脑上，甚至智能手机上，在世界任何地方接入 WebEx，让所有人都关注同一页面，讨论同一件事。如果通过电子邮件、即时通信工具等邀请其他人参会，则被邀请者仅需点击邀请中的链接，使用单个用户名与密码登录便可在提示下与大家进行在线学习、互动。一旦互动开始，只需点击菜单中的"分享"键就能够共享文档、演示文稿和应用程序。

因此，WebEx 产品应用成为思科推动在线沟通与协作的首选策略。思科通过在线教室为员工、客户和其他相关方构建了一个动态的学习环境，并提供实时测试和评分、自动考勤、即时反馈工具、评估跟踪、分组讨论会议室、实习实验室等众多功能。

二、网真：面对面的无障碍沟通

2006 年，思科推出的网真（TelePresence）系统是创新战略的最好例证，它将面对面网络沟通能力发挥得淋漓尽致，颠覆了网络时代的商业模式，带来了一种全新的学习与工作方式改革。员工仅需极少的操作培训，便可以通过增加交互性来减少交通差旅和资源浪费，有效地打破距离的障碍，从而帮助参与者大幅提升沟通与工作效率，推进企业的信息化建设与全球化步伐。

从体验来看，网真系统借助网络可超越时空距离，传送和再现真实环境。同时，结合真人般大小的视频图像、CD品质的立体声音频等，给参与者带来一种身临其境的感觉——坐在同一个虚拟会议桌，你会感觉与对话方共处一室。

资料来源：思科，基于协作的在线学习和实时培训［EB/OL］．（2021-10-31）［2023-07-19］．https：//max.book118.com/html/2021/1031/6151103201004035.shtml.

从思科公司的案例可以看出，在数字化时代，培训的内容和方式正在发生颠覆性变化。那么，企业该如何确定培训与开发的需求？该采用哪些方法进行培训与开发？该如何评估培训的效果？本章将对这些内容进行阐述。

第一节　人员培训与开发概述

一、人员培训与开发的内涵

人员培训与开发，是指组织根据组织战略目标，采用各种方式对员工实施的有目的、有计划的系统培养和训练，使员工不断更新知识，开拓技能，改进态度，提高员工在现有和未来岗位上的工作绩效。

人员培训与开发是两个既有重叠又有区别的概念。人员培训是指企业为员工提供目前工作所需的知识和技能所设计的活动，它以满足当前工作需要为目的，是一个短期过程；人员开发也是企业为提高员工的知识和技能所设计的活动，但它关注的是企业未来发展的需要，为的是能使员工和企业的发展保持同步，开发是一个长期的过程。

二、人员培训与开发的意义

随着科学技术的快速发展，社会的不断进步，企业竞争的日趋激烈，客户需求的不断变化，事对人的要求越来越高、越来越新，人与事的结合常常处在动态的矛盾之中。今天你是很称职的职工，但如果不坚持学习，明年就有可能落伍。因此，人与事的不协调是绝对的，解决这一矛盾的有效方法之一是进行人员培训和开发。

人员培训和开发对于企业的意义在于：

（一）有助于改善企业绩效

企业绩效的实现是以员工个人绩效的实现为前提和基础的。有效的培训开发工作能帮助员工提高知识、技能，增进对企业战略、经营目标、规章制度及工作标准等的理解，提高他们的忠诚度，从而有助于改善员工的工作绩效，进而改善企业绩效。一项对美国大型制造业公司的调查显示，公司从培训中得到的回报率可达20%~30%。

（二）有助于提高员工的工作满足感

工作满足感是员工的一种工作态度，它是企业正常运转的必要条件之一。员工对工作的期望与实际回报的比较结果决定其工作满足的程度。对员工进行培训和开发，可以使员工感受到企业对自己的重视和关心，提高员工对自身价值的认识，对工作目标有更好的理解，有助于提高员工的工作满足感。百事可乐公司曾对深圳270名员工中的100名进行了一次调查，这些人几乎全部参加过培训，其中80%的员工对自己从事的工作表示满意，87%的员工愿意继续留在公司工作。

（三）有助于培育企业文化

良好的企业文化对员工具有强大的凝聚、规范、导向和激励作用，因此，很多企业在重视规章制度建设的同时也越来越重视企业文化的建设。作为企业成员共有的一种价值观念和道德准则，企业文化必须得到全体员工的认可，需要不断地对员工进行宣传教育，而培训和开发则是非常有效的手段。

三、培训流程

人员培训的流程包括以下四个环节。

（一）培训需求分析

培训需求分析是在规划与设计每项培训活动之前，由培训部门采取一定的分析方法和技术，对组织及成员的目标、知识、技能等方面进行系统的鉴别与分析，以确定企业是否需要进行培训与开发活动以及培训内容的一种活动或过程。它是确定培训目标、设计培训计划、有效地实施培训的前提，是现代培训活动的首要环节，是进行培训评估的基础，对企业的培训工作至关重要，是使培训工作准确、及时和有效的重要保证。

(二) 制订培训计划

制订培训计划的步骤包括制定培训目标、确定培训内容、确定受训人员、选择、购买、编写教学大纲和教材、费用核定与控制等。

(三) 培训实施

培训实施的步骤包括确定培训时间和培训地点、安排培训课程、选择培训讲师、选择培训形式和方法、培训实施的其他细节等。

(四) 培训效果评估

培训效果评估是指在受训者完成培训任务后，对培训计划是否完成或达到效果进行评价、衡量。培训作为一种人力资本投资，其投资效果往往较难通过直观手段检测出来，容易使人们对培训效果产生怀疑。因此，有效的培训评估就显得格外重要。

第二节 培训需求分析

企业之所以产生培训需求，是因为企业出现了问题或可能出现问题，这些问题就成为培训的压力点或培训需求产生的原因，主要包括：绩效问题；新技术的产生；内部或外部顾客的培训需求；工作的重新设计；新立法的出台；顾客偏好的变化；员工基本技能的欠缺。

关于培训需求的分析方法，美国学者麦吉（Mcgehee）和赛耶（Thayer）在1961年出版了他们合著的《企业与工业中的培训》一书，提出了三种分析法，即组织分析、任务分析和人员分析。这种三维度的分析思路至今仍被用来指导企业的培训工作。

一、组织分析

组织分析是从整个组织层面展开的，包括两个方面的内容：一是对企业未来的发展战略方向与目标进行分析，以确定培训的重点和方向；二是对企业的整体绩效做出评价，找出存在的问题和产生的原因，以确定目前的培训重点。

(一) 不同发展战略下企业培训的重点与方向

企业的发展战略不同，经营的重点也不同，因此，培训的重点和方向也不尽相同，表6-1列出了四种不同发展战略之下培训的重点和方向。

表 6-1 不同发展战略下企业培训的重点

发展战略	经营重点	达成途径	关键事项	培训重点
集中战略（主攻某一特殊客户群、某一产品线）	提高市场份额、减少运营成本、开拓并维持市场定位	提高产品质量、提高生产率或革新技术流程、按需要制造产品或提供服务	技能先进性、现有员工队伍的开发	专业化培训、团队建设、跨职能培训、人际交往技能培训
内部成长战略（依靠内部活动取得成长）	新市场开发、新产品开发、革新	销售现有产品、增加分销渠道、拓展全球市场、调整现有产品、创造新的或不同产品	创造新的工作、任务、革新	创新文化培训、培养创造性思维培训、工作中的技术能力培训、管理者反馈、沟通和谈判技能培训
外部成长战略（依靠与第三方的关系取得成长）	横向一体化、纵向一体化、集中多元化	兼并在产品链条上与公司处于相同阶段的企业、兼并能够为公司提供原料或购买产品的企业、兼并其他企业	整合、富余人员、重组	判断被兼并公司的雇员的能力、培训系统的一体化、合并后公司中的办事方法和程序、团队培训
紧缩投资战略（从现有经营领域抽出投资，缩小经营范围，休养生息）	精简规模、转产、剥离、债务清算	降低成本、减少资产、创造利润、重新制定目标	效率、裁员与分流	寻找工作技能的培训、跨专业培训、目标设置、时间管理、压力管理、人际沟通培训

（二）对企业的整体绩效做出评价

这里需要设置对企业进行绩效考核的指标和标准，将企业目前的绩效与设定的目标或者以前的绩效进行比较，当绩效低于标准水平或绩效水平下降时，就构成培训需求的"压力点"，接下来要对这些压力点进行分析，提炼出现实的培训需求。例如，通过对企业绩效的评价，发现产品不合格率较高时，就要去分析原因：如果是员工操作不规范引起的，就要进行操作规范化培训；如果是员工质量意识不足引起的，就需要进行质量意识的培训；但如果是士气低落引起的，就需要采取其他措施加以解决。

二、任务分析

通过任务分析形成对工作任务的详细描述，包括岗位的关键任务，以及完成任务所需要的知识、技能和行为方式，这些将成为在培训中需要强调的内容。

任务分析的方法有工作分析法、缺陷分析法和技能分析法。

（一）工作分析法

根据工作说明书确定工作的职责和所需的知识、技能，以此作为培训的重点内容。

阅读案例6-1

某呼叫中心服务人员培训需求分析

根据工作说明书，某呼叫中心服务人员的岗位主要任务有：通过电话开展热线服务；执行任务的频次：每个工作日；各项任务的完成标准：达到规定的服务质量标准；完成任务的条件：使用计算机、网络和电话系统；每项任务所需要的技能和知识：服务产品专业知识、客户服务知识、电话服务知识、良好的沟通技巧、计算机操作及相关软件应用。

根据岗位主要任务，确定以下培训内容：服务产品专业知识；客户服务基础；电话礼仪；塑造专业的声音；服务界面操作、数据整理和表格制作。

资料来源：作者调研并整理资料。

（二）缺陷分析法

如果某项工作中的事故或者缺陷较多，通过分析缺陷产生的原因，以采取有针对性的培训来消除事故或缺陷。

阅读案例6-2

某电梯公司的培训

一家电梯公司发生了多起安全事故,导致多人受伤。通过分析事故原因,发现主要问题来自三个方面:一是缺乏电梯保养操作流程的培训。二是员工安全意识薄弱,在工地上不穿安全鞋、不戴安全帽的现象非常普遍。三是监督处罚力度不够。由此确定该公司安全培训的内容:第一,保养流程培训。第二,安全危险源的识别。让员工清楚存在哪些安全隐患,提高掌握识别安全危险源的能力。第三,安全防护用品的使用。培训学员在工地上穿安全鞋、戴安全帽等安全防护用品。

资料来源:作者调研并整理资料。

(三)技能分析法

对某个岗位上员工现有技能与胜任这个岗位必须具备的技能进行比较、分析,以确定培训需求,其依据是胜任素质模型。

阅读案例6-3

惠普的销售人员培训需求

在惠普,"卓越销售培训"拥有成型的课程设计体系。首先,参加培训的销售人员要做角色定位。第一步是机器问答,系统中有180多档的测试题目,通过销售人员的回答来评估其行为能力和业务能力。第二步,为避免机器问答的单一性,销售人员还要与其经理进行一对一的问答,列出需要改进的方面。第三步,对以上两步的结果综合分析,每名销售人员都会得到一份个人发展计划表。这个表会详细列出销售人员哪些方面强、哪些方面弱,以及需要改进的方面。其次,"卓越销售培训"会生成全面的能力评估模型,为参加培训的销售人员做进一步的评估。比如,对于销售经理,能力评估模型会评估其究竟具备什么样的能力,如业务管理能力、人员管理能力、行业知识能力、公司知识能力等,以及这些能力现阶段处于什么水平。可见,惠普的"卓越销售培训"并不是一味地将知识灌输给销售人员,而是先要根据销售人员的实际情况进行分析和评估，之后定制化地实施培训。

资料来源：惠普公司培训体系全剖析［EB/OL］．（2017-07-30）［2023-07-19］．https：// www.docin.com/p-1983308388.html.

三、人员分析

（一）绩效分析法

绩效分析法是通过分析员工目前绩效水平与预期绩效水平的差距来判断是否有进行培训的需要。

绩效分析的操作步骤为：第一，分析绩效状况。员工是否出现绩效低下、经常受到顾客投诉、在工作中出现事故或不安全行为。第二，分析绩效缺陷的原因。员工绩效低下有很多方面的原因，如能力不足、缺乏积极性、工作职责不明确、绩效标准不明确、工作系统存在障碍、缺乏必要的工作协助等。第三，确定培训需要。只有当员工较差的绩效来自技能或者知识方面的原因时，才会产生培训需要。例如，一个卡车运输司机的任务是向医疗机构输送麻醉气体，有一天，这个司机在送气的时候，将麻醉气体的输送管线与一家医院的氧气供应管线连在一起，导致这家医院的氧气受到污染。其原因可能是：缺乏连接麻醉气管线的正确知识；对最近主管拒绝给自己加薪感到不满；医院连接气体管线的阀门没有标识。只有当司机"缺乏连接麻醉气管线的正确知识时"，才可以通过培训来解决问题。

（二）人才画像法

通过对员工全面、即时的数据予以采集和更新，管理者能够掌握员工人格、教育背景等稳定的个体特征，以及资历、个人技能等工作中会发生变化的状态特征，甚至个人影响力、员工间互动情况等关系动态特征，得到针对个体的人才画像。据此，管理者可以识别学习和培训需求。以亚信公司的人才培训方案为例，亚信利用员工的核心特质、关键优势和不足等人才信息，通过360度个人述职报告、述职分析报告和访谈记录建立了员工的人才画像，使得组织对员工有多面、细致的了解，并基于这些数据，分析、识别和配置员工的培训项目。

（三）机器学习法

机器学习法的操作步骤如下：

1. 员工偏好建模

通过对员工在培训学习过程中的课程资源、学习任务、学习圈子、用户类型、用户及行为、学习风格、途径等特征进行偏好建模与提取，并进行深度分析，挖掘出员工潜在偏好，为个性化推荐服务打下基础。这里，员工偏好的信息通常包括员工的基本信息（姓名、性别、年龄、部门、级别等）、评论、浏览、收藏、下载、分享、转发、直播回看、定制服务等，还包括课程完成情况、历史信息。通过对这些信息的聚类分析等，就可以形成员工的若干偏好特征标签。

2. 课程标签

按照学习地图对课程进行分级、标签化，这些课程包括通用类、专业类、视频直播类，这可以被理解为课程的官方标签。同时，员工也可以为课程添加民间标签，作为课程的补充属性。

3. 个性化推荐课程

有了员工的若干行为偏好特征标签，就可以根据课程标签进行个性化推荐了，但在实际操作过程中，员工可能并不买账，认为有些课程不是他或她所需要的。这就需要根据员工的学习风格和学习习惯不断进行机器学习调优，最终实现当员工想学习的时候，系统已经将相关课程推送到位。

第三节　人员培训与开发的方法

员工培训与开发的方式方法是多种多样的，近年来，随着互联网技术和人工智能技术的发展，又出现了一些新的方法。不同的方法适用于不同的个人、不同的问题，其产生的效果、花费的成本也各不相同。因此，选择恰当的方法对于培训的实施及培训的效果具有非常重要的影响。一般来讲，培训与开发的方法有以下三类。

一、讲座法

（一）讲授法

讲授法是指教师按照准备好的讲稿系统地向学员讲授知识的方法，适用于向群体学员介绍或传授某单一课题的内容，主要有灌输式讲授、启发式讲授和画龙点睛式讲授三种方式。这种方法要求授课者对课题有深刻的研究，并对学员的知识、兴趣及经历有所了解，因此，讲课教师是讲授法成败的关键因素。

讲授法的优点是传授知识比较系统、全面，缺点是容易导致理论与实践脱节。

（二）视听法

视听法是以电视机、录像机、幻灯机、投影仪、收录机等视听教学设备为主要培训手段进行训练的方法，多用于新员工培训。

视听法的优点是教学方式直观，学员可以自己观察和体会；缺点是教师和学员之间缺乏互动。

（三）远程培训

远程培训是通过卫星及多媒体设备，在处于分散地域上的受训者和培训师之间实现声音、影像和文字的同步传输，即时的互动沟通，以达到培训的目的。

远程培训的优点是节省费用、互动快捷，缺点是教师与学员的互动受限。

（四）人工智能化辅助培训

人工智能化辅助培训不再是单纯传授知识和技能，而是以认知科学和思维科学为基础，综合人工智能技术，通过研究受训者学习思维特征和过程，发现学员的学习模式，从而基于学员特征，实现精准的个性化培训。

人工智能培训的优点是可以在一定程度上实现个性化培训，缺点是当前的智能化水平有待提升。

阅读案例6-4

小米打造云学习 ELN 平台

作为一家员工平均年龄只有27岁、组织结构非常扁平的互联网公司，小米人喜欢去探索、去发现，乐于接受新事物和新知识，员工在个人成长上求知欲也很强。2018年，小米开始打造自己的云学习 ELN 平台，考虑到企业特点和员工特点以及其他各方面因素，小米的 ELN 平台注重精品课程资源的打造、个性化的智能匹配和连贯的学习氛围。根据不同的职能和岗位，每个学员的 ELN 界面上推荐的课程是不一样的。同时，为了保证课程品质，平台每月只会更新 2~3 门公开课。如果学员想提前解锁下一个月的课程，必须先学习完规定课程，争取相应积分，用积分提前解锁课程。如果学员看到某一门课程特别好，想收藏用于后续反复学习，也需要花费相应积分。甚至某一门课程特别受欢迎，学员很想参加线下课程，也需要花费相应积分进行众筹。

智能模式下的学习解锁方式、学习云端的资源稀缺性都能刺激并保障每一位小米员工的学习需求。此外，定期的讲师答疑和分享、建立课程群组织相关活动、积分奖励等方式确保学习氛围的活跃和持续。正式上线后，ELN 平台对公司内部员工覆盖率已达 90% 以上，每次课程留言讨论数上百条，每个人的学习状态都可控可跟踪，培训成果清晰可见，真正做到让每一个人的需求都能得到"云"的回应。

资料来源：王小薇. 智能云时代组织人才发展实践［J］. 哈佛商业评论，2018（10）：10.

二、互动法

（一）讨论法

这是一种对某一专题进行深入探讨的培训方法，比较适合管理层人员的训练或用于解决某些具有一定难度的管理问题。

采用讨论法培训时，必须由一名或数名指导训练的人员担任讨论会的主持人，对讨论会的全过程实施策划与控制。参加讨论培训的学员人数一般不宜超过 25 人，也可分为若干小组进行讨论。在讨论过程中，要求培训人员具有良好的应变、临场发挥和控制的才能。在结束阶段，培训人员还要进行归纳总结。

（二）案例研讨法

这是一种用集体讨论方式进行培训的方法，与讨论法的不同点在于：案例研讨法不单是为了解决问题，而且侧重培养受训学员分析判断及解决问题的能力。在对特定案例的分析、辩论中，受训学员集思广益，共享集体的经验与意见，有助于将受训的收益应用在未来实际业务工作中，建立系统化的思维模式。同时，受训学员在研讨中还可以学到有关管理方面的新知识、新原则。

采用案例研讨法时，培训人员要事先对案例有充分准备，深入了解受训群体的情况，确定培训目标，收集客观、实用的资料加以选用，根据预定的主题编写案例或选用现成的案例。在正式培训中，给予受训学员足够的时间研读案例，引导他们身临其境、感同身受，使他们如同当事人一样去思考和解决问题。

（三）角色扮演法

这是一种模拟训练方法，适用的对象为实际操作人员或管理人员，多用于改善人际关系的训练。该方法由受训学员扮演某种训练任务的角色，使他们真正体验到所扮演角色的感受与行为，以发现及改进自己原先职位上的工作态度与行为表现。

在角色扮演法训练中，受训学员常常要扮演自己工作所接触的对方角色，进入模拟的工作环境，以获得更好的培训效果。采用角色扮演法培训时，扮演角色的受训学员数量有限，其余受训学员要在一边仔细观察，对角色扮演者的表现以"观察记录表"方式，对其姿势、手势、表情和语言表达等项目进行评估，才能实现培训效果。观察者与扮演者应轮流互换，这样就能使所有受训者都有机会参与模拟训练。

（四）商业游戏

商业游戏主要用于管理技能开发的培训中，它将参加培训的人员分成若干组，每组代表一家公司，根据公司的目标（如增加销售量或提高股票价格），对各项经营策略，诸如劳工关系（如集体谈判合同的达成）、市场营销（如新产品的定价）、财务预算（如购买新技术所需的资金筹集）、人员招聘（如招聘预算、招聘渠道）做出决策，并通过计算机在模拟的市场中与其他企业竞争。

（五）虚拟现实培训

虚拟现实（virtual reality，VR）又称灵境技术，是20世纪发展起来的一项全新的实用技术，是由计算机对三维图像或三维环境生成的仿真情境，人们可以使用特殊电子设备，如VR眼镜、头盔、装有传感器的手套等，以看似真实或看似实物的方式与环境进行互动。

传统的培训很难真实再现某些特定的工作场景，尤其是危险行业的工作场景。一个新入职医生可以学习书籍，并观察其他外科医生的手术，但这些都无法让他体会到亲自操刀的感觉，运用虚拟现实和增强现实技术则可以做到。虚拟现实培训利用智能设备生成交互式三维动态视觉实景效果的培训环境，打造出全真沉浸式的虚拟空间，让受训者穿梭于虚拟的环境中，多角度、多层次体验受训项目，体验者可从视觉、听觉等方面深刻感受。2017 年，全球知名快餐连锁店肯德基推出了名为"The Hard Way"的虚拟现实密室逃生训练游戏，在 10 分钟内教授新员工炸鸡的基础知识。事实证明，这种沉浸式学习方式既有趣又有效，将员工掌握技能所需的培训时间缩短了 50%以上。

阅读案例6-5

VR 在安全教育培训的四个商业应用场景

目前，VR 应用最为广泛的就是 VR 安全教育培训。VR 可以通过建立虚拟场景还原伤害发生过程，让体验者从视觉、听觉等方面深刻体验各类伤害给人的冲击感。

一、VR+电力安全教育培训

VR+电力培训解决方案，以现实培训环境为基础，基于沉浸式虚拟互动仿真技术搭建典型电力作业场景，让学员身临其境地置身于各种复杂、困难的电力生产虚拟现实环境之中，在确保人身安全的前提下进行高仿真的虚拟培训，有效提升学员的应变能力和实操技能，提高了培训效果，突破了时空限制，降低了培训成本。

二、VR+建筑工地培训

如今，人们越来越重视建筑施工安全，利用 VR 可以打造出真实准确的虚拟现实版工地，作为案例来宣传；也可以利用 VR 技术制成一个小游戏，让工人们通过游戏身临其境地了解建筑工地的一些安全知识和安全操作。通过互动程序设计和 VR 技术处理，搭建虚拟场景，结合 VR 眼镜实现动态漫游，让体验者获得更加逼真的感受，如体验电击、高空坠落、脚手架倾斜等效果，从而提高工人的安全意识，真正让新科技推动项目安全生产。

相比传统的工地体验馆，BIM+VR 技术下的"三合一"建筑 VR 体验馆具有以下优势：第一，VR 体验比实体体验能够展现更多的场景，如很难搭建的场景、危险性很高的场景等，同时，VR 场景更加真实完整，体验感更强，安全教育效果更好。第二，可以虚拟当前的实际项目。在当前项目中的某个位置进行安全模拟，让人员直接进行虚拟安全体验，教育效果更直接，也更贴近实际。第三，可以激发工人参加安全教育的兴趣，增强其对安全事故的感性认识，变过去那种被动式的知识传授为主动地学习安全知识。第四，进入虚拟环境可对细节、做法进行学习，获取相关数据信息，同时进一步优化流程、提高技能。第五，虚拟环境中的质量模型样板由软件输出，有效避免了工人技能差别带来的样板差异，同时避免了材料和人工的浪费，符合绿色施工的理念，降低了成本。

三、VR+煤矿井下安全培训

利用虚拟现实技术模拟井下各种复杂的作业环境，供采矿工程专业的学生实习训练，既可降低实习费用，又能缩短教学时间；对井下工人进行上岗前的操作及安全教育培训，虚拟井下的各种工况及险情，使被训练者身临其境地去体验，学会采取有效的应急措施去处理各种险情，以提高人员素质、消除事故隐患。

四、VR+交通安全培训

利用 VR 技术通过创建虚拟交通体验场景和实现人机交互功能构建的交通安全教育培训系统，不仅能让广大交通参与者身临其境般融入虚拟交通环境中，体验各种交通行为，学习交通安全知识，还可以通过逼真的虚拟交通训练来提高各项交通安全技能，如醉酒驾驶交通事故模拟体验等。

资料来源：VR 虚拟现实技术在安全教育培训中的应用场景［EB/OL］．（2019-04-30）［2023-07-19］．http：//www.pppbaike.com/935830.html.

（六）行为塑造法

行为塑造法是指向受训者提供一个演示关键行为的模型，并给他们提供实践的机会。该方法基于社会学习理论，适于学习某一种技能或行为。

有效的行为塑造培训包括四个重要的步骤：第一，明确关键行为。关键行为是指完成一项任务所必需的一组行为。通过确认完成某项任务所需的技能和行为方式，以及有效完成该项任务的员工所使用的技能或行为来确定关键行为。第二，设计示范演示，即为受训者提供一组关键行为。录像是一种主要的示范演示方法，示范演示也可通过计算机进行。第三，实际演练。让受训者演练并思考关键行为，将受训者置于必须使用关键行为的情景中，并向其提供反馈意见。如条件允许，还可以将实践过程录制下来，再向受训者展示正确的行为及如何改进自己的行为。第四，应用，即让受训者做好准备，在工作当中应用关键行为，以促进培训成果的转化。

（七）导师制

导师制是受训者以一对一的方式向经验丰富的同事学习。导师可以是年长或有经验的员工，也可以是组织中的任何人。导师制具有以下特点：第一，导师关注的不仅仅是工作上的问题，还关注个人问题；第二，鼓励长期的一对一的支持关系；第三，强调导师言传身教的榜样作用；第四，注重隐性知识的传递。

阅读案例6-6

华为的导师制

华为的导师制是全员性、全方位的：不仅新员工有导师，所有员工都有导师；不仅生产系统实行导师制，营销、客服、行政、后勤等系统也都实行这一做法。华为认为，所有的员工都需要导师的具体指导，通过导师制能实现"一帮一、一对红"。

对于调整到新工作岗位的老员工，不管其资历多老、级别多高，在进入新岗位后，华为都给其安排导师。导师也许比老员工的工龄短，资历低，但在这个新岗位上他就是你的导师。在华为，刚刚毕业一两年的员工照样可以成为导师。

华为的导师职责比较宽泛，不仅仅在业务、技术上"传、帮、带"，还有思想上的指引、生活细节上的引领等。

为了保证导师制落实到位，华为对导师实行物质激励，以补助的形式给导师每月300元的导师费，并且定期评选优秀导师，被评为优秀导师的可得到公司500元的奖励。更为重要的是，华为把导师制上升到培养接班人的高度来认识，并以制度的形式做出严格规定：没有担任过导师的员工，不得提拔为行政干部；不能继续担任导师的，不能再晋升。

资料来源：最佳实践：华为全员导师制详解［EB/OL］. （2016-02-07）［2023-07-19］. http://www.chnihc.com.cn/research-center/research-case/case-trainlist/11899.html.

(八) AI 陪练机器人

随着数字化技术的发展，AI 技术也被逐渐运用到培训之中，AI 陪练机器人将在未来的培训中心越来越常见。2015 年，欧姆龙公司研发的第四代 FORPHEUS 机器人就被吉尼斯世界纪录认证为首个"乒乓球教练机器人"，那时 FORPHEUS 已经可以发球和应对简单的扣球了。2018 年，FORPHEUS 进一步优化 AI 算法和机械调试，将回球误差控制在 0.1 毫米之内，增设了追踪人类动作的摄像头，可以评估人类的实际运动水平。利用机器学习技术对乒乓球的运动轨迹进行分析，判断对手水平，从而调整自己做到与对手匹配。

2020 年，中国乒乓球学院与上海新松机器人自动化股份有限公司合作研发了 AI 发球机器人庞伯特（Pongbot），不仅在硬件上"拟人化"，更加接近于人；在软件上，研发团队还赋予其分析能力，给它加入了运动轨迹和动作分析等功能。该 AI 发球机器人可以与 App 互联，在手机 App 上设置乒乓球旋转等级、速度等级及落点位置，熟悉训练方案个性化定制，训练者可以将教练制订的训练计划输入程序，然后执行训练。同时，AI 算法能够分析乒乓球运动轨迹，捕捉运动员的姿态，然后给出反馈指令，优化球员打球姿势，再根据运动员的表现，对课程难易程度进行智能调节。训练的数据会同步至云端，可在手机终端实时展现，方便教练和球员了解训练情况。总之，AI 发球机器人参与乒乓球辅助教学，为乒乓球的教学、训练带来了诸多益处。

三、团队培训法

（一）拓展训练

拓展训练是培养团队合作能力的有效方法，它将一群平时一起工作的人集合起来，并将他们带入一个户外的环境或设施中进行体验式、参与式训练。这些户外环境和设施提供了一个与日常工作完全不同的场景，运用多样化的手段来满足不同的参训者。它的目标是让团队成员验证人与人之间的互动行为对团队效率所造成的冲击，掌握建立高效团队的技能，提升团队的创造力，增强团队凝聚力。

拓展训练的课程主要由水上、野外和场地三类课程组成。水上课程包括游泳、跳水、扎筏、划艇等；野外课程包括远足露营、登山攀岩、野外定向、伞翼滑翔、户外生存技能等；场地课程则是在专门的训练场地上，利用各种训练设施（如高架绳网等），开展各种团队组合课程及攀岩、跳越等心理训练活动。

（二）行动学习

行动学习是"在干中学""在反思中学""在学习中学会学习"的有机结合的循环过程。在实践中，应按照以下步骤来实施行动学习项目：第一，选择行动学习主题。行动学习是通过解决工作中遇到的实际问题的过程学习，所以首先要做的是明确学习的主题，即选择拟解决工作中存在的某个具体问题。第二，组建行动学习团队和选择辅导老师。选择并明确行动学习的主题之后，需要成立行动学习的团队。行动学习的团队成员必须能优势互补，有不同的知识结构和工作经验，一方面可以促进良好合作，另一方面可以避免思维惯性造成缺乏新的创意和解决问题的新思想。团队成员的人数也不宜过多，以6~8人为宜。行动学习的辅导老师也是一个非常关键的角色，辅导老师不但要起到传授知识的作用，而且要承担激励者的角色，所以，在选择辅导老师时，要考虑其知识结构以及激发学员学习和思考的技巧。第三，向行动学习团队成员传授解决问题所需的基本知识和经验，并对所需解决的问题进行重新定义。第四，鼓励提出各种解决问题的创意。对所解决问题进行定义后，可以借助头脑风暴法、思维导图法、六顶帽子法等鼓励团队成员提出各种解决问题的创意，不断深入讨论和碰撞，提出解决问题的可行方案，并确定最优方案。第五，展示和评价解决问题方案，不断优化修改。向相关人员展示和讲解团队的解决方案，根据相关的评价和建议，进一步修正，形成最终方案。第六，解决问题方案的执行或实施。

行动学习法的优势很明显：它提供了一个高效、创造性的行动与学习相结合的学习方法。这种方法在快速变化、不确定性较高的工作环境里，显得尤为重要，它有助于解决各种难题，同时有助于培养富有技能的领导和高效的团队。

（三）交叉培训

交叉培训是以团队队友的任务和职责为培训内容的一种策略。通过交叉培训，团队成员可掌握队友所承担的角色等相关信息，从而体会成员之间的活动如何相互依赖、相互作用。

根据深度和方法的不同，可以把交叉培训分为三种类型：浅层次的是职务知识讲解，主要通过培训师讲解或者成员讨论，用口头的方式向团队成员提供其他队友的职务相关信息。中间层次是职务示范。这种方法鼓励团队成员通过观察来掌握队友的职务知识，既可以观察团队的实际运作，也可以观看相关的录像；既可以观察一般团队，也可以观察专家团队。深层次是职务轮换，这种方法要求团队成员暂时轮换到其他队友的岗位，通过见习获得队友在团队中的角色、职责和工作流程等一手信息和经历。

第四节 培训效果评估

一、培训效果评估的基本原则

（一）客观性原则

在评估过程中，评估指标的设计、权重的确定以及具体的定性、定量分析，都应尽量避免评估人的主观因素对评估结果的影响，因此，不仅要由有关专家或专业管理者、培训人员进行打分和评判，还需将受训者的意见纳入评估的考察范围。此外，在采用定性定量相结合的评估方式时，要适当增加可量化指标的权重，淡化评估的主观性。

（二）综合性原则

在目标考核层面，不仅要评估预期目标的实现情况，由培训效果产生的非预期目标也应在评估结果中得到反映；不仅要评估培训方案制定者的目标实现情况，还要与受训者的需求相结合，即评估培训活动是否有助于实现受训者的预期目标。

（三）灵活性原则

要根据评估的目标和评估对象以及评估周期来确定评估方法。同时，接受评估者应享有对评估方案的话语权，评估制定者应在广泛采纳被评估对象意见的前提下，根据具体情况制定出科学的评估方法，并通过在实践中的运用，收集反馈信息，以改进评估方案。

二、培训效果评估的内容

柯氏四级培训评估模式由国际著名学者威斯康星大学教授唐纳

德·柯克帕特里克（Donald L. Kirkpatrick）于 1959 年提出，是目前世界上应用最广泛的培训评估工具。该模型将培训评估划分为图 6-1 所示的四个层次。这四个层次之间不是并列的关系，而是层层递进的关系，当从一个级别进入另一个级别时，评估的程序和内容也会不同。

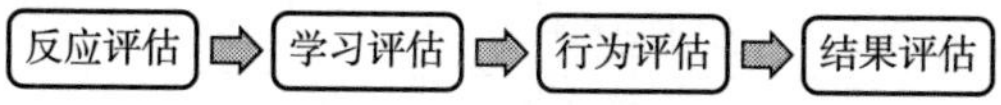

反应评估 ➡ 学习评估 ➡ 行为评估 ➡ 结果评估

图 6-1　柯氏四级培训评估模式

（一）反应

评估受训者的满意程度包括：对讲师培训技巧的反应；对课程内容设计的反应；对教材挑选及内容、质量的反应；对课程组织的反应；在将来的工作中是否能够用到所培训的知识和技能。

（二）学习

测量受训人员对知识、技能、态度等培训内容的理解和掌握程度，即学到了什么。

（三）行为

测量受训者在培训之后工作行为的改变，即受训者是否在工作中使用了他们所学到的知识和技能。

（四）结果

测量培训是否能给企业的经营带来贡献，可以通过一系列指标来衡量，包括硬指标（销售业绩、生产效率、费用节省、质量提高等）和软指标（员工工作习惯得到改进、工作环境得到改善、态度和行为得到改进、员工获得发展等）。

三、培训效果的评估方法

（一）问卷法

一份优秀的问卷通常具备以下特点：以工作目标为基础；与培训目标紧密相连；与受训者的培训内容相关；关注培训中的主要因素，如培训师、培训场地、培训教材和培训主要环节等；评价结果易于量化；能鼓励受训者真实反映结果。评价问卷没有统一的格式，题目也不固定，评估人员可根据评估目的、评估要求和评估重点自行设计，如表 6-2

所示。

表6-2 员工培训效果评估调查表

这是一份培训反馈评估问卷。我们希望通过这份问卷来了解你的学习状况，了解你对此次培训项目的看法，并提出自己的意见及建议。

评价对象	具体的内容	1分	2分	3分
培训组织者	1. 对此次培训计划的整体评价？			
	2. 本次培训的组织安排工作做得是否到位？			
培训课程	3. 你认为此次培训内容有用吗？			
	4. 你认为培训讲师的授课技巧如何？			
	5. 课程内容是否清晰明确？			
	6. 您觉得培训内容对您销售工作的指导性强吗？			
	7. 您认为受训人员参与程度如何？			
	您认为在课程内容方面应有哪些改进？			
培训方法	在此次培训中，您接触到几种培训方法？			
	培训方法的灵活性、实用性程度？			

（二）访谈法

采取访谈方式或者集体讨论方式，通过面对面的交流、分享，互相启发，往往能够达到意想不到的效果，可以询问的问题有："本次培训有什么收获？""培训过程中有什么困难？""现在工作有什么障碍？""对今后可能的培训有什么需求？"……访谈时，应以明确、细致的问题为主，不要问太抽象的问题，这样会使员工感到无所适从。

访谈法的程序如下：

1. 明确需要采集的信息

进行访谈前要有明确的目的。首先确定最高目标，然后将其层层分解，利用思维导图或其他方式确定要采集的信息。

2. 设计访谈方案

明确需要采集的信息之后，就可以根据这些信息的种类选择适当的访谈方案。

3. 测试访谈方案

确定访谈方案后，要尽可能地找出时间，先在小范围内对访谈方案进行测试，对测试效果进行评估。如果基本符合事先预想的访谈效果，就可以在适当改进之后推广；如果效果与预期差距较大，就需要大幅度地改动访谈方案，必要时甚至要重新设计访谈方案，以避免真正的访谈无果而终。

4. 全面实施

实施阶段是整个访谈过程中至关重要的一环，如果出现差错，之前反复精心准备的访谈就可能毁于一旦。在实施过程中要注意两点：一是时刻按照计划，全面地展开访谈，不能脱离计划夸夸其谈；二是要随时注意被访谈者的反馈信息，善于引导，调动其积极性，占据访谈的主导地位。

5. 资料保密

需要注意的是，对于每个接受访谈的人都应该给予最大的尊重，最基本的就是保密原则，尤其是一些个人敏感信息，不仅要做到不对外泄露，在内部对无关的人也要进行保密。一旦这些信息不慎泄露，不论是否造成恶劣影响，都会打击被访谈者对访谈的积极性。

（三）测验法

1. 前测和后测

这种方法需要采集两次结果信息，在培训前进行一次测试，在培训后再进行一次测试，然后将两次测试结果进行比较，从而对培训效果进行评估。这种方法存在的问题在于，受训者行为或结果的改变可能受其他因素的干扰，从而影响培训效果评估的精准性，因此，这种方法多用在对学习层的评估上。

2. 培训后评估

这种方法只收集培训结果的信息，用于评估培训目标的达成程度。这种方法的好处是简单易行，但不能体现培训前后的改变，因此，这种方法多用在对反应层的评估上。

3. 对照组测试

这种方法是将一组没有经过培训的员工与一组经过培训的员工的绩效进行比较。要在培训之前和培训之后分别对两个小组的工作绩效信息进行收集。如果参与培训小组的绩效改进比对照组大得多，则说明培训确实促进了绩效的改进。这种方法的优点是可以将其他的干扰因素排除在外，因此，这种方法多用在对行为层和结果层的评估上。

4. 时间序列评估

评估者在培训前和培训后，根据既定的时间间隔来收集培训效果的信息。其优点是评价者能够对评估结果在一段时间的稳定性进行分析，这种评估设计经常被用来评估一些会随着时间发生变化的可观察性结果，如事故率、生产率、缺勤率等。

第五节 数字化时代的员工培训

一、数字化时代对员工学习的影响

（一）知识更新速度加快

在数字化时代，知识快速迭代，刚学会的知识，可能很快就被新的知识替代；一项新的技术刚推广开来，可能很快就被另一项更先进的技术所取代。这就要求员工必须不断更新自身知识体系，实现快速、终身学习。

（二）员工学习主动性增强

在传统培训管理模式下，企业是培训管理的主导方，但在数字化时代，员工更加强调个人权利，更加重视自主选择，员工自我学习意识在学习中逐渐占据主导地位。

（三）学习碎片化

随着智能手机、平板电脑等设备的发展和普及，人们的时间高度碎片化，上下班路上等碎片时间都可以成为接收信息、学习知识的时机。

（四）学习资源日趋丰富

通过互联网，员工可以从各种不同渠道获取丰富的资源，微博、微信、抖音等自媒体的发展大大地促进了知识的传播和分享。

（五）知识获取成本低

数字化时代强调分享精神，网络上有海量的免费知识和信息，这使员工获取学习资源的方式更加便捷，知识获取成本极低。

二、数字化时代员工培训的趋势

在数字化技术的推动下，企业培训模式呈现出新的特点：企业培训过程中的跨越式信息交互方式突破了传统培训模式的时空制约，以新型的数字化信息整合和更为广泛的信息传播为媒介，更加系统地整合了物联网、云计算、大数据等先进的科学技术，从而使企业原有的培训更加智能化，能更好地满足受训者的培训需求。

数字化时代企业的培训将呈现以下趋势：第一，个性化。受训者能够有针对性地自由选择需要进修的课程，满足自身对专业知识的个性化需求。第二，人性化。企业将充分考虑员工实际绩效及绩效标准与员工技能要求之间的差距，开展有针对性的培训。第三，信息透明。企业可进一步缩小各培训主体之间的信息差异，让各培训主体都能充分了解各类培训信息，以更好地落实培训计划和培训方案。第四，超越时空限制。企业构建的新型的培训体系，以多样化的网络连接终端为基础，实现培训者与受训者24小时不间断的通信与交流。第五，资源共享。企业将充分挖掘利用企业内部资源并合理选用与配置企业外部资源，通过培训资源共享更加合理地对企业培训资源进行使用与管理。第六，多样化的培训形式。比如，"自适应"在线学习方式是适应学习者个性化、兴趣偏好、学习速度的最佳学习方式；"微学习"是简短的学习视频，甚至只需要几分钟就能完成；"慕课"为全球百万人提供了便捷的学习机会。

关键术语

organization analysis   组织分析
task analysis   任务分析
personnel analysis   人员分析
on-job training   在职培训
cosplay   角色扮演
business game   商业游戏
teamtraining   团队培训

本章思考题

1. 如何从组织层面确定培训需求？
2. 如何确定新员工的培训需求？

3. 如何确定老员工的培训需求？
4. 人员培训有哪些方法？试分析它们的优缺点。
5. 人员培训效果评估的内容是什么？
6. 人员培训效果评估的方法有哪些？

课堂讨论

某物流公司的一次培训活动

小王是某物流公司人力资源部门负责培训的主管，由于培训部成立时间不长且人手短缺，只好请外部的咨询公司来帮助制订培训计划。他们设计的第一个项目是提高员工的计算机操作能力，第二个项目是培养员工的领导能力，第三个项目是培养团队的合作精神。设计好方案之后，小王开始组织实施，要求每个部门分别前来参加，如果由于时间仓促参加不了本期培训，可以参加下期培训。

培训过程中，培训师以讲课形式向学院传授相关知识，学员态度认真做了笔记。培训结束后大家回到原部门工作，工作照旧，没感到有什么不同，工作效率也与之前相差无几，只是觉得每年有这么一段时间参加培训，可以轻松一下。

问题：该物流公司在培训内容和培训方法上存在什么问题？该如何改进？

资料来源：作者访谈并整理而成。

课后讨论

日本公司的管理培训项目

许多日本公司的管理培训项目，不在本公司进行，而是在专业培训中心实施。受训者主要有两类人：一类是有管理潜力、公司准备提拔的人，通过培训让他们可以就任；另一类是目前的高级管理人员，但表现不尽如人意，想通过培训让他们的能力得以提升。公司为每个受训者支付2 000美元的费用，进行为期13天的培训。培训结束时没有通过的人员允许增加 3 天时间继续考试，如果 3 天后仍未通过，那么就任管理岗位或留任高管岗位就无望了。因此，前来参加培训的人，心情都很紧张。

第一天上课报到时，每个人首先得把自己的缺点写在黑色布条上，用别针别在衣服的前襟上，每人平均有 13 条左右，通过一门考试就拿下一条缺点，缺点全部拿下后方可毕业。

那么考试的内容又是什么呢？唱校歌，口齿清楚，声音洪亮者通过，否则不过。此外还有背诵销售员十大法则、辩论技巧、电话沟通、荒野拓展等。

如何培训？

除了在校园练习外，学员还要求去大街上训练。在离火车站不远的天桥上，学员们一个接一个大声唱销售员法则歌，裁判员站在天桥的另一边，用手势表示学员是否通过。这样做的目的是训练他们在公众场合的演讲能力。

所有的培训项目都以团队为单位，从未有个人训练的场景，即使训练电话技巧，也是一个团队的人同时拿起电话回答对方的问题，回答要响亮快捷，毫不迟疑，错了也没有关系。

练习辩论时也是如此。一组人围成一圈，每人手上拿一条白毛巾，教练站在中间，将队员分成两组开辩，辩论时要求声音洪亮，反应敏捷，而且为了加强语气，还要蹬脚甩毛巾。

另有一个场景是教学员如何发笑。照样是一组人，教练站在中间手舞足蹈，做各种怪相，惹大家发笑。笑得必须大声，越夸张越好，不能掩嘴。

学员每天早上 4 点 15 分起床，起床后进行操练，赤膊上阵，用干毛巾搓身体，据说这是武士道的做法，健身强体。

到 13 天培训结束时，250 名学员中只有 16 名毕业。毕业典礼庄重又沉重，得到毕业证的学员感到无比自豪，他们可以骄傲地对别人宣布，自己通过了魔鬼训练，从此可以胜任不堪忍受的重任，他们熬出来了！

问题：

1. 日本公司的培训目的是什么？
2. 该培训项目有何特点？
3. 该培训项目的有效程度如何？

资料来源：陈晓萍. 跨文化管理 [M]. 北京：清华大学出版社，2016：247-248.

第七章 数字化时代的职业生涯管理

>>> 导入案例

林安国的烦恼

林安国是杭州某著名三甲医院钱塘江医院的副院长,最近他很烦恼,原因是他升职了。林安国今年还不到40岁,已经成为博士生导师、省心血管学科的学术带头人。他工作兢兢业业,为人诚恳,本想一心一意做研究,在学术上有所成就,却在医院的人事制度改革中一步一步被推了上来,科长、部长、副院长,现在又要成为院长。那么,他到底该不该当这个院长?

本科毕业后,林安国被分到钱塘江医院工作,对医院有深厚的感情,虽然中途到北京攻读硕士和博士学位,并以访问学者身份多次出国,但他一直牵挂着医院的发展,他的根也一直在钱塘江医院。工作中,他全身心地投入自己的专业研究中,1996年,刚过28岁的林安国已经是医院的心脏外科主任,同时还是省心外学会委员。

林安国工作严谨、为人谦和、作风正派,作为医院的老员工,特别关心新人的成长,周末他会邀请年轻人吃饭,讨论学术问题。在他的领导下,其所在科室被评为优秀科室。

1999年,钱塘江医院开始模仿一些企业的管理方式引入人事制度改革,凭借着在学术上的成绩,林安国被聘为全院历史上最年轻的副院长。竞聘机制使一心想在专业上有所建树、不想从事管理工作的林安国被大伙一步步推了上来。

林安国刚当副院长那两年,文件不知道批给谁,财务报表不知道怎么看,第二年发现医院还没有预算,管理的大部分时间都用在接待、谈话上,专业上用的时间精力少了,学术成果自然不如以前。这几年,林安国既要管理医院，又要出专家门诊，还要带研究生，省内各局委行政会议也不能落下，他明显感到力不从心，只叹分身无术。

这次竞选院长，林安国本想做做样子，应付一下副院长必须参加竞选的规定，却意外获选。但真正要坐上院长这把交椅，怎么才能做到医院管理和学术研究"两手都硬"呢？放弃这个院长他有点不舍得，毕竟人往高处走，但是接受院长职务，他的专业就要受影响，放弃技术他更不忍心；况且院长只是个一时的岗位，竞争激烈，自己今年还不到40，如果下届落选，自己还能摆正位置吗？

问题：林安国该当这个院长吗？

资料来源：党永嘉. H-CEO案例：升官的"烦恼"［EB/OL］.（2005-10-11）［2023-07-19］. https：//business.sohu.com/20051011/n240516061.shtml.

林安国面临的问题集中体现了组织骨干员工对职业生涯管理的强烈需求，说明现代人渴望挑战性、新鲜的工作方式和生活方式。

什么是职业生涯管理？个人和组织该如何进行职业生涯管理？本章将对这些问题进行分析。

第一节 职业生涯管理概述

一、职业、职业的特征及其变化趋势

（一）职业及其特征

从社会学角度看，职业可以解释为某种一定的社会分工或社会角色的持续实现，包括工作、工作场所和地位。

从经济学角度看，职业可以被理解为劳动者足够稳定地从事某项有酬工作而获得的劳动角色。

结合上述观点，本书认为，职业是参与社会分工，利用专门的知识和技能为社会创造物质财富和精神财富，获取合理报酬作为物质生活来源，并满足精神需求的工作。

根据上述定义，职业应同时具备下列特征：第一，目的性，即职业以获得现金或实物报酬为目的。第二，社会性，即职业是从业人员在特定的社会环境中所从事的一种与其他社会成员相互关联、相互服务的社

会活动。第三，稳定性，即职业在一定的历史时期内形成，并且具有较长生命周期。第四，规范性，即职业必须符合国家法律和社会道德规范。第五，群体性，即职业必须具有一定的从业人数。

(二) 职业的变化趋势

近年来，随着社会经济的发展、科技的进步尤其是人工智能技术的应用，职业出现了以下变化趋势。

1. 新的职业层出不穷

社会经济的发展催生了许多新的职业，职业种类越来越多。有关专家预测，未来10年我国有较大发展潜力、急需人才的行业主要是航空航天技术、汽车技术、电子信息技术、轻工生物技术、食品营养与检验教育、稀土工程、材料科学与工程、电气信息、创意产业、影视制作、环境保护技术、公共管理、律师等。

2. 传统职业消亡的速度加快

随着人工智能在各个领域的应用越来越广泛，那些简单重复性工作、不需要太多创新和自主意识的职位，如外卖小哥、街区环卫工人、司机、会计、审计、简单翻译、操作人员、流水线工人、出纳等被替代的可能性非常之大且程度较深。此外，一些稍具复杂化性质的职业岗位也可能被替代，如设计师等。因为这些职位虽具有复杂性却不具备太强的技术要求和创新要求，智能机器人完全可以替代人来完成相应的工作，并且还能够提升工作效率。

3. 部分职业内容和方式将发生改变

随着科技的进步，由于新的工作设备出现和工作条件的变化，一些职业对工作内容有新的要求。例如，行政工作人员在以前只要求具备较好的组织协调能力、分析解决问题能力、文字能力、口头表达能力等，但现在还要求具备社会交往能力、计算机辅助管理能力和办公自动化操作能力等。

同时，人工智能的应用会使一些人失去介入信息处理活动（如规划、诊断、理解和决策等）的机会，甚至不得不改变自己的工作方式。

4. 非常规决策类工作和与人打交道的工作将成为未来比较重要的工作

从长期来看，人工智能的领域将进一步扩大，需要人来完成的比较重要的工作大概可以分为两类：一类是需要站在大局层面、样本数量非常少且需要做出艰难判断的业务，如高层管理者的工作。他们只能运用所谓的经验,将之前在不同状况下的判断进行转移借用,或者通过向历史学习来寻求解决之道,做出综合判断。另一类是与人相关联的事情,如医生、服务员、营业员等。这些由人提供服务比较舒心的工作也会被保留。就医生来说,让人来说服病人采取某个治疗方案可能更容易接受,而且人终究还是需要人来陪伴的。

二、职业生涯

职业生涯又称事业生涯,是指一个人一生中所有与职业相联系的行为、活动,以及相关的态度、价值观、愿望等的连续性经历的过程,也是一个人一生中职业、职位的变迁及工作理想的实现过程。

职业生涯可分为内职业生涯与外职业生涯。

(一)内职业生涯

内职业生涯是指从事一种职业时的知识、观念、经验、能力、心理素质、内心感受等因素的组合及其变化过程。它是别人无法替代和窃取的人生财富。

(二)外职业生涯

外职业生涯是指从事职业时的工作单位、工作时间、工作地点、工作内容、工作职务与职称、工作环境、工资待遇等因素的组合及其变化过程。它是依赖于内职业生涯的发展而增长的。

实践证明,一个人不仅要重视外职业生涯的发展,更要重视内职业生涯的发展,才能最终取得职业领域的成功。

三、职业生涯规划

职业生涯规划又叫职业生涯设计,它是个人在对职业生涯的主客观条件进行测定、分析、总结的基础上,对自己的兴趣、能力、人格、价值观进行综合分析和权衡,结合所处的时代、社会、经济特点,根据自己的职业倾向,确定最佳的职业奋斗目标,并为实现这一目标做出行之有效的安排。

职业生涯规划要遵循以下原则:第一,清晰性原则。职业生涯的目标、措施和步骤应当清晰、明确、直截了当。第二,挑战性原则。职业生涯的目标或措施应具有挑战性,才会有激励作用,激发个体不断进步、不断发展。第三,变动性原则。职业生涯目标或措施要具有弹性或缓冲性，能依循环境的变化而做出调整。第四，一致性原则。职业生涯主要目标与分目标、目标与措施、个人目标与组织发展目标应保持一致。第五，激励性原则。目标应符合自己的性格、兴趣和特长，对自己产生内在激励作用。第六，全程原则。拟订职业生涯规划时必须考虑到职业生涯发展的整个历程，做全程的考虑。第七，具体原则。职业生涯规划各阶段的路线划分与安排，必须具体可行。第八，实际原则。实现职业生涯目标的途径很多，在做规划时必须考虑自己的特质、社会环境、组织环境以及其他相关的因素，选择确实可行的途径。第九，可评量原则。职业生涯规划的设计应有明确的时间限制或标准，以便评量、检查，使自己随时掌握执行状况，并为规划的修正提供参考依据。

四、职业生涯管理

职业生涯管理是企业帮助员工制定职业生涯规划和帮助其职业生涯发展的一系列活动，是努力满足管理者、员工、企业三者需要的一个动态过程。

职业生涯管理是现代企业人力资源管理的重要内容之一，对于员工个人和企业都具有重要作用。对员工的意义在于：有助于员工实现自己的职业目标和职业理想；使员工整个职业历程中的工作更富有成效；帮助员工更好控制职业生活，实现工作、家庭的平衡。对企业的意义在于：可以稳定员工队伍，减少人员流失；提高企业的绩效；有助于企业文化的建设和推进。

阅读案例7-1

英国石油公司的全员职业生涯管理计划

英国石油公司鼓励并帮助员工为自己的职业生涯发展制订计划，并建立了完善的人力资源管理体系，为员工发展提供空间。具体举措有：第一，完整清晰的岗位描述。第二，在每个年度，每个员工都应与自己的主管领导至少讨论一次职业发展计划，主管领导和人事部门应支持和帮助员工去实现这个计划。第三，领导和下属签订业绩合同，告诉下属在其工作岗位上应该有什么样的业绩，并定期进行沟通。第四，建立完善的培训系统。第五，公司以公平公正且具有竞争力的薪酬福利政策吸引人才。第六，建立完善畅通的职位信息系统，向员工提供多渠道的职业发展机会。第七，领导与下属共同讨论下属的职业发展计划，回顾业绩，并指出如何进一步提高。

资料来源：石油王国—如日中天—谈 bp 的人才战略［EB/OL］．（2011-08-22）［2023-07-19］．https://doc.mbalib.com/view/5b0bca55a16d0f45cd2a8020911c2a44.html.

第二节 职业生涯管理理论

一、帕森斯的人职匹配理论

弗兰克·帕森斯（Frank Parsons）的人职匹配理论的基本思想是：个体差异是普遍存在的，个体都有自己的个性特征，而每一种职业由于其工作性质、环境、条件、方式的不同，对工作者的能力、知识、技能、性格、气质、心理素质等有不同的要求。进行职业决策时，就要根据一个人的个性特征来选择与之相对应的职业种类，即进行人职匹配。

如果匹配得好，则个人的特征与职业环境协调一致，工作效率和职业成功的可能性就大为提高；反之，工作效率和职业成功的可能性就很低。

人职匹配是职业指导中永远不变的核心理念，广泛应用于人们的职业选择。

二、霍兰德的职业性向理论

约翰·霍兰德（John Holland）是美国霍普金斯大学的心理学教授，美国著名的职业指导专家。他于 1959 年提出了具有广泛社会影响的职业兴趣理论。该理论将人的职业性向分为六种类型，相应地，将职业类型也分为六种，分别和六种职业性向一一对应。表 7-1 是霍兰德六种职业性向的特点及其适合的职业。

表 7-1 霍兰德六种职业性向的特点和适合的职业

职业性向	喜欢的活动	特点	适合的职业
实际性向	喜欢操作仪器或操作机器，喜欢动手，愿意从事具体操作性的工作	腼腆、顺从、真诚，有耐心，做事偏保守	农场主、园艺工人、建筑师、工程师、技术型行业工作人员

续表

职业性向	喜欢的活动	特点	适合的职业
研究性向	处理信息（观点、观念），喜欢探索和理解那些需要分析、思考的抽象问题。喜欢独立工作	有好奇心，喜欢思考、分析，喜欢创造性	实验室工作人员、生物学家、化学家、工程设计师、物理学家和程序设计员
艺术性向	创造新的活动，喜欢自由度大的工作，可以自由发挥，喜欢自我表达	具有想象力，情绪化	作家、艺术家、音乐家、诗人、漫画家、演员、戏剧导演、作曲家、乐队指挥和室内装潢人员
社会性向	帮助别人，喜欢与人合作，关心他人的幸福，愿意帮助别人解决困难	外向、热情	教师、护士、社会工作者、心理咨询员、服务性行业人员
企业性向	喜欢领导、影响、支配别人，或为了达到个人或组织的目的而善于说服别人；获得权力；希望成就一番事业	支配性强、精力旺盛、具有冒险精神	政治家、律师、营销人员、管理人员、市场或销售经理
常规性向	喜欢固定的、有秩序、有规范、有条理、任务明确的工作或活动，希望确切地知道工作的要求和标准	善于顺从、自制力强、想象力差、缺乏灵活性	会计师、银行出纳、簿记员、行政人员、秘书、档案文书、税务专家和计算机操作员

霍兰德进一步指出，上述六种职业性向的关系可以用图7-1来表示。两种职业性向距离越远，表明它们的契合度越弱，如社会型和实际型、企业型和研究型；两种职业性向距离越近，表明它们的契合度越强，如实际型和研究型。大多数人并非只有一种性向，比如，一个人的性向很可能同时包含着社会性向、实际性向和研究性向这三种。在做职业选择的时候，个体最终选择的职业最好是和其中一种职业性向相契合。

为了测量不同类型性向，霍兰德还编制了"职业偏好量表"，通过对被试在活动兴趣、职业爱好、职业特长和职业能力等方面的测验，以确定其职业性向类型。

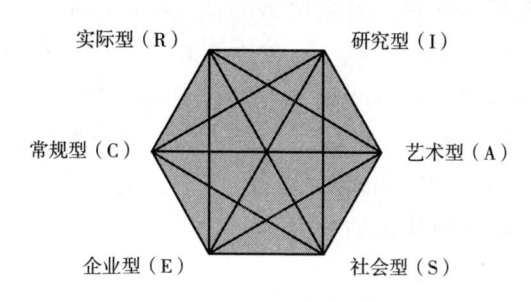

图 7-1　霍兰德的职业性向类型

三、职业锚理论

20 世纪 60 年代初期，美国组织行为学家施恩（Schein）在对麻省理工学院斯隆管理学院 44 位硕士毕业生进行跟踪研究的基础上，提出了职业锚理论。所谓职业锚，是指当一个人不得不做出选择的时候，他无论如何都不会放弃的职业中的那种至关重要的东西或价值观，即人们选择和发展自己的职业时所围绕的中心。

施恩根据自己多年的研究，提出了以下 8 种职业锚，并开发了职业锚测试量表。

（一）技术或职能型

此类型的人追求在技术或职能领域的成长和技能的不断提高，以及应用这种技术或职能的机会。他们对自己的认可来自他们的专业水平，他们喜欢面对专业领域的挑战。具有较强的技术或职能型职业锚的人往往不愿意选择那些带有一般管理性质的职业；相反，他们总是倾向于选择那些能够保证自己在既定的技术或职能领域中不断发展的职业。在组织的许多工作岗位上都会有倾向技术或职能型职业锚的人，如咨询公司的项目经理、工厂的技术副厂长、企业中的研究开发人员、统计人员和会计人员等。

（二）管理型

管理型的人追求并致力于工作晋升，倾心于全面管理，可以跨部门整合其他人的努力成果，他们愿意承担更大的管理责任，并将公司的成功与否看成自己的工作。具体的技术/职能工作仅仅被看作通向更高、更全面管理层的必经之路。

这种人之所以认为自己有资格获得管理职位，是由于他们认为自己具备以下三个方面的能力：第一，分析能力，即在信息不完全以及不确定的情况下发现问题、分析问题和解决问题的能力。第二，人际沟通能力，即在各种层次上影响、监督、领导、操纵以及控制他人的能力。第三，情感能力，即在情感和人际危机面前不会受其困扰以及在较高的责任压力下不会变得无所作为的能力。

（三）自主或独立型

自主或独立型的人希望随心所欲安排自己的工作方式、工作习惯和生活方式，追求能施展个人能力的工作环境，希望最大限度地摆脱组织的限制和制约。他们宁愿放弃提升或工作扩展机会，也不愿意放弃自由与独立。自主或独立型职业锚的主要职业领域是学者、科研人员、职业作家、个体咨询人员、手工业者和个体工商户等。

（四）安全或稳定型

安全或稳定型的人追求工作中的安全与稳定感，他们关心财务安全，如退休金和退休计划。其稳定感包括诚信、忠诚，以及完成老板交代的工作。尽管有时他们可以达到一个高的职位，但他们并不关心具体的职位和具体的工作内容。

现实生活中存在两种类型的安全取向：一种人的稳定源和安全源主要是来自给定组织中稳定的成员资格，如在政府部门或大公司工作。另一种人的稳定源和安全源是以地区为基础，例如：有的人在职业早期流动了几次，最后还是选择了在自己的家乡某公司就职；有的人总是在同一地区选择职业，即使其他地区的就业机会再好，也不会离开本地区。

（五）创造型

创造型的人希望运用自己的能力去创建属于自己的公司或创建完全属于自己的产品或服务，而且愿意去冒风险，并能够克服面临的障碍。他们想向世界证明，公司是他们靠自己的努力创建的。创造是他们自我发展的核心动机，他们个人的强烈需要是能够感受到所发生的一切都是与自己的创造成果联系在一起的。创造型职业锚的主要职业领域是发明家、冒险性投资者、产品开发人员和企业家等。

（六）服务型

服务型职业锚的人一直追求他们认可的核心价值，例如：帮助他人，改善人们的安全，通过新的产品消除疾病。他们一直追寻这种机会，即使这意味着变换公司，他们也不会接受不允许他们实现这种价值的工作变换或工作提升。

（七）挑战型

挑战型职业锚的人喜欢解决看上去无法解决的问题，战胜强硬的对手，克服无法克服的困难、障碍等。对他们而言，参加工作或职业的原因是工作允许他们去战胜各种不可能，新奇、变化和困难是他们的终极目标。

（八）生活型

生活型职业锚的人喜欢允许他们平衡并结合个人需要、家庭需要和职业需要的工作环境。他们希望将生活的各个主要方面整合为一个整体。正因如此，他们需要一个能够提供足够的弹性让他们实现这一目标的职业环境，甚至可以牺牲他们职业的一些方面。他们认为自己在如何生活、在哪里居住、如何处理家庭事情以及在组织中的发展道路是与众不同的。

四、红叶子理论

我们可以把一个人的优点比作一棵树上的红叶子，把一个人的缺点比作一棵树上的绿叶子。红叶子理论认为：一个人职业的成功不在于红叶子数目的多少，而在于他或她是否具备一片特别硕大的红叶子，这片特别硕大的红叶子不是与生俱来的，而是需要个人的不断努力，准确地识别出最适合发展的红叶子并开发这片红叶子，发展这片红叶子，使这片红叶子特别硕大、特别红艳，成为引起社会和人们特别关注的人力资本。这是一个人在职业领域取得成功、报效祖国、回馈社会的重要条件。例如，我有一个学生毕业于工商管理专业，大学期间，他各门功课成绩一般，但对市场有高度的敏感，分析问题有战略高度，他开发这个亮点，积极进取，终于成了职业企业家。

第三节　个人职业生涯规划

为了使职业生涯规划具有针对性和较强的指导性，并有助于个体在职业领域取得成功，个人在制定职业生涯规划时应遵循以下步骤：自我认知、职业生涯机会评估、职业的选择、职业生涯目标的设定、职业生涯策略的制定、职业生涯规划的调整。

一、自我认知

(一) 自我认知的内容

自我认知是个人职业生涯规划的基础，是对自身的一个审视和评价的过程，可以帮助个体更好地了解自我，从而为做出正确的职业选择打下基础。自我认知包括两个方面：一是自己的职业兴趣、职业价值观、人格、爱好、特长、内在动机和需求等因素；二是自己的优势和劣势。只有综合考虑这两方面的因素，才能使职业目标具有吸引力和可行性。通过这一过程，个人对自己能够有更深入的了解，从而为后面的职业定位和职业目标的设定打下基础，帮助自己选定适合自己发展的职业生涯路线。

(二) 自我认知的方法

1. 关键事件分析法

个体对自己5年来最成功与最不成功的5件事情进行分析，总结出原因，综合成功事件与不成功事件的影响因素，从而形成关于能力、特长与人格的自我概念。

2. 量表测量

运用职业性向测验、能力测验、人格测量量表进行自我测试。

3. 橱窗分析法

橱窗分析法如图7-2所示。

	自己知道	自己不知道
别人不知道	2 隐私我	3 潜在我
别人知道	1 公开我	4 背脊我

图 7-2 橱窗分析法

橱窗1为自己知道、别人也知道的部分，称为"公开我"，属于个人展现在外、无所隐藏的部分。

橱窗2为自己知道、别人不知道的部分，称为"隐私我"，属于个人内在的私有秘密部分。

橱窗 3 为自己不知道、别人也不知道的部分，称为"潜在我"，是有待开发的部分。

橱窗 4 为自己不知道、别人知道的部分，称为"背脊我"，犹如一个人的背部，自己看不到，别人却看得很清楚。

在自我认识时，对橱窗 4 的"背脊我"要加强了解。如果自己诚恳地真心实意地征询他人的意见和看法，就不难了解"背脊我"。通过橱窗分析法，可以对自己的性格特征、知识与能力等方面进行全面分析。

4. 自我询问法

用一段休闲的时间，找一个安静的处所，认真地、深刻地思考以下六个问题，想清楚，想透彻，然后写下来：

（1）我究竟有什么才干和天赋？什么东西我能做得最出色？与我所认识的人相比，我的长处、高人一筹的是什么？

（2）我的激情在哪一方面？有什么东西特别使我内心激动向往，使我分外有冲劲去完成，而且干起来不仅不觉得累，反而感到其乐无穷？

（3）我的经历有什么与众不同之处？它能给我什么特别的洞察力、经验和能力？动用它我能做出什么与众不同的事？

（4）我最明显的缺陷和劣势是什么？

（5）我与哪些杰出人物有往来？他们有哪些杰出的才干、天赋与激情？与之合作（或跟随他们）能找到什么样的机遇？

（6）我有哪些具体的需求要得到满足？

二、职业生涯机会评估

职业生涯机会评估主要是针对外界环境中所存在的可能会影响自己职业选择、职业发展的因素进行分析，职业生涯机会评估主要包括以下几个方面。

（一）社会环境分析

社会环境分析主要是了解国家政治、经济、法制的发展方向和政策导向。一般来说，受到国家扶持的行业会处于较快的发展周期中，如新能源行业、信息产业等。

（二）行业环境分析

行业环境分析包括国内外重大事件对行业的影响、行业的发展态势、未来的发展前景等，要尽量选择那些有前景、发展空间较大的行业。

（三）组织分析

组织分析包括组织的声誉和形象、在行业中的地位、发展前景、竞争优势、培训机会、领导人、企业文化、管理制度等。

三、职业的选择

职业选择正确与否，直接关系到人生事业的成功与失败。据统计，在选错职业的人当中，有80%的人在事业上是失败者，由此可见职业选择对人生事业发展是何等重要。如何才能选择正确的职业呢？至少应考虑以下几点：第一，兴趣与职业的匹配。第二，特长与职业的匹配。第三，人格与职业的匹配。第四，内外环境与职业相适应。

四、职业生涯目标的设定

职业生涯目标的设定是职业生涯规划的核心。职业生涯目标是指个人在选定的职业领域内未来时点上所要达到的具体目标。接下来，我们要将职业生涯的大目标、长远目标分解为有时间规定的长、中、短期目标，将目标清晰化、具体化、量化为可操作的实施方案。

五、职业生涯策略的制定

在明确了职业生涯目标之后，还应该制定相应的策略，作为目标和现实行为之间的桥梁。职业生涯策略是为了实现职业生涯目标所要采取的各种行为和措施。例如，为了提高自己的业务能力，需要提高哪些方面的能力？如果要提高自己的沟通能力，应该从哪些方面着手？参与哪种类型的培训？另外，职业生涯策略还包括为平衡职业目标与其他目标而做出的种种努力，如实现工作、生活的平衡等。职业生涯策略要具体、明确，以便定期检查落实情况。

六、职业生涯规划的调整

由于自身情况和外部环境都处于不断的变化之中，特别是在数字化时代，环境是瞬息万变的，对组织、职业和个人的影响是剧烈和深远的，而规划作为一种对未来情况的预期和指导，一定要随着环境和具体情况的变化而做出调整，否则会成为制约发展的桎梏。

（一）调整的时机

在确定调整的时机时，要考虑以下三点：第一，定期检测预定目标的达成进度。第二，每一阶段目标达成之时，要依据实际效果修订达成未来阶段目标可采取的策略。第三，客观环境改变对计划执行的影响。

（二）调整的方法

调整的方法包括自我重新剖析、职业生涯发展机会重新评估、职业生涯目标修正、职业发展措施修订等。

第四节 组织的职业生涯管理

一、职业生涯管理中的角色分工

职业生涯管理是一个满足管理者、员工、组织三者需要的动态过程。在这一过程中，管理者、员工和组织都有明确的角色分工，要按照分工坚定地执行。

（一）管理者的角色

在职业生涯管理中，管理者肩负着四种角色：第一，评估者。管理者要对员工的职业发展情况做出评估，供企业组织和员工参考。在数字化时代，管理者可以通过定量的数据，简单、精炼地总结员工的特征，并据此进行内部的培训发展规划。以德勤的人才管理系统为例，人力资源部基于各团队领导对下属在共事意愿和未来愿意支付的薪资水平两方面的打分，绘制了组织内部的员工分布坐标图，并基于员工在这一坐标系上的分布考虑对其的培养。第二，教练。管理者要明确企业组织的标准、工作职责和需求，及时引导和纠正员工的行为，从而使员工的职业生涯目标始终沿着企业目标的轨迹发展。第三，顾问。管理者应该能够向员工提供不同的职业生涯选择，协助员工设定自己的目标，提供理论和实践方面的建议等。第四，推荐人。管理者要向员工推荐其他方面的职业规划资源，如企业组织的培训和业务研讨会等，并要向员工反馈有关职业规划情况。

阅读案例7-2

数字化时代的人才培养

职场新人小邹在某企业从事了两年的基础工作后，陷入迷茫期：他想发展、被提升，有更大的进步空间，却无从下手；想跳槽，又拿不定主意。于是他的工作热情锐减，浑浑噩噩度日。

为此，公司的人力资源部调出了行业竞争力大数据，让小邹自行测评。通过各项数据的输入和匹配（工作年限、职位、自身掌握的工作技能等），最后得到的结果是"在参加测评的全国数十万从业者中，竞争力排名为456 789"，处于中等偏下的水平。

然后，人力资源部引导小邹进行了岗位匹配度测评。在输入该岗位的一些关键数据后发现，小邹的岗位匹配度和胜任力很好，在数十万从业者中处于领先水平，这就排除了小邹调岗的可能性。

接下来，人力资源部引导小邹进行了岗位关键能力测评，该职位有四大关键能力，小邹有一项领先、两项居中、一项落后，这样就确定了小邹需要提升的关键技能。

人力资源部又调出那项关键技能的大数据，数据显示，在同行业从业者中，有50%的人通过持续学习得到提升，有30%的人通过加入圈子得到提升，有12%的人通过寻找专业指导得到提升，只有8%的人通过跳槽得到提升。

至此，人力资源部成功说服小邹放弃了跳槽的想法。

通过比较，小邹决定通过持续学习的方式提升自身的技能，人力资源部帮助小邹找到了效率最高的学习方法。

通过分析，人力资源部发现该职位主要有三大发展路径，小邹结合自身情况，并通过大数据明确了自身的胜任力，选择了最适合自己的路径。

最后，人力资源部调出了此条职业路径的大数据，并同小邹一起分析适合他的提升方式。

经过上述一系列分析，小邹对自己的未来发展充满信心，也确定该企业能够帮助自己实现职业梦想，同时对自我提升的方向和方法也了然于胸，工作热情空前高涨，业绩不断提升。

<small>资料来源：作者调研并整理资料。</small>

（二）员工的角色

员工在参与职业生涯管理的过程中，需要做到以下几点：第一，设计自身的职业生涯规划。了解职业生涯规划方面的理论知识，明确自身所处的职业生涯阶段和开发需求，确定自身的职业生涯规划。第二，努力创造良好的工作绩效。员工要表现出良好的工作绩效，才会有在组织进一步发展的可能和机会。第三，获取反馈信息。员工应主动从上层管理者、同事和客户等信息源那里获得有效的反馈信息，从而清楚地认识到自己在工作中的优劣势，并持续改进。第四，面谈。员工应与上层管理者就个人职业生涯设计进行定期面谈。

（三）组织的角色

第一，胜任素质模型更新。在数字化大环境和组织数字化转型的背景下，企业的战略和业务也发生了变化，原有的胜任力模型无法完全涵盖变化条件下所需的新技能，因此，组织应注重胜任力模型的更新和迭代。例如，在施耐德电气有限公司，企业推行胜任力 H 型模型，除了专业能力以及更新后的数字化能力两个模块，企业也非常强调 Powerful skill 模块。在该模块中除了领导力，增加了更多帮助员工适应外界变化和提升能力的软技能，如变革和敏捷思维、创新思考、快速学习等能力，以帮助员工能够在变化的环境中成为复合型人才和多面手。在对胜任力模型进行更新后，企业会通过职业生涯发展的工作坊和路演等形式宣传新的模型，让员工了解到公司对于能力要求的新主张，从而能够把握能力发展的新方向。第二，提供职业生涯规划所需的样板、资源、辅导、信息。第三，为员工、管理者以及参加具体实施职业生涯管理的管理者提供必要的培训。第四，提供技能培训以及在职锻炼和发展机会。

二、职业生涯通道管理

职业生涯通道是组织中职业晋升和职业发展的路线，是员工实现职业理想和获得满意工作、达到职业生涯目标的路径。

常见的职业生涯通道模式有纵向模式、横向模式、网状模式和双重模式。

(一) 纵向模式

这种模式将员工的发展限制在一个职能部门或一个单位内，通常由员工在组织中的工作年限来决定员工的职业地位。我国的公务员职称序列就是这样一种职业生涯阶梯模式。该模式最大的优点是清晰、明确，员工知道自己未来的发展方向。它的缺陷在于过于单一，激励性不大，很多单位中员工只要熬年头就可以晋升；另外，它是基于组织过去对员工的需求而设计的，没有考虑到环境、战略等的变化。

(二) 横向模式

横向模式是指员工可以向其他职能领域调动、轮岗。这种模式可能短时期看来并没有职位的提升，但是它促使员工迎接新的挑战，可以拓宽员工的发展机会，尤其对处于职业中期的员工来说，这是一条行之有效的职业发展路径。

(三) 网状模式

网状模式是纵向模式和横向模式相结合的交叉模式。这一模式承认在某些层次上的工作经验具有可替换性，而且比较重视员工的综合素质和能力。相比前两种模式，这种模式拓宽了职业发展路径，减少了职业路径堵塞的可能性。但是对于员工来说，可能会有职业发展不清晰的感觉。图7-3是某公司网状职业生涯通道。

(四) 双重模式

这是目前组织使用最多的模式。这种模式存在两种职业生涯路线：管理路线和技术路线。沿着管理路线发展，员工可以晋升到比较高层的管理职位，而对于某些不愿意从事管理工作但技术突出的员工，则可以走技术路线。公司可以根据员工的技术水平和对公司的贡献，在薪酬和职位名称上给予奖励，如专家称号之类。在两个路线上，同一等级的管理人员和技术人员在地位上是平等的。

三、分阶段的职业生涯管理

每个人的职业生涯历程可以划分为不同的阶段，员工在组织中的工作历程也可以划分为不同的阶段，每个阶段都有一些共同特点，组织可以依据这些特点，对员工进行分阶段的职业生涯管理。

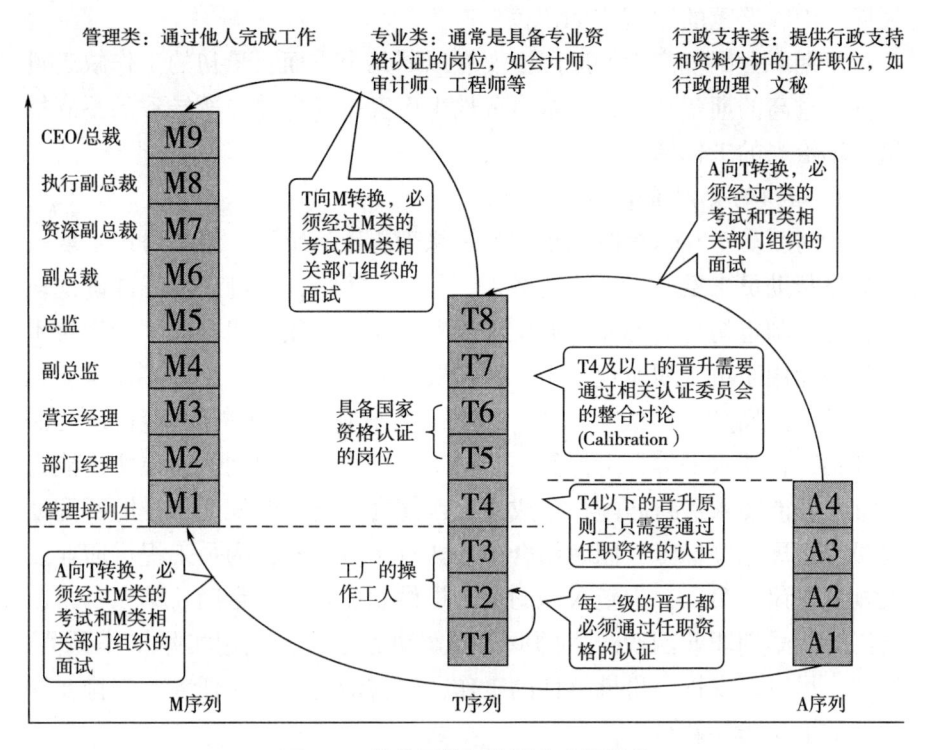

图 7-3 某公司的网状职业生涯通道

（一）初入职场阶段

1. 员工的社会化过程

在这一时期，新员工会经过三个阶段来完成社会化的过程：第一，前期社会化阶段。新员工对在招聘录用时所得到的信息以及其他各种与工作、组织有关的消息进行收集，在这些信息的基础上，初步形成自己的期望和判断。员工与企业之间的心理契约也从这个时候开始建立。第二，碰撞阶段，员工会发现自己的期望和现实之间存在一定的差距，对任务角色、人际关系等都处于试探和适应的阶段。如果之前的期望过高，现在得不到满足，新员工甚至可能产生离职想法。第三，改变与习得阶段。在这一阶段，新员工逐渐开始熟悉和了解工作要求，慢慢适应新的环境和同事关系，一切开始步入正轨。

2. 早期职业困境

早期职业困境指的是新入职员工很快就对他们当初的职业选择感到

失望，面临严重的"现实的震荡"。

早期职业困境产生的原因主要有以下几个方面：最初的工作缺乏挑战性；过高的期望和最初日常事务性工作安排发生冲突所导致的不满情绪；不恰当的工作绩效评价。

3. 组织的管理策略

针对新员工在这个时期出现的一系列想法、感受，组织可以采取一些策略帮助员工更好、更快地融入，包括：第一，帮助新员工准确地认识自己，制定初步的职业生涯发展规划。在数字化时代，人才画像技术已经被运用于员工职业规划中。这需要企业平时建立员工标签体系，把当前员工的岗位、职级、职责、绩效、晋升速度、薪资涨幅程度、360度评估、技能水平等打上标签，与员工下一步职业规划的岗位所需能力标准及技能要求进行匹配，形成岗位匹配度、能力匹配度、技能匹配度等员工发展相关标签，同时结合市场热点岗位分析，为员工提供职业发展规划建议。第二，为新入职的员工提供职业咨询和帮助。第三，帮助员工寻找早期职业困境产生的原因及解决办法，如运用实际工作预览。第四，尽可能安排一份挑战性的工作，丰富最初的工作任务，安排要求严格的上司指导新员工。

阅读案例7-3

杜邦公司的导师制

在过去的两年半里，史蒂文和珍妮每个月至少要会面一次，花上一个小时的时间共同探讨工作中出现的问题，分享各种工作信息，总结工作经验。作为导师，史蒂文会给珍妮讲解企业的构架、信息的传递和整个组织的运行机理，同时也会经常询问珍妮基层员工的一些想法和工作情况。对于珍妮来说，这种定期交流不仅让她了解到其他部门的情况和整个公司的组织网络，而且当她在工作上遇到困难时，可以向史蒂文咨询，得到指点，这些对她的成长帮助很大。而对于史蒂文来说，珍妮让他了解到基层员工是如何理解和实施公司战略的，以便及时发现其决策在实施过程中的不当之处，并予以修正或对员工采取恰当的引导措施。史蒂文认识到自己这样的老员工在公司依然是非常有价值的。

资料来源：周文霞. 职业生涯管理概论 [M]. 上海：复旦大学出版社，2004：182-183.

（二）职业建立阶段

经过一段时期的职业探索，员工开始对自己有一个客观正确的认识，知道自己的兴趣、能力倾向及工作需求是什么，知道哪个职业更适合自己。他们选定了职业，工作处于相对稳定的时期。

在这一阶段，员工的工作成就感和晋升的愿望特别强烈，他们希望获得挑战性的工作，希望承担更多的责任，希望有一定的独立工作空间以便施展才能，同时也希望他们的工作能得到组织的认可。因此，组织应该了解他们的工作需求，为其提供施展才能的机会，同时通过帮助他们制订职业发展计划，使职业发展拥有目标和动力。

（三）职业中期阶段

在这一时期，员工已经逐步明确了自己在组织中的职业目标，确定对企业的长期贡献区，积累了丰富的工作经验，开始走向职业发展的顶峰。但与此同时，也会意识到职业机会随着年龄的增长而受到限制，产生职业危机感——职业高原；家庭的负担也会在这个阶段凸显出来，如何平衡工作家庭也成为这个阶段的员工面前的一项挑战。

针对职业高原现象，组织在这一时期的主要任务包括：尽量满足员工心理成就感；进行一定范围的职务轮换；扩大现有工作内容。

针对工作与家庭的冲突，组织可以提供一些比较灵活的工作安排，如弹性工作时间、建立日托中心等。

（四）职业后期阶段

人们在进入或即将进入职业后期阶段后，开始调整工作和非工作时间的比例，逐渐将生活的重点转向工作以外的事情。对工作中的事情，他们对成就和发展的期望减弱，而希望维持或保留自己目前的地位和成就，愿意提供咨询和指导，同时开始为自己寻找接班人。

这一阶段组织的任务有：第一，提供心理辅导，做好思想工作。第二，让老员工发挥余热，培育新员工。第三，做好退休之际的职业工作衔接。第四，对于有特殊技能、特殊贡献，企业又缺乏的员工，可以调查员工的意愿，如果希望继续工作，组织可以返聘，让他们继续为公司做贡献。第五，做好退休后的计划和安排。第六，说明各项社会保障福利。第七，提供退休咨询。

四、新生代员工的职业生涯管理

（一）新生代员工的职业特点

新生代员工（80后、90后和00后）是指在知识经济迅猛发展和信息化纵深发展的背景下成长起来的、由青年员工所构成的群体。经济、技术、社会、文化环境的发展变化，使其与传统劳动力相比存在较大的差异，表现出以下特点。

1. 自我成就意识强烈

与20世纪60、70年代出生的员工不同，新生代员工在选择工作时并不将经济利益作为首要的考虑因素，也不特别看重工作的稳定程度，他们更注重自我发展和自我实现，个人成就意识很强，职业期望高。这种强烈的自我成就意识，促使新生代员工充分发挥主观能动性，积极投身工作，努力提升自己的工作能力和综合素质。

2. 对企业忠诚度低

新生代员工在选择职业的时候主要考虑自己的兴趣和特长，进入企业以后会考虑自己在企业的发展空间的大小，这些因素一旦不符合他们的要求，或者有更好的自我发展的平台、自我实现的机会、更大的发展空间，他们会毅然选择离开。他们忠于自己的发展而不是忠于企业的发展。

3. 等级观念淡化

新生代员工注重自由，不迷信权威，不会无条件地服从管理，对于工作制度和管理者的风格，他们有自己独立的定位和理解，并且能大胆地提出自己的看法。

4. 兼顾工作与生活的平衡

新生代员工兼顾工作与生活的平衡，他们不仅追求工作时间和生活时间的平衡，而且还追求工作与家庭、个人之间的平衡。弹性的工作制度、自由的组织氛围、和谐的同事关系、足够的尊重和认同，能提升他们在工作中的满足感，并激发其工作热情。

（二）新生代员工职业生涯管理措施

1. 建立与组织战略发展相联系的职业生涯规划

新生代员工由于自身的一些特点和价值观，会表现出较低的忠诚度，根本原因是大多数员工无法正确认识或没有看到自身职业发展与组织发展的联系。在对新生代员工进行职业生涯规划设计的过程中，应该紧密结合组织的战略发展规划进行，将与组织战略发展相关的目标落实到具体的岗位目标以及职业发展体系中，并在日常的工作中传播这一理念，让新生代员工意识到组织的发展和团队的发展为自身发展提供了保障和可能性。

2. 建立多维的职业发展通道

组织在员工职业生涯发展规划中要提出多种可供选择的职业发展途径，让新生代员工都可以了解本岗位职业发展的方向和可能性，从而逐渐减少盲目离职的可能性，树立起较明确的职业发展目标和职业周期规划。

3. 建立能岗匹配的轮岗机制

新生代员工在职业选择过程中大都以所学专业为基础，但对自身具有的潜力及擅长的职业发展方向并没有明确的认识。组织应进行专业化、科学化的职业素质测评，并结合测评结果和员工实际情况安排有针对性的轮岗，在使员工职业丰富化的同时进一步使其明确自己的潜能以及相匹配的职业发展方向，为有效的职业生涯规划提供实践依据。

4. 营造自我提升的氛围

新生代员工自我提升意识的产生是推动其职业知识技能不断进步的核心。通过在组织中展开与岗位技能相关的培训，而且培训内容的设置与新生代员工工作中的难点、障碍相结合，使其能够获取更多技能和知识；还可以开展与技能相关的竞赛活动，设置奖励机制。通过在组织中营造良好的技能学习氛围，推动新生代员工自我提升意识的产生和强化。

5. 建立自评与他评相结合的公平考核机制

为了保证考核机制的客观公正，在保证他评为主的考核方式准确客观的同时，结合新生代员工的特点，将自评纳入员工考核机制，并将自评细分为职业要求的若干方面，同时将自评与他评结果都进行客观的反馈。这样，在保证员工能够深入了解考核结果的同时，也可以帮助其弥补自身在职业发展中的不足，进一步明确未来的发展方向。

关键术语

career planning　　职业生涯计划
career cycle　　职业周期
occupational orientation　　职业性向
occupational skill　　职业技能
career anchor　　职业锚
reality shock　　现实冲击

本章思考题

1. 什么是人职匹配理论？
2. 职业性向理论的主要内容是什么？
3. 什么是职业锚理论？职业锚有哪些类型？
4. 个人如何制定职业生涯规划？
5. 组织如何对员工进行职业生涯管理？
6. 新生代员工有哪些特点？如何对新生代员工进行职业生涯规划管理？

课堂讨论

一位交大博士的苦恼

小A是个来自农村的孩子，由于家乡种地需要的暖棚材料价格昂贵，小A便萌生了报考材料学的想法，考入了某交大高分子材料系。

其实，电脑一直是小A最感兴趣的事情，他在本科期间双管齐下，获得了材料和计算机双学士文凭。到了大四，由于成绩突出，校方给了小A材料系硕博连读的机会，看着别人羡慕的眼光，他把兴趣甩在一边，顺理成章地踏上了学校为其铺就的光明大道，后来由于导师推荐他改换专业方向，辗转6年才完成了博士学位。期间，兴趣的驱动让他考了微软的计算机认证，有过网站维护的兼职经历，但后来随着本专业课程压力的加重，他便再也无暇顾及计算机的学习。

毕业后，小 A 不愿去研究型的科研机构，而想去的企业却需要应用型人才。他想过靠计算机本科文凭求职，在喜欢的领域做下去，但他读博期间没有进一步学习计算机知识，早已生疏，相比计算机专业人才，完全没有竞争优势，况且放弃多年学成的博士专业，未免可惜。

问题：

1. 评价小 A 的职业发展，你能给他一些什么建议？
2. 就"兴趣是最好的职业"阐述你自己的观点。

资料来源：一位交大博士的苦恼［EB/OL］．（2014-10-17）［2023-07-19］．http：//www.zhihu.com/question/26064345/answer/32006151．

课后讨论

数字化转型下的职业生涯新模式

一、企业背景

施耐德电气有限公司是总部位于法国的全球化电气企业，是全球能效管理和自动化领域的领导者。公司致力于推动数字化转型，服务于家居、楼宇、数据中心、基础设施和工业市场。通过集成世界领先的工艺和能源管理技术，从终端到云的互联互通产品、控制、软件和服务，贯穿业务全生命周期，实现整合的企业级管理。施耐德电气的使命是成为用户的数字化伙伴，以实现高效和可持续。

二、职业生涯管理背景

无论在业务稳定阶段还是转型期，员工职业生涯管理始终是施耐德重要的一环。在业务和人员稳定时期，施耐德倾向于以职业通道为依托，为员工规划发展路径，给予员工在企业稳定长期发展的机会。

随着近几年市场的快速变化，业务的需求也在不断增加，施耐德传统的职业生涯管理受到了挑战：从业务角度看，企业受商业环境的影响，正在进行数字化的转型，传统的知识、技术和能力都需要进行更新迭代，这对员工的技能重塑（reskill 和 upskill）提出了新的要求。从员工角度看，外部市场机会的不断涌现，员工的稳定性受到了影响，传统的职业发展模式无法再满足员工的发展需求。基于以上背景，施耐德开始寻求职业生涯管理新模式。

三、职业生涯管理基本理念

施耐德主张由员工承担自身职业生涯主人的角色,并自我规划在社会的快速变化和组织业务变化的挑战下如何提升技能、不断学习和更新自己,从而跟上企业发展。为此,企业提供了相应的资源和支持:从组织文化层面加深对新文化愿景的理解和落地,鼓励员工日学日新;对能力模型进行更新并为员工能力发展制订计划及评估考核,帮助员工不断进行技能重塑;成立职业生涯管理专项组,引导员工更好地承担职业生涯主人的角色等。

四、帮助员工提高自我认知,提升能力

(一)胜任力模型更新,为员工技能重塑提供依据

施耐德在该体系中非常注重胜任力模型的更新和迭代。在对胜任力模型进行更新后,企业会通过职业生涯发展的工作坊和路演等形式宣传新的模型,让员工了解到公司对于能力要求的新主张,从而能够把握能力发展的新方向。

(二)能力评估,为员工发展搭建技能阶梯

能力的发展与重塑是施耐德新职业生涯模式下的重点,为了帮助员工真正将能力提升落实到位,除了对胜任力模型进行更新外,企业每年还会匹配能力评估,从机制上对员工的能力提升进行追踪反馈。基于每个岗位定义的胜任力,直线经理会和员工就岗位的专业技能、数字化技能、跨专业技能、领导力等方面,对员工的能力进行回顾和评估:岗位所需要的能力是什么?针对岗位能力,员工计划达成的目标水平是什么?员工现有的水平和优势是什么?未来希望发展的是什么?

(三)个人发展计划——能力提升的落实手段

在能力评估之后,针对能力差距,直线经理会和员工共同制定下一年的个人发展计划(IDP)。为了保证IDP的有效落实,施耐德HR团队对直线经理和员工进行了赋能和辅导。

(四)将能力发展纳入绩效管理

为了督促员工进行自我发展,监督其能力发展情况,施耐德将员工的能力发展纳入绩效管理的考核内。企业要求员工在绩效目标的制定中不仅有工作目标,还要有一到两项发展目标的设定,通过这一"强制"手段,让员工严格执行制订的能力发展计划,帮助员工为自己的能力提升和未来发展负责。

五、激发员工自我驱动力，做职业生涯主人

（一）意识建设——我的职业生涯我做主

员工是自己职业生涯的主人，是施耐德秉承的职业生涯管理原则。然而，许多员工习惯了传统的由企业规划发展路径的方式，仍然认为职业生涯管理应该由企业负责。因此，为了帮助员工扭转思维，引导员工意识到自己才是职业生涯的主人以及学会如何自我承担和规划职业生涯，施耐德的 HR 团队采取了一系列举措。

（二）成立专项项目团队

施耐德成立了职业生涯发展项目团队，该团队负责一系列职业生涯意识宣传层面的宣讲、现场秀、工作坊等活动，还对有需求的员工进行一对一职业辅导。

（三）开展调研

项目团队成员通过调查问卷和访谈的形式开展了调研，对员工在职业发展方面的困惑、需要获得的支持等问题进行收集。

（四）提供解决方案

针对从员工端收集到的问题反馈，项目团队成员制定了一套职业生涯发展的方案，针对员工提出的不同问题，项目团队设计了一套解决方案，引导员工做好生涯规划和发展计划。

（五）获得高层的支持

项目团队通过和高层管理团队的互动，了解他们对员工职业生涯规划和发展的见解，将团队设计的方案以及如何传达给员工进行展示，并邀请高层参与直播宣讲，以此和高层在职业生涯项目上达成共识。

六、职业生涯规划和发展——意识提升/工具和方法

（一）现场秀（live show）——高管及专家职业经验分享

在和高层达成共识后，团队成员通过直播演讲的形式，在全国开了三场宣讲，通过宣讲，让员工意识到目前外部快速变化的商业环境、商业环境下市场的变化趋势、这些变化对施耐德人才的影响、未来的市场需要怎样的人才等，鼓励员工进行技能重塑。团队结合更新后的 H 能力模型，为员工提供未来人才能力画像，让员工依照未来的人才画像发展自己。

将设计的"学习课程列表"传达给员工，帮助员工了解在职业生涯出现困惑或者寻求发展时，可以获得的学习和发展资源。

同时邀请具有不同职业经历的成功高管、专家和员工分享经验,他们分别是数字化转型领导者、精益生产专家、青年精英副总裁,启发员工对自己职业生涯发展的思考。

(二) 职业生涯发展工作坊——针对不同目标人群的职业启发

在组织内部,不同的人群面临着不同的职业发展现状:年轻的"职场小白";充满抱负却遇到职业生涯瓶颈的员工;在职场多年经验丰富,但在快速变化的环境下充满危机感的老员工。施耐德希望针对不同的目标人群,引导他们实现职业生涯的转变和发展。因此,在宣讲和现场秀完成后,施耐德项目团队收集了三个以上目标人群职业发展的典型案例,通过工作坊的形式,在不同地区开展了不同的专场。通过引导的方式,让大家能够对自己的职业生涯有新的思考,从而自主规划职业生涯。

七、实施策略:搭建平台和流动机制,助力员工职业生涯选择

由于员工看到了外部市场变化下更多的机会,施耐德引导员工进行价值观的转变,在变化的环境中塑造自己的未来。公司鼓励员工以 outside in 的方式,学习外部市场的思路、方法,通过更宏观的格局观看待自己的工作,拓宽自己工作的广度,去学习除了本职工作外更多的技能,成为"斜杠"员工。为此,施耐德在内部建立了"开放人才市场"的平台。

(一) 促进内部人才流动

职业生涯平台可以提供公司内部招聘岗位的详情,员工可以搜索自己感兴趣的岗位并申请;此外,该平台结合 AI 技术,对于员工搜索过的感兴趣的内容进行相关岗位推送,让员工了解信息并有机会申请更多开放的岗位。

(二) 创立敏捷灵活组织

职业生涯平台覆盖各种灵活和敏捷的组织,它们不是现成的企业组织,而是经理/员工根据需求自发在平台上发起的各种类型的项目。项目负责人在平台上发起项目,员工可以在平台上看到招募信息并发起申请,项目发起人判断申请者的资质背景,选择合适的人,在灵活组织里进行协作。

这种项目形式跨越了地域、部门和时间的限制。在跨地域上,不同地区的员工可以通过线上的形式参与项目;在跨部门上,一个项目可能

会涉及许多不同部门员工的分工合作，例如，一个项目发起人是运营部的，他的项目需要做一个商业计划，那他可能需要一个市场部的同事加入；在跨时间上，这些项目不需要正式的工作时间，可能一周只需要占用一两个小时。

在员工成功进入项目组织后，系统会自动发一封邮件给员工的直线经理说明情况，让直线经理成为第一时间知情者并释放一些工作时间给员工参与项目。

（三）平台搭建成功的条件

起初，施耐德的平台搭建遇到了许多困难，最后通过一些尝试，从以下几个方面保证了平台的搭建和运行：

第一，top-down 的制度支持。施耐德自上而下从机制上进行创新，宣布该平台在全球以及在中华地区的运行机制，为员工能够真正参与项目提供有效的制度支持。

第二，引导员工主动参与。为了让更多员工能够意识到该平台的作用并加入，但也考虑到平台项目可能会占用一些工作时间，一方面鼓励员工高效完成本职工作的任务，留出更多的时间参与非本职工作之外的项目，拓展思维和经验；另一方面，引导员工利用一些业余时间加入一些感兴趣的项目去学习，发展自己。

第三，直线经理的支持。由于大部分工作都以工作内容为导向，当直线经理意识到员工可以高效完成本职工作后，也会支持他们开展额外的项目。

（四）社团——为新生代提供曝光机会

新生代是具有潜力的群体，他们敢于参与创造，并渴望自我实现。施耐德为了帮助这部分群体发挥潜力，成立了年轻人社团。在该社团中，每年会评选"班长"，由班长来领导不同的班级。此外，社团还会组织一些活动，如带领社团成员到别的企业参观和学习优秀的管理实践、开展数字化竞赛等活动，帮助员工拓宽视野，并能够获得一定的能力提升。

施耐德人力资源部希望员工在职业生涯实践中，通过比较内外部条件、因素，自觉主动选择最有利于自身发展和能做出最大贡献的职业定位，并借助公司的平台，加速职业路径的变化和个人能力的发展，在数字化转型的浪潮下能快速适应，把握机遇，勇敢地在人生的旅程中成就最好的自己。

问题：分析施耐德职业生涯新模式的特点。

资料来源：施耐德数字化转型下的职业生涯新模式 [EB/OL]. (2022-01-01) [2023-07-19]. https://www.sohu.com/a/513757646_121124319.

第八章 绩效管理

导入案例

大腾煤炭设计研究院的一次 360 度测评

大腾煤炭设计院有限公司是一家从国企改制为民营股份制的企业，近几年业绩增长喜人，在业务快速发展的同时，公司急需一批高素质人才。为了尽快建立起自己的人才储备队伍，总经理谢涛和人力资源总监于小溪决定在公司内部实施一次 360 度测评，但测评结果出来后，却导致公司上下群体性不满，公司内部炸开了锅。

公司建筑所所长钟一凡给本所 H 项目组组长曹秋林做测评反馈时，两人就弄得很不愉快。曹秋林是建筑所的业务尖子，钟一凡平时很器重他，想让他锻炼两年当副所长，所以这次报了他当储备干部候选人，参加测评。他怎么也没想到曹秋林的综合得分居然很低，要是照这个分数，曹秋林根本进不了第一梯队，连第二梯队都没戏。钟一凡发现，曹秋林在"团队贡献"和"人际沟通"两项标准上得分尤其低，便指出可能是因为曹秋林平时跟大家沟通太少，让大家对他有些误会，劝他以后多加注意。谁知这话激怒了曹秋林，他认为大家的评估太不公平，他说自己把时间用来钻研业务，还给所里揽了很多活儿，对所里对组里都做出了很大贡献，难道要把时间浪费在讲八卦上才行吗？最后，曹秋林愤然离去。

其实，钟一凡一直不看好这次评估。第一次开管理会讨论时，他就提醒过人力资源总监于小溪，因为他不相信参加测评的人能诚实作答，只要有人不诚实作答，那么真相就会被扭曲。所以，他对 360 度测评的公正性、客观性、有效性和可操作性提出了强烈质疑。除了钟一凡，其他几个部门的头儿也纷纷表示出同样的疑虑。但于小溪解释说，360 度测评和反馈工具是从国外成功企业和世界 500 强企业那里引进的，实践证明这个工具在绩效管理和人才培养方面成效卓著。大腾设计院经过改制和这些年的发展，人员结构发生了重大变化，由新生代构成的主力军带来了新的企业文化，这为 360 度测评提供了群众基础。

现在，测评结果出来了，郁闷的不只钟一凡和曹秋林，于小溪那里也很不安生，不少人找到了她那里。没入选干部梯队的有抱怨；入选的也有抱怨，嫌发展计划把人分成三六九等。于小溪一边惊讶于消息的泄露，一边还得做解释安抚工作。

谢涛那里更是热闹，真没想到一个 360 度测评会引起如此轩然大波，这完全背离了他做这件事的初衷。先是钟一凡找到他，要求公司慎重选择测评方法，对曹秋林网开一面。然后是热力供应所所长找到他，因为该所无一人入选第一梯队，于是说自己不懂潜规则，而且该所员工联名上书，要求公司将培训储备干部的钱用来做全员培训，理由是人人享有培训的权利。

本想为员工发展提供一个好的平台，但为什么不能如愿，还把公司搞得人心惶惶，大家愤愤不平，一片混乱？

资料来源：360 度测评是否适用于国有企业？［EB/OL］．（2014-07-12）［2023-07-19］．http://www.chnihc.com.cn/research-center/research-case/case-performancelist/871.html．

深入分析这个案例可以发现，大腾煤炭设计院在这次 360 度测评中存在诸多问题，例如：360 度评价法适用于员工考核还是员工发展？评价指标的设置是否合适，指标是否能全面客观反映员工的表现？评价人的选择是否合适，他们对 360 度测评标准掌握了吗？评价人是否清楚地了解被评价人的表现？如何避免主观判断的偏差？事先是否在单位内部有充分的沟通和引导？

从这个案例可以看出，绩效管理是企业管理的指挥棒，但同时又是令企业管理者非常头疼的问题，也是人力资源管理的难点。

第一节　绩效管理概述

一、绩效及其特点

（一）绩效

所谓绩效，是指员工在工作过程中所表现出来的与组织目标相关的并且能够被评价的工作结果与行为。

理解绩效需要把握以下几点：第一，绩效是基于工作而产生的，与员工的工作过程直接联系在一起，工作之外的行为和结果不属于绩效的范围。第二，绩效与组织的目标有关，对组织的目标应当有直接的影响作用。第三，绩效既包括工作行为，也包括工作结果，还包括工作中的潜力。

（二）绩效的特点

绩效具有以下三个特点。

1. 多因性

多因性指绩效受到多个因素的影响，绩效与影响绩效的因素之间的关系公式如下：

$$P=f(K, A, M, E)$$

式中，P 指绩效，K 指与工作有关的知识，A 指员工自身所具备的能力，M 指工作过程中受到的激励，E 指环境。

2. 多维性

多维性指员工的绩效往往是体现在多个方面的，我们一般从工作业绩、工作能力和工作态度三方面的维度来评价员工的绩效。

3. 动态性

动态性指绩效会发生变动，这种动态性就决定了绩效的时限性，因此，绩效往往是针对某一特定时期而言的。

二、绩效考核

绩效考核是指考评主体对照工作目标或绩效标准，采用科学的考评方法，评定员工的工作任务完成情况、员工的工作职责履行程度和员工的发展情况，并且将评定结果反馈给员工的过程。

三、绩效管理

（一）绩效管理的内涵

绩效管理是指为实现组织发展战略和目标，采用科学的方法，通过对员工个人和团队的业绩目标计划、对绩效目标实施中员工的行为表现和工作业绩以及综合素质的全面监测和考核、评价，以充分激励员工的积极性、主动性和创造性，持续地改善员工和组织绩效的活动过程。

（二）绩效管理与绩效考核的区别

1. 地位不同

绩效管理是人力资源管理的核心内容，而绩效考核是绩效管理的核心。

2. 过程的完整性不同

绩效管理是一个完整的管理过程，而绩效考核是绩效管理过程中的局部环节。

3. 侧重点不同

绩效管理侧重于信息沟通与绩效提升，强调事先沟通与承诺；而绩效考核侧重于判断与评价，强调事后考核。

4. 出现的阶段不同

绩效管理伴随管理活动的全过程，而绩效考核只出现在特定时期。

（三）绩效管理的目的

1. 战略目的

绩效管理系统将员工的工作活动与组织的战略目标紧密联系在一起。在绩效管理系统的作用下，组织通过提高员工的个人绩效来提高组织的整体绩效，从而实现组织的战略目标。

2. 管理目的

组织在多项管理决策中都要使用到绩效管理信息，绩效管理中绩效评价的结果是企业进行薪酬管理决策、晋升决策、保留或解雇决策等重要人力资源管理决策的重要依据。

3. 开发目的

绩效管理的过程能够让组织发现员工的不足之处，以便对他们进行有针对性的培训，这样才能够有效地提高员工的知识、技能和素质，促进员工个人发展，实现绩效管理的开发目的。

四、绩效管理体系

绩效管理体系是指各级管理者和员工为了达到组织目标共同参与绩效计划制订、绩效辅导、绩效考核、绩效反馈与绩效改进、绩效结果应用的持续循环过程,如图 8-1 所示。

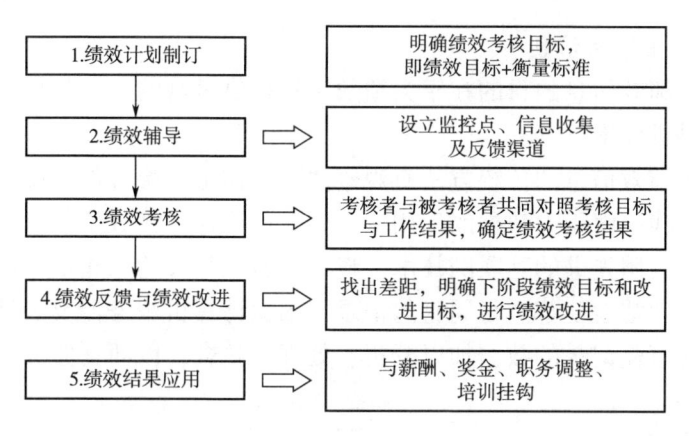

```
1.绩效计划制订        →  明确绩效考核目标,
                          即绩效目标+衡量标准
      ↓
2.绩效辅导           →  设立监控点、信息收集
                          及反馈渠道
      ↓
3.绩效考核           →  考核者与被考核者共同对照考核目标
                          与工作结果,确定绩效考核结果
      ↓
4.绩效反馈与绩效改进  →  找出差距,明确下阶段绩效目标和改
                          进目标,进行绩效改进
      
5.绩效结果应用       →  与薪酬、奖金、职务调整、
                          培训挂钩
```

图 8-1 绩效管理体系

(一) 绩效计划制订

绩效计划是整个绩效管理过程的开始,这一阶段主要是要完成制订绩效计划的任务,也就是说通过上级和员工的共同讨论,确定员工的绩效考核目标和绩效考核周期。

绩效计划具有以下几个特点:第一,绩效计划是对整个绩效管理过程工作的指导和规划,是一种前瞻性的思考。第二,绩效计划包含如下三部分内容:员工在考核周期内的绩效目标体系(包括绩效目标、指标和标准);为实现最终目标,员工在绩效考核周期内应从事的工作和采取的措施;对绩效监控、绩效考核和绩效反馈阶段的工作做一个规划和指导。第三,绩效计划必须由员工和管理者共同参与。绩效计划中有关员工绩效考核的事项,如绩效目标等,需经双方共同确认。第四,绩效计划既然是前瞻性思考,就有可能出现无法预料的事情,所以绩效计划应该随着外界环境和企业战略的变化而随时进行调整,不能墨守成规。

（二）绩效辅导

绩效辅导即管理者与员工双方在计划实施的过程中应随时保持联系，全程追踪计划进展情况，及时排除遇到的障碍，必要时修订计划。绩效辅导是绩效管理体系的灵魂与核心。

在这一阶段，管理者需要收集绩效信息，与员工持续沟通，进行绩效辅导。

1. 收集绩效信息

收集绩效信息的目的在于为绩效考核提供客观的事实依据，为绩效改善提供具体事例。

收集绩效信息的传统方法有观察法、工作记录法和他人反馈法。在数字化时代，由于大数据的运用，一些企业构建了大数据信息化管理服务平台，运用先进的互联网技术，将每个员工每天的工作量、详细的工作安排、业绩表现都进行周密的记录，根据计算机服务器及云计算处理技术，对事先记录的数据加以分析、处理、整合，以便掌握员工的绩效信息。

2. 与员工持续沟通

在整个绩效辅导过程中，管理者应和员工保持持续沟通，其目的在于：通过沟通对绩效计划进行调整；为员工绩效计划的完成奠定基础；让管理人员了解相关信息，以便对员工的绩效进行客观评估以及在绩效计划执行发生偏差时，可以了解信息并及时进行调整。

进入移动互联网时代，许多公司纷纷开始转向敏捷绩效模式，员工与主管可以随时随地通过移动 App 修改目标、反馈意见，随时进行辅导与激励，以便更大化价值产出，同时，也帮助员工及时调整个人发展路径，快速成长。

3. 绩效辅导

通过对绩效的辅导，帮助员工提高业务水平，提升绩效，确保公司战略在各级员工中得到顺利贯彻。在数字化时代，可以基于大数据综合分析的结果，加上人机交互分析，将需要改进的工作过程的关键控制点、员工态度等及时通过系统发信息给员工，形成一种提前检错和预测作用，并将工作标准发给员工，起到系统自动辅导的作用。例如，平安银行研发的口袋银行家 App 可以让管理者在手机上即时查看每家营业网点的人流量（包括业务办理渠道），实时了解营业网点各项经营指标的增减变化情况。管理者还可以通过数据挖掘的方式,查看营业网点内员工的业绩变化情况,甚至可以了解员工与其分管客户的联系频次,并对员工业绩不理想的原因进行初步判断。通过查看营业网点和员工的业绩变化情况,管理者可以及时采取措施,加强与营业网点主管、员工的沟通交流,查找问题原因,提供必要的帮助,进而协助并促进绩效目标的达成。再如,在易路软件公司的极小管理系统中,部门主管可以设置问题库,将希望了解员工行为的关键性问题实时推送给员工,了解目标执行过程中遇到的问题,并对员工的每一步成功给予点评、点赞,员工之间也可以相互协作并对对方的支持行为进行评价、点赞。部门主管可以定期和员工召开复盘会,绩效管理系统会自动搜集过去一段时间里员工与目标执行有关的关键信息和评价,为部门主管更好地指导员工,以及为员工明确下一步工作方向奠定强有力的基础。

另外,可以构建内部第三方管控小组。在基于大数据的绩效管理平台系统中,管控小组根据过程绩效关键动作及其评价标准,对系统无法识别或者自动评价的动作,及时做出回复和反应,并及时对员工工作中出现的问题进行回复,同时,对员工的过程绩效中的关键动作执行情况进行核实和辅导。

(三)绩效考核

直线经理对下属在某一考核周期的工作完成情况进行评价。

在绩效考核过程中,有以下关键点:考核对象的确定,考核内容的确定,考核主体的确定,考核方法的选择。

在数字化时代,企业可以考虑建立一个业绩管理系统,与核心业务系统进行对接,对组织、人员的业绩数据进行有效管理,并与人力资源系统的绩效考核模块相关联,尽量减少人为的干预和处理,进一步提升绩效考核的及时性和透明性。

(四)绩效反馈与绩效改进

一个阶段的绩效评价结束后,直线经理一定要将评价结果通过面谈的方式告诉员工,与员工就评价结果达成一致理解,并真诚地指出员工存在的不足,提出建设性的改进意见。

(五)绩效结果应用

在绩效评价结束后,企业一定要按照绩效制度的规定,将绩效评价的结果与薪酬奖金、人事发展、培训和职业生涯发展、劳动关系联系起来，使绩效制度朝良性循环方向发展。

第二节 绩效指标体系的构建

一、绩效指标

绩效指标是对员工在绩效考核期间工作任务和工作要求所做的界定。绩效指标由绩效内容和绩效标准组成。

绩效内容是指绩效项目的具体内容，它可以理解为对绩效项目的分解和细化。例如，对某一职位，工作能力这一考核项目就可以细化为沟通能力、创新能力、公共关系能力等三项具体的指标。

绩效标准是指与其相对应的每项目标任务应达到的绩效要求。绩效标准明确了员工的工作要求，也就是说，对于绩效内容界定的事情，员工应当怎样来做或者做到什么样的程度。绩效标准的确定，有助于保证绩效考核的公正性，否则就无法确定员工的绩效到底是好还是不好。

二、绩效指标的设计原则

（一）目标设置理论

目标设置理论是由美国心理学家洛克提出的，他认为目标是引起行为的最直接的动机，设置合适的目标会使人产生想达到目标的成就需要，因而对人具有强烈的激励作用。因此，重视并尽可能设置合适的目标是激发动机的重要过程。

目标设置理论认为，合适的目标应具备两个特点：第一，目标应当明确、具体且有一定难度，如请在十分钟内完成这件事。第二，当团队成员对指标有较高承诺时，目标实现的可能性较大。

（二）绩效指标的设定原则

根据目标设置理论，在设定绩效指标时，应遵循以下原则。

1. SMART 原则

SMART 原则将指标一共分为五个维度，即：S（specific）代表具体，指绩效考核要切中特定的工作指标，不能笼统；M（measurable）代表可度量，指绩效指标是数量化或者行为化的，验证这些绩效指标的数据或者信息是可以获得的；A（attainable）代表可实现，指绩效指标在付出努力的情况下可以实现，避免设立过高或过低的目标；R（relevant）代表相关性，指绩效指标与工作的其他目标相关联，绩效指标是与本职工作相关联的；T（time-bound）代表有时限，注重完成绩效指标的特定期限。表 8-1 是 SMART 原则的要点。

表 8-1 SMART 原则的要点

原则		正确做法	错误做法
specific 具体的	要点	·切中目标 ·适度细化 ·随情况变化	·抽象的 ·未经细化 ·复制其他情境中的指标
	举例	检修备件在检修实施前 3 天到货	检修备件按计划完成，不影响进度
measurable 可度量的	要点	·数量化 ·行为化 ·数据或信息可得	·主观判断 ·非行为化描述 ·数据或信息无从获得
	举例	提前 8 小时完成年修计划	年修工作出色完成
attainable 可实现的	要点	·在付出努力的情况下可以实现 ·在适度的时限内可完成	·过高或过低的目标 ·时间过长
	举例	8 月底铁粉库存达到 15 万吨	8 月底铁粉库存达到 5 万吨
relevant 与整体目标相关	要点	·可证明的 ·可观察的	·假设的 ·不可观察或不可证明的
	举例	每天抽检产品一次	工作认真负责
time-bound 有时限的	要点	·使用时间单位 ·关注效率	·不考虑时效性 ·模糊的时间概念
	举例	设备故障发生 30 分钟后修复	即时处理设备故障

例如，"减少浪费支出"这个指标就不符合 SMART 原则，其存在的问题是：浪费支出不具体，不定量，缺乏时限。根据 SMART 原则，可以修改为"2018 年全年的业务招待费用支出比 2017 年减少 10%"。

2. 激励性原则

绩效指标应具有挑战性，能鼓舞人心，让员工产生愿意立即行动的欲望。例如，对一个做月饼的师傅，要求他做出一个本市最大的月饼。

3. 参与性原则

由上下级通过沟通和协商来制定绩效指标，员工会更加主动去完成既定的指标。

三、构建绩效指标的工具

（一）关键绩效指标

1. 关键绩效指标的内涵

关键绩效指标是衡量企业战略实施效果的关键的指标体系。这包含三个层面的含义：第一，关键绩效指标的功能是用来衡量企业战略实施效果的，是战略导向的；第二，关键绩效指标强调关键，即最能有效影响企业价值创造的关键驱动因素，是对企业成功具有重要影响的方面；第三，关键绩效指标是一套指标体系，包含了所有对企业成功具有重要影响的衡量指标。

关键绩效指标作为一种绩效管理工具，其核心思想是：根据"二八"原则，找到组织的关键成功领域（key result areas，KRA），洞悉组织的关键绩效要素（key performance factors，KPF），有效管理组织的关键绩效指标，就能以少治多、以点带面，从而实现组织战略目标，进而打造持续的竞争优势。

2. 构建关键绩效指标的流程

（1）明确企业未来的发展方向和战略目标。基于企业的战略目标，由专家与企业高层领导借助鱼骨图法或头脑风暴法分析企业获得成功的关键业务重点，这些业务领域就是公司的关键结果领域，以此作为确定关键绩效指标的维度。

（2）分解企业战略目标，分析并建立各子目标与主要业务流程的联系。企业的总体战略目标在通常情况下可以分解为几项主要的支持性子目标，而这些子目标需要在企业的某些主要业务流程的支持下，才能在一定程度上达成。因此，在本环节需要完成以下工作：第一，由企业（中）高层将战略目标分解为主要的支持性子目标（可用鱼骨图方式）。第二，在企业的主要业务流程与支持性子目标之间建立关联。

（3）确定各支持性业务流程目标。在支持战略子目标达成的前提下，这一环节需要进一步确认各业务流程本身的总目标，并进一步确认流程总目标在不同维度上的详细分解内容。

(4) 部门级关键绩效指标的提取。基于支持性业务流程目标、流程重点和部门职责之间的联系，提取部门级的关键绩效指标。

(5) 职位关键绩效指标的提取。根据部门关键绩效指标、业务流程以及确定的各职位职责，确定职位关键绩效指标。

(6) 设置标准。对每项最终选择的关键绩效指标设置评价标准，即在各个指标上应该达到什么样的水平。

(二) 平衡计分卡

1. 平衡计分卡的内涵

平衡计分卡（balanced score card，BSC）是由美国学者罗伯特·卡普兰（Robert Kaplan）和戴维·诺顿（David Norton）于 1992 年创立的，它将企业的使命、战略目标和企业的经营管理联系起来，通过财务、客户、内部运营、学习与成长四个方面的因果驱动关系，展现企业的战略决策和战略规划，并对企业的经营绩效进行综合评价。其中，每一个方面都有其核心内容：第一，财务层面。财务业绩指标可以显示企业的战略及其实施和执行是否对改善企业盈利做出贡献。财务目标通常与获利能力有关，其衡量指标有营业收入、资本报酬率、投资回报、现金流、经济增加值等。第二，客户层面。在平衡计分卡的客户层面，管理者首先确立其业务单位的目标客户和细分市场，然后针对目标客户确定自己的客户价值主张。客户层面指标通常包括客户满意度、客户保持率、客户获得率、客户盈利率、市场份额等。第三，内部运营层面。在这一层面，管理者要确认组织擅长的关键的内部流程，这些流程帮助业务单位提供价值主张，以吸引和留住目标细分市场的客户，并满足股东对卓越财务回报的期望。常用的内部流程包括安全事故率、工程项目质量、返工率、合理化建议等。第四，学习与成长层面。这一层面确立了企业要创造长期的成长和改善必须建立的基础框架，以及未来成功的关键因素。平衡计分卡的前三个层面一般会揭示企业的实际能力与实现突破性业绩所必需的能力之间的差距，为了弥补这个差距，企业必须投资于员工技术的再造、组织程序和日常工作的理顺，这些都是平衡计分卡学习与成长层面追求的目标，如新业务收入、员工满意度、员工保持率、员工培训和技能等。

最好的平衡计分卡是重要指标或重要成功因素的集合。一份结构严谨的平衡计分卡应当包含一系列相互联系的目标和指标，这些指标不仅前后一致，而且互相强化。

2. 构建平衡计分卡的思路

（1）明确组织的战略地图。战略地图是对战略的描述，是一种战略可视化的表示方法。它使用一张图描述企业在财务层面、客户层面、内部运营层面和学习与成长层面的战略，并详细阐述四个层面目标之间的因果关系，为战略制定和战略执行之间的鸿沟搭起一座桥梁。

（2）绩效指标的选取。依托战略地图描述的企业战略，对每项战略进行分解，围绕财务层面、客户层面、内部运营层面、学习与成长层面选取衡量指标和目标值，同时配之以行动方案，形成一套对战略进行衡量的考核指标体系。

（3）确定绩效评价指标权重。可以运用专家讨论法和层次分析法来确定绩效指标的权重。

第三节　绩效考核

一、绩效考核的方法

绩效考核的方法主要有三类：比较法、量表法和描述法。每类方法的特点见表 8-2。

表 8-2　绩效考核的方法

绩效考核的方法		主要特点
比较法	·个体排序法 ·配对比较法 ·强制分布法	·简单、容易操作 ·适用于作为惩罚的依据 ·无法提供有效的反馈信息 ·无法比较不同部门的员工
量表法	·评级量表法 ·行为锚定法 ·行为观察量表法	·具有客观的标准，可以考核不同部门之间，进行结果横向比较等 ·开发成本较高，需要制定合理的指标和标准
描述法	·360 度考核法 ·关键事件法 ·实时跟踪法	·提供了对员工进行考核和反馈的实施依据 ·一般只作为其他考核方法的辅助方法来使用

(一) 比较法

1. 个体排序法

将所有参加评估的人选列出来，就某个评估要素展开评估，首先找出该要素上表现最好的员工，将其排在第一的位置，再找出该要素上表现最差的员工，将他排在最后一个位置，然后找出次最好、次最差，依此类推。这里的评估要素可以是整体绩效，也可以是某项特定的工作或体现绩效的某个方面。

该方法的优点是：比较容易识别好绩效和差绩效的员工；如果按照要素细分进行评估，能够清晰地见到某个员工在某方面的不足，有利于绩效面谈和改进。

该方法的缺点是：如果需要评估的人数较多，超过20人时，此种排序工作比较繁琐；严格的名次界定会给员工造成不好的印象，最好和最差比较容易确定，但中间名次是比较模糊和难以确定的。

2. 配对比较法

配对比较法是对员工进行两两比较，任何两位员工都要进行一次比较。两名员工比较之后，相对较好的员工记"1"，相对较差的员工记"0"。所有的员工相互比较完毕后，将每个人的得分相加，总分越高，绩效考核的成绩越好。

该方法的优点是准确性较高，因为是通过两两比较而得出的次序，所以得到的评估更可靠和有效。该方法的缺点是仅适用于人数较少的情况，如果人数太多，配对比较的次数就多，操作比较麻烦。

3. 强制分布法

强制分布法是按事物"两头大、中间小"的正态分布规律，先确定好各等级在总数中所占的比例。例如：若划分成优、良、劣三等，则分别占总数的30%、40%和30%；若分成优、良、中、差、劣五个等级，则每等级分别占10%、20%、40%、20%和10%。然后按照每人绩效的相对优劣程序，强制列入其中的一定等级。详见表8-3所示。

表8-3 考核正态分布表

等级	比例（%）	人数
优秀	5	2

续表

等级	比例（%）	人数
良好	15	6
中等	60	24
不合格	15	6
差	5	2

该方法的优点是可以避免考核中的趋中效应或者偏松或偏紧的问题。该方法的缺点是将员工的绩效假设为概率分布并不合理，当一个部门员工都较为优秀或普遍较差时，考评者挑选优秀或较差员工会感到很为难，因此，这种考核方法要与其他方法相结合。

阅读案例8-1

活力曲线

活力曲线是美国通用电气公司进行员工评价的重要方法。该方法又可以简称为员工评价的"20-70-10"法则或ABC员工评价方法。

活力曲线的基本评价制度是要求下属的每一家公司对他们所有的高层管理人员分类排序，其基本构想就是强迫每个公司的领导对他们领导的团队进行区分。他们必须区分出：在他们的组织中，他们认为哪些人是属于最好的20%，哪些人是属于中间大头的70%，哪些人是属于最差的10%。如果他们的管理团队有20个人，那么就需要知道20%最好的4个人和最差的2个人是谁，包括姓名、职位和薪金待遇。表现最差的员工通常必须离开。

A类员工（20%）：激情满怀、勇于负责、思想开阔、富有远见。他们不仅自身充满活力，而且有能力带动自己周围的人。对这些员工，采取"加薪、加心、加信"的正激励。

B类员工（70%）：是否拥有工作激情，是A类员工与B类员工的最大区别。B类员工是公司的主体，也是业务经营成败的关键。公司投入了大量的精力来提高B类员工的水平，要求他们上进、上进再上进，经理的工作就是帮助他们进入A类。

C类员工（10%）：是指那些不能胜任自己工作的人。他们更多地是打击别人，而不是激励；他们通常使目标落空，而不是使目标实现。作为管理者，不能在C类员工身上浪费时间。

资料来源：胡士强.韦尔奇留给中国管理的"行动宝藏"[J].中外管理，2020（4）：28-31.

（二）量表法

1. 评级量表法

评级量表法是最古老也是用得最多的考核方法之一。该方法把员工的绩效分成若干项目，每个项目后设一个量表，由考核者做出考核。表8-4是评级量表法示例。

表8-4 评级量表法示例

考核内容	考核项目	说明	评定
基本能力	知识	是否具备现任职务的基础理论知识和实际业务知识	A B C D E 10 8 6 4 2
业务能力	理解力	能否充分理解上级指示，干脆利落地完成本职工作任务，不需要反复要求上级指示	A B C D E 10 8 6 4 2
工作态度	协作性	在工作中是否充分考虑别人的处境，是否主动协助上级、同事做好工作	A B C D E 10 8 6 4 2
评定标准： A——非常优秀，理想状态 B——优秀，满足要求 C——基本满足要求 D——略有不足 E——不满足要求		分数换算 A——64分以上 B——48~63分 C——47分以下	合计分： 等级：

2. 行为锚定法

行为锚定法首先描述职务工作可能发生的各种典型行为，对行为的不同情况进行度量评分，在此基础上建立锚定评分表，作为员工绩效考评的依据，对员工的实际工作行为进行测评给分。表8-5是以顾客为中心的行为量表示例。

表 8-5　以顾客为中心的行为量表

1 级：跟进客户提出的要求、抱怨和询问，让客户了解最新进展；采取例行或基于要求的行动，只有少数着眼于顾客需求
2 级：留意客户的满意度，提供有益的讯息，并提供友好愉快的服务；特意提供协助，主要采取例行公事之处的行动
3 级：承担个人责任，迅速处理客户问题；付出很多额外精力满足客户需求，花费比别人多得多的时间和精力
4 级：让客户迅速找到自己，召集他人采取非例行公事的行动满足客户需求
5 级：为客户设想，收集有关客户的真正需求；付出很多精力，用工作内外的时间帮助他人，或艰难程度远超正常的工作

3. 行为观察量表法

行为观察量表法是在行为锚定法和传统业绩评定表法的基础上提出的，适用于考察基层员工的工作技能和工作表现。行为观察量表法包含特定工作的成功绩效所需求的一系列合乎希望的行为。运用行为观察量表，不是要确定员工工作表现处于哪一个水平，而是要确定员工某一个行为出现的频率，然后通过给某种行为出现的频率赋值，从而计算出得分。

（三）描述法

1. 360 度考核法

360 度考核法即上级、同事、下属、自己和顾客对被考核者进行考核的一种方法。通过这种多维度的评价，综合不同评价者的意见，就可以得出一个全面、公正的评价。图 8-2 是 360 度考核法示例。

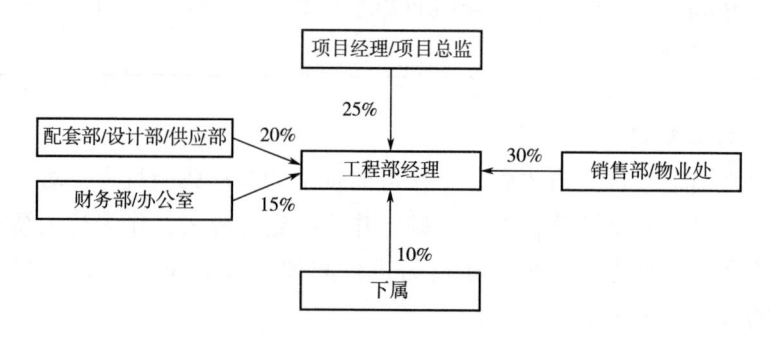

图 8-2　360 度考核法示例

2. 关键事件法

关键事件是指考核人在平时注意收集被考核人的重要事件，这里的"关键事件"是指那些会对部门的整体工作绩效产生积极或消极影响的重要事件。管理者对这些表现要形成书面记录，根据这些书面记录进行整理和分析，最终形成员工考核的结果。

3. 实时跟踪法

组织通过数字化设备如人脸/指纹打卡签到、员工的沟通记录追踪、办公场所的视频监控、在公有设备上的操作轨迹监管，搜集员工文本信息、网络足迹信息等各种数据，可以实时了解其工作行为、工作过程、绩效及绩效改善等信息。

二、绩效考核的常见误区

在考核过程中，考核者容易陷入以下误区：第一，晕轮效应。考核主体以员工某一方面的特征为基础而对总体绩效做出评价。第二，逻辑错误。考核主体使用简单的逻辑推理而不是根据客观情况来对员工绩效进行评价。第三，首因效应。考核主体根据员工在考核初期的表现来对整个绩效考核周期做出评价。第四，近因效应。考核主体以员工近期的表现为根据对整个绩效考核周期做出评价。第五，宽厚性误差。考核主体对员工所做的评价往往高于实际成绩。第六，严厉性误差。严厉性误差是与宽厚性误差相对应的，指考核主体对员工的评价过分严格。第七，类我效应。考核主体将员工和自己进行对比，与自己相似的就给予较高的评价，与自己不同的就给予较低的评价。第八，溢出效应。考核主体根据员工考核周期以外的表现对其考核周期内的表现做出评价。

为了避开上述误区，组织可以采取以下措施：第一，构建科学的绩效考核指标体系。考核指标应当统一、具体、明确。第二，选择恰当的考核人员。绩效考核人员应当是对被考核者比较了解的人。第三，对考核主体进行培训。加大对考核主体的培训，使绩效考核者掌握专业的考核技能，并且能够主动避开绩效考核的误区。第四，以大数据为依据。以大数据处理技术将每个员工每天的工作量、详细的工作安排、业绩表现进行周密的记录，对事先记录的信息进行分析、处理、整合，自动生成每个员工的绩效考核结果。

阅读案例8-2

D公司基于大数据的绩效考核

D公司搭建了基于大数据的过程绩效评价系统，对员工工作过程中图像、声音、输入文字进行数据收集，根据系统预先设定好的评价指标、评价标准、关键控制点操作规范等进行分类处理。对于自动识别的数据，分类处理系统将进行自动处理、自动评价，将评价结果显示在开发平台中，同时，自动进行奖惩等；那些系统不能进行智能分析的数据将被传送给管控人员，进行人机交互评价，管控人员对系统收集的各类数据，根据客观标准，对其行为进行评价，评价结果也将出现在大数据平台中。对于所有评价结果，系统经过识别和智能分析，自动进行综合核算，与个人的薪酬相联系，对个人过程绩效进行奖惩。

如果个人过程绩效中出现触发预警流程的异常数据，系统将自动启动预警系统，为个人、管理者提供有效信息，并根据预警情况对员工自动进行错误记录，与奖惩措施相联系，智能化地进行奖惩。

在完整的过程绩效评价过程中，员工每个动作的图像、声音、文字、数字等数据都将实时记录，在大数据平台被保存，可以查询，不可修改，能够保证原始数据，对于协助员工进行工作改进有很大参考价值。因为，实时地显示工作过程能够使员工及时比较、发现工作中的失误，减少工作中重复犯错的概率，从而改善工作绩效，对员工意义重大；另外，也为公司提供实时、有效的数据依据，以便公司对个人行为、绩效等进行综合的数据分析等。

资料来源：黄新培. D公司给予大数据背景下的绩效管理研究［D］. 青岛：中国海洋大学，2015：41-44.

第四节 绩效反馈面谈

一、绩效反馈面谈的内容

绩效反馈面谈是部门主管与下属员工之间共同针对绩效考核结果所做的检视和讨论，其主要目的是主管把员工绩效考核的结果包括取得的成绩、存在的问题与不足反馈给员工，同时与员工共同确定下一阶段的绩效目标。

一般来说，绩效反馈面谈内容包括以下四个方面。

（一）工作业绩

工作业绩的综合完成情况是绩效反馈面谈的重要内容，管理者需将考核结果及时反馈给员工。如果员工对绩效考核结果存有异议，那么管理者需要与员工一起回顾上一个绩效周期的绩效目标、绩效计划及绩效衡量标准，对考核结果进行分析与说明。

（二）行为表现

除了向员工反馈绩效考核结果以外，管理者还需要综合评价员工的行为表现，如工作态度、工作能力等，让员工对自己有一个清晰的认识，这样可以更好地帮助员工完善自己，提高自身的技能。

（三）改进措施

在面谈过程中，针对员工未完成的绩效目标或未达到的工作标准，管理者需要与员工一起分析原因，并提出具体的改进措施，帮助员工改善绩效不佳的状态。在数字化时代，新的绩效评估模式不仅衡量工作的结果，也提供产生结果的原因，为绩效反馈提供更具体的改进建议。

（四）新的目标与实施计划

在绩效反馈面谈中，管理者应该根据员工上一个周期的绩效目标完成情况，并结合企业新的战略目标和部门新的工作任务，向员工提出新的期望，与员工共同制定新的目标，共同讨论实施计划。

在数字化时代，企业要通过数字化手段在人力资源系统中完善反馈功能，做到绩效反馈留痕，并结合管理者在绩效考核环节对员工的主观评价和其业绩情况，智能评估、分析员工的长短板，并提供差异化的面谈辅导建议，协助管理者做到评估辅导有依据、绩效管理流程全覆盖。

二、绩效反馈面谈的准备工作

（一）管理者的准备工作

1. 制定面谈策略

针对不同类型的员工，管理者可以采取不同的面谈策略。表 8-6 列出了针对四种不同类型员工的面谈策略。

表 8-6 针对四种不同类型员工的面谈策略

员工类型	面谈策略
贡献型员工 （工作业绩好+工作态度好）	在了解企业激励政策的前提下予以奖励，提出更高的目标和要求
冲锋型员工 (好的工作业绩+差的工作态度)	对其绩效和专业能力给予充分的肯定；通过良好的沟通建立信任，了解原因，改善其工作态度
安分型员工 (差的工作业绩+好的工作态度)	严格按照绩效考核办法予以考核，不能以态度好代替工作业绩不好，更不能用工作态度掩盖工作业绩；以制定明确的、严格的绩效改进计划作为绩效面谈的重点
堕落型员工 (差的工作业绩+差的工作态度)	澄清员工对工作成果的看法，重申工作目标

2. 收集面谈资料

在进行绩效反馈面谈前，管理者必须准备好面谈所需要的各种资料，包括员工的绩效计划书、绩效考核表、岗位说明书、日常工作记录、关键事件记录表等。在面谈开始前，管理者需要很好地熟悉这些信息，从而掌握员工的相关绩效信息。

3. 确定面谈参加人员

如果是部门或者团队绩效面谈，则部门或团队所有人员应该全部到场；如果是一对一的个人绩效面谈，则要确定面谈对象，并提前通知面谈对象，做好面谈准备。一般来说，面谈是由直接上级与直接下级单独进行的，但是管理者如果感觉沟通难度较大，担心无法说服员工接受考核结果，改进自身的绩效，则可以邀请比较有威望的越级主管或有经验的人力资源一起参加，以使面谈顺利进行。

4. 确定面谈时间与场所

面谈时间与场所的选择非常重要，关系到绩效反馈的有效性。在进行面谈前，管理者可以先提出几个可选时间，征得员工同意，双方约定一个对彼此都比较适合的时间。应尽量避免在上下班前、下午茶或者周五下班前安排面谈，否则面谈效果容易受干扰。面谈时间一般不少于 30 分钟，不超过 2 小时。时间太短，面谈不够深入；时间太长，容易让人产生疲劳感，影响面谈效果。

面谈场所尽量选择安静的会议室。面谈时要关上房间的门，保证面谈的保密性,让员工没有心理负担,能够畅所欲言。面谈双方座位的选择也有一定的技巧:如果想要加强沟通的严肃性,则面谈双方应该隔着办公桌相对而坐;如果想缓解员工面谈的紧张感,则面谈双方可以隔着桌角相对而坐;如果想更进一步地拉近双方的安全感,促进双方平等地交流,则可以选择在办公桌一侧相邻而坐。

(二)员工的准备工作

员工也需要准备相关的材料,包括绩效自评表、工作总结及思考改进等,如果对绩效考核结果有疑问,则应该准备相关的工作日志。同时,员工还可以提供个人下一步的发展计划,以便在面谈过程中获得上级的指导与支持。除了上述材料之外,员工也可以提前准备好自己所关心的问题,在面谈过程中尽量与上级沟通,共同协调解决这些问题。准备完成后,员工就可以安排好自己的工作,空出时间与上级进行绩效反馈沟通了。

三、绩效反馈面谈的方法

准备工作固然重要,但相对来说,面谈的过程更加重要。所以,管理者一定要在面谈过程中注意方法,使面谈融洽地进行、愉快地结束,真正起到帮助员工提高的目的,而不要演变成批斗会、辩论场。通常一个员工的绩效表现有正反两个方面,有表现优秀值得鼓励的地方,也有不足须加以改进之处,反馈也应该从正反两个方面着手,既要鼓励员工发扬优点,也要鞭策员工改进不足。

(一)正面反馈的技巧

1. 真诚

真诚是面谈的心理基础,管理者不可过于谦逊,更不可夸大其词,要让员工真正地感受到管理者确实是满意他的表现,表扬确实是真情流露,而不是套近乎、拉关系。只有这样,员工才会把管理者的表扬当成激励,在以后的工作中更加努力。

2. 具体

管理者在表扬员工和激励员工的时候,一定要对员工所做的某件事有针对性地具体地表扬,而不能笼统地说员工表现很好。比如,员工为了赶一份计划书而加了一夜的班,这时不能仅仅说员工加班很辛苦、表现很好之类的话,而应该特别点出员工做的具体事情,比如:"小王，你加了一夜的班赶计划书，领导很赞赏你的敬业精神，对计划书的编写很满意。"这样，小王就会了解到，加班受到了表扬，计划书获得了通过，自己受到了领导赏识。

3. 富有建设性

正面反馈要强化员工的正面表现，使之在以后的工作中不断发扬，继续做出更优秀的业绩。同时，要给员工提出一些建设性的改进意见，以帮助员工获得更大提高和改进。

（二）负面反馈的技巧

1. 描述而不判断

管理者不能因为员工的某一点不足，就做出员工如何如何不行之类的感性判断。对事不对人、描述而不判断应该作为重要的原则加以特别注意。

2. 客观

管理者只要客观准确地描述了员工的行为所带来的后果，员工自然就会意识到问题所在，所以，这个时候不要对员工多加指责，指责只能僵化双方关系，对面谈结果有害无益。

3. 多聆听

管理者要从员工的角度，以聆听的态度听取员工的看法，而不是一直喋喋不休地教导。

4. 与员工探讨下一步的改进措施

管理者与员工共同商定未来工作中如何加以改进，并形成书面内容，经双方签字认可。

四、数字化时代的绩效反馈

在数字化时代，绩效实时反馈 App 已经出现，它是一种社交网络工具，鼓励员工参与和进行实时绩效反馈。同时，游戏化的绩效考核系统可以使用排行榜和活动信息来查看员工的实时绩效。绩效管理正从年度考核（如与经理每年谈话一次），转变为各种应用程序和系统使用下的更频繁和灵活的双向沟通与反馈。

关键术语

performance management　　绩效管理
performance appraisal　　绩效考核
key performance indicator　　关键绩效指标
key behavior　　关键行为指标
balanced score card　　平衡计分卡

本章思考题

1. 绩效管理与绩效考核的区别是什么？
2. 绩效管理体系包括哪些环节？
3. 绩效考核指标的设定原则是什么？
4. 什么是关键绩效指标？如何构建关键绩效指标？
5. 什么是平衡计分卡？如何根据平衡计分卡为某一岗位设计关键绩效指标？
6. 绩效考核的方法有哪些？
7. 绩效反馈面谈的内容有哪些？绩效反馈面谈的方法有哪些？

课堂讨论

一次绩效反馈面谈

（差五分钟下班，客服经理王明正收拾整理一天的文件，准备下班后去幼儿园接孩子，吴总走了进来。）

吴总：王明，你现在不忙吧？考核结果你也知道了，我想就这件事与你谈一谈。

王明：吴总，我下班后还有点事……

吴总：没关系，我今晚也有个应酬，咱们抓点儿紧。

王明（无奈地）：那我就来。

（总经理办公室，办公桌上文件堆积如山。王明心神不宁地在吴总对面坐下。）

吴总：王明，绩效考核结果你也看到了……你上一年的工作嘛，总的来说还过得去，有些成绩还是可以肯定的。不过成绩只能说明过去，我就不多说了。我们今天主要来谈谈不足。王明，这可要引起你的充分重视呀，尽管你也完成了全年指标，但你在与同事共处、沟通和保持客源方面还有些欠缺，以后得改进呀。

王明：您说的"与同事共处、沟通和保持客源方面还有些欠缺"具体指什么？

吴总：王明，员工应该为领导分忧，可你非但不如此，还给我添了不少麻烦！

王明：我今年的工作指标都已经完成了，可考核结果……

吴总：考核结果怎么了？王明，别看我们公司人多，谁平时工作怎样，为人处事如何，我心里可是明镜儿似的。

王明（委屈地）：我觉得您可能对我有些误会，是不是因为在上次销售报告会议上我的提议与李部长发生冲突，弄得很不愉快……

吴总：你不要乱琢磨。你看看陈刚，人家是怎么处理同事关系的？

王明（心想怪不得他的各项考核结果都比我好）：吴总，陈刚是个老好人，自然人缘好；但我是个业务型的人，比较踏实肯干，喜欢独立承担责任，自然会得罪一些人……

吴总：好了，李总又催我了，今天就这样吧。年轻人，要多学习，多悟！

问题：你认为吴总与王明的沟通成功吗？为什么？

资料来源：有关绩效管理的一次对话［EB/OL］．（2022-12-30）［2023-07-19］．https：//www.netkao.com/shiti/373560/33129615672.html．

课后讨论

天龙航空食品公司

罗芸在天龙航空食品公司担任地区经理快一年了，她分管10家供应站，每个供应站有1名主任，负责向一定范围内的客户销售和服务。天龙公司不仅服务于航空公司，也向成批订购盒装中、西餐的单位提供所需食品。天龙公司雇请所有需要的厨房工作人员，采购全部原料，并按客户要求的规格，烹制订购的食品。供应站主任主要负责订计划、编预算、监控分管指定客户的销售服务员等活动。

罗芸上任的头一年，主要是巡视各供应站，了解业务情况，熟悉各站的所有工作人员。在 10 名站主任中，资历最老的是马伯兰。他只念过一年大专，后来就进了天龙，从厨房带班长干起，三年多前当上了如今这个供应站主任。经过近一年的接触，罗芸了解了老马的长处和缺点。老马很善于和他重视的人，包括他的部下和客户们搞好关系。他的客户都是"铁杆"，三年来没一个转向天龙的对手去订货的；他招来的部下，经过他指点培养，有好几位已被提升，当上其他地区的经理了。

不过老马的不良饮食习惯给他带来严重的健康问题，身体过胖，心血管病加胆囊结石，使他这一年里请了三个月病假。再则，他太爱表现自己了，做了一点小事，也要来电话向罗芸表功，他打电话的次数超过另 9 位主任的总和。过去共过事的人没有一个这样的。由于营业扩展，公司计划给罗芸添一名副手。老马公开表态：站主任中数自己资格最老，他觉得这地区副经理非他莫属。但罗芸觉得，老马若来当副手，真受不了，因为两人的管理风格太不一样了。

正好年终绩效考核要到了。公正地讲，老马这一年的工作，总的来说干得挺不错的。天龙的年度绩效考核表总体评分是 10 级制：10 分是最优；7~9 分属良，虽然程度有所不同；5~6 分合格、中等；3~4 分是较差；1~2 分最差。罗芸不知道该评老马几分。如果评高了，他更认为这次就应该提升他；如果太低了，他准会大发雷霆，会吵着说不公平。

考虑再三后，罗芸给老马评了 6 分。罗芸觉得这是有充足理由的：因为老马不注意饮食，请病假长达三个月。这分数远低于老马的期望，但罗芸要用充分说理来坚持自己的评分。然后，罗芸开始考虑给老马各考评维度的分项分数，并准备跟老马面谈，向他传达自己所给的绩效考核结果。

问题：

1. 罗芸的做法存在什么问题？
2. 该公司应当如何为供应站主任设置绩效指标？

资料来源：绩效管理：案例 1 天龙航空食品公司［EB/OL］．（2010-12-05）［2023-07-19］．https://www.docin.com/p-103855936.html.

小组活动

角色模拟练习

这是一家家电公司,一个角色是公司的人力资源部经理李林,负责公司的人力资源管理工作,是考核者;另一个角色是人力资源部招聘专员小陈,主要负责招聘工作,是被考核者。

小陈来公司有一年多了,平日里基本能认真完成自己的手头工作,做事非常努力,但为人沉默寡言,与公司其他部门的人员接触较少,是个埋头苦干的角色。前一段时间,小陈给几个有岗位空缺的部门招聘了一些人员,就能力而言,他们大都比较优秀,但都存在一个问题:适应比较慢,在工作中经常出现问题,影响了部门的整体业绩。一个考核周期结束后,李林提前一周给小陈打电话,让他下周三上午到他办公室进行上季度的绩效反馈面谈。面谈前,小陈已经写好了上季度的工作述职报告(见表8-7),并且提前交给了李林。

表8-7 小陈的述职报告

考核指标	指标说明	考核周期	完成情况
招聘质量	通过有效的面试、选拔流程,以确保入职者质量的程度	月	招聘到的人员能力还可以,但适应能力较差,跟目标有一定的差距
招聘时限	从某一招聘任务获得批准后到人力资源部开始到任职者上岗的时间,统称为招聘时间,即各层级人员招聘时间期限	月	在规定时间内,完成招聘工作
招聘成本	从招募到录用整个过程中的所有经费预算及其实际支出和控制情况	季度	成本控制良好

任务要求:

1. 请学生自由组队,一位学生扮演李林,另一位学生扮演小陈,进行绩效反馈面谈模拟表演。

2. 教师随机指定三个组表演,每组时间约为15分钟。

3. 未抽到的组为评价小组，由它们评出优胜组。

资料来源：绩效反馈面谈的模拟背景案例［EB/OL］．（2010-12-05）［2023-07-19］．https：//wenku.baidu.com/view/54e48972bbf3f90f76c66137ee06eff9aff849da.html?_wkts_=1689728301025&bdQuery．

第九章　薪酬管理

▰▰▰ 导入案例

某金融服务有限公司薪酬管理制度

一、公司基本情况

某金融服务有限公司成立于 2013 年，主要为市场主体提供各类金融产品对接平台及投融资信息咨询服务。公司现有员工 28 人。公司组织架构如图 9-1 所示。

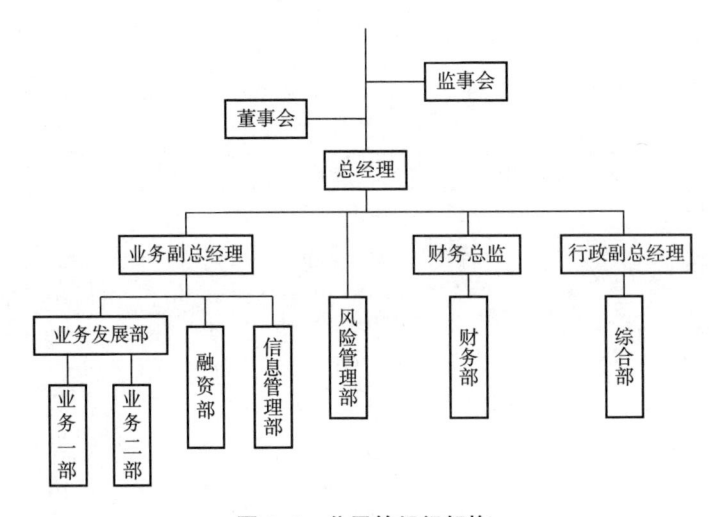

图 9-1　公司的组织架构

二、薪酬制度

（一）高层管理人员的薪酬

高层管理人员的薪酬 = 年薪 + 绩效工资，每月以现金形式支付一部分基本工资，剩余部分年底一次性结清。其中，绩效工资部分按照公司董事会确定的绩效分成比例，结合目标和绩效完成情况，上不封顶。高层管理人员基本工资如表9-1所示。

表9-1 高层管理人员基本工资

职位	年基本工资（元）	月基本工资（元）
总经理	300 000	25 000
副总经理	100 000	8 000
财务总监	100 000	8 000

（二）中层管理人员的薪酬

中层管理人员的薪酬＝岗位工资＋职务津贴（代理主管期间享受，转正后享受主管岗位工资，不再享受职务津贴）＋工龄工资＋绩效工资＋福利津贴。其中，岗位工资为每月5 000元，职务津贴标准为800元/月。

（三）一般人员的薪酬

一般人员的薪酬＝岗位工资＋工龄工资＋绩效工资＋福利津贴。一般员工岗位工资如表9-2所示。

表9-2 一般员工岗位工资

岗位级别	岗位工资（元）
一般员工（硕士）	4 500
一般员工（本科）	3 000
一般员工（专科）	2 300
一般员工（专科以下）	2 000

（四）工龄工资

公司向员工发放工龄工资，工龄工资每月50元，工龄每增加1年，工龄工资递增50元。

（五）福利津贴

福利津贴包括五险一金及补贴。公司向员工提供养老保险、医疗保险、失业保险基金、工伤保险、生育保险及住房公积金福利政策，各项保险、基金缴纳标准按国家及有关部门规定执行，由公司代为扣除缴纳，具体缴纳比例如表9-3所示。

表9-3 五险一金缴纳比例

缴纳基金名称	国家规定缴纳比例（%）	单位缴纳比例（%）	个人缴纳比例（%）
养老保险	28	20	8
医疗保险	8	6	2
失业保险基金	3	2	1
工伤保险	1	1	
生育保险	1	1	
住房公积金	5~12	10	10

（六）补贴

公司向员工发放加班补贴、出差补贴、交通费等国家相关法律法规规定范围内的补贴。国家法律法规有明确规定的严格按规定执行，其他补贴发放标准按公司相关规定执行。

该薪酬方案实行一段时间后，员工对薪酬的满意度较低，工作动力明显不足。

资料来源：作者调研并整理资料。

从上述案例可以看出，该金融服务公司薪酬制度存在诸多问题，导致员工对薪酬不满，影响其工作积极性，可见薪酬管理是人力资源管理的重点和难点。

第一节 薪酬管理概述

一、薪酬的构成

薪酬是员工因向所在的组织提供劳务而获得的各种形式的经济性酬劳。一般来说，在企业中，员工的薪酬由三部分组成：基本薪酬、可变薪酬、间接薪酬。

（一）基本薪酬

基本薪酬指企业根据员工所承担的工作或者所具备的技能而支付给

他们的较为稳定的经济收入。

（二）可变薪酬

可变薪酬指企业根据员工、部门或团队的绩效而支付员工的具有变动性质的经济收入。

（三）间接薪酬

间接薪酬指的是企业为员工提供的各种福利。与基本薪酬和可变薪酬不同，间接薪酬与员工的工作和绩效并没有直接的关系，往往具有普遍性，通俗地讲就是"人人都有份"。

二、薪酬管理及其功能、影响因素

（一）薪酬管理

薪酬管理是指企业在经营战略和发展规划的指导下，综合考虑内外部各种因素的影响，确定薪酬体系、薪酬水平、薪酬结构、薪酬形式，明确员工所应得的薪酬，并进行薪酬调整和薪酬控制的过程。

薪酬管理主要包括以下几个方面的内容：

1. 薪酬体系

薪酬体系的主要任务是企业确定员工基本薪酬的基础是什么。国际上通行的薪酬体系主要有三种，即职位（或称岗位）薪酬体系、技能薪酬体系以及能力薪酬体系。

2. 薪酬水平

薪酬水平是指企业中各职位、各部门以及整个企业的平均薪酬水平。薪酬水平决定了企业薪酬的外部竞争性。

3. 薪酬结构

薪酬结构指同一组织内部的薪酬等级数量以及不同薪酬等级之间的薪酬差距大小。

4. 薪酬形式

薪酬形式是指在员工和企业总体的薪酬中，不同类型薪酬的组合方式。

5. 薪酬管理政策

薪酬管理政策主要涉及企业的薪酬成本与预算控制方式，以及企业的薪酬制度、薪酬规定和员工的薪酬水平是否保密的问题。

（二）薪酬管理的功能

1. 有利于企业吸引和保留优秀员工

企业向员工支付的薪酬向社会传递了重要信息，当企业支付给员工的薪酬与同类企业相比有竞争力时，企业对外部人员就具有较强的吸引力。同时，企业内部相当大一部分员工也会为了获得这种水平的薪酬而选择留在本企业，这样可以起到保留员工的作用。

2. 激励员工

有效的薪酬管理能够满足员工生存需要、尊重需要和自我实现的需要，激励员工展现出组织所期望的态度和行为。

3. 提升组织绩效

通过薪酬管理体系与绩效管理等机制的链接和联动，能够发挥指挥棒的作用，提高员工、团队和组织的绩效。

（三）薪酬管理的影响因素

1. 企业外部因素

（1）国家的相关法律法规。随着我国法制的日臻完善，有关员工薪酬待遇方面的法律必然日益增多，企业薪酬体系的确定应当遵守国家制定的各类相关法律法规。

（2）劳动力市场状况。按照经济学的观点，薪酬就是劳动力的价格。和其他商品一样，某一类劳动力的薪酬水平取决于其供需状况。供大于求，劳动力价格必然下降；供小于求，劳动力价格必然上涨。

（3）竞争对手的薪酬水平。薪酬高低无疑是吸引和争夺人才的一个关键因素。因此，本地区、本行业、本国乃至全世界的其他企业，尤其是竞争对手的薪酬政策与水准，对企业确定员工的薪酬影响很大。

（4）地区、行业的特点及惯例。这方面的因素包括行业性质、特点及地区的道德观与价值观等。因此，沿海与内地之间的差异、基础行业与高科技行业的差异、国有大中型企业密集地区与"三资"企业集中地区之间的差异，必然会反映到企业薪酬政策上来。

（5）当地的生活水平。这个因素从两个方面影响企业的薪酬体系：一方面，员工对生活水平的期望，无形中给企业带来提高薪酬标准的压力；另一方面，由于物价指数的上涨，为保证员工的生活购买力，企业往往也不得不考虑适当地调整工资。

2. 企业内部因素

（1）企业的经营战略。薪酬体系与企业的使命紧密联系在一起，因此薪酬激励导向应与企业战略导向保持一致。表9-4列举了三种主要竞争战略下薪酬管理的特点。

表9-4 薪酬管理与企业战略匹配

经营战略	经营重点	薪酬管理
成本领先战略	一流的操作水平； 追求成本的有效性	重点放在与竞争对手的成本比较上； 提高薪酬体系中激励部分的比重； 强调生产率； 强调制度的控制性及具体化的工作说明
创新战略	产品领袖； 向创新性产品转移； 缩短产品生命周期	奖励在产品以及生产方法方面的创新； 以市场为基准的工资； 弹性/宽泛性的工作描述
客户中心战略	紧紧贴近客户； 为客户提供解决问题的方法； 加快营销速度	以顾客满意为奖励的基础； 由顾客进行工作或技能评价

（2）企业生命周期。企业处于不同的生命周期，其薪酬模式是不同的，如表9-5所示。

表9-5 企业不同生命周期的薪酬管理模式

企业生命周期	基本薪酬	可变薪酬	间接薪酬	模式
初创期	高	低	低	高稳定模式
高成长期	具有竞争力	高	低	高弹性模式
成熟期	具有竞争力	具有竞争力	具有竞争力	折中模式
稳定期	高	低	高	高稳定模式
衰退期	高	无	高	高稳定模式
更新期	具有竞争力	高	低	高弹性模式

（3）企业文化。在同一行业中，不同企业基本工资和奖励薪酬的配比存在明显差异，这种配比政策背后反映的是企业文化的差异。有的企业认为，员工能力是决定薪酬的主要因素，薪酬是一种对能力的认

可，因此，基本工资占比较高，而奖励薪酬占比较低；有的企业则认为薪酬是员工绩效行为的驱动因素，员工的行为选择和绩效结果受经济报酬的刺激，因此，基本工资占比较低，奖励薪酬占比较高。

（4）企业的财务状况。一般来说，资本雄厚、盈利丰厚、处于上升阶段的企业，对员工的付酬也较慷慨；反之，规模不大或不景气的企业，在付酬上也不得不量入为出。

3. 员工个人因素

（1）员工的职位。职位对员工薪酬的影响并不完全来自它的级别，而是来自职位所承担的工作职责以及对员工的任职资格要求。

（2）员工的能力。能力是员工完成工作的关键因素。一般而言，能力越强，薪酬水平也越高。

（3）员工的绩效表现。员工的可变薪酬往往与绩效联系在一起，两者具有正相关关系。总的来说，员工的绩效越好，其可变薪酬也越高。此外，员工的绩效表现还会影响其绩效加薪，从而影响其基本薪酬的变化。

（4）员工的工作年限。工作年限主要有工龄和企龄两种表现形式。一般来说，工龄和企龄较长的员工，其薪酬水平相对较高。

三、薪酬设计的原则

（一）薪酬设计的理论基础

1. 公平理论

公平理论认为，报酬是否公平，员工不是只看绝对值，而是进行社会比较，和他人比较，或进行历史比较——和自己的过去比较。他们关注的是投入和回报是否平衡，比较的结果将影响今后工作的积极性。因此，在薪酬设计时，我们要关注公平感对员工态度和行为的影响。

2. 锦标赛理论

锦标赛理论的提出是基于员工薪酬水平随职位晋升而出现阶梯式跳跃的事实。该理论认为，加大CEO同其他高层管理成员之间的薪酬差距，将会降低委托人对代理人的监控成本，为委托人和代理人之间的利益一致性提供强激励，最终提高公司绩效。

（二）薪酬设计的原则

薪酬设计的原则如图9-2所示。

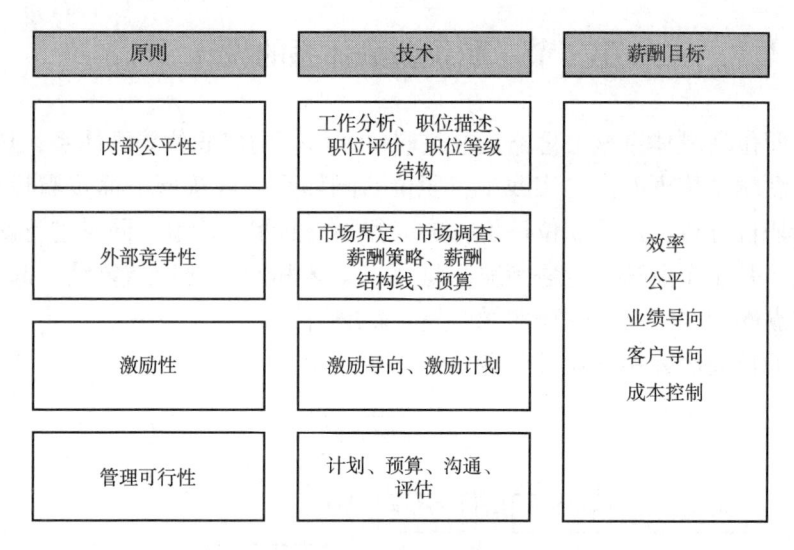

原则	技术	薪酬目标
内部公平性	工作分析、职位描述、职位评价、职位等级结构	效率 公平 业绩导向 客户导向 成本控制
外部竞争性	市场界定、市场调查、薪酬策略、薪酬结构线、预算	
激励性	激励导向、激励计划	
管理可行性	计划、预算、沟通、评估	

图 9-2　薪酬设计的原则

1. 内部公平性

内部公平性原则是让员工感觉到：相对于组织内其他员工，自己的工作获得了适当的报酬。内部公平性通过工作分析、职位描述、职位评价、建立职位等级结构等环节来实现。

2. 外部竞争性

外部竞争性原则是让员工感觉到：相对于其他组织中从事相同工作的员工，自己的劳动付出获得了适当的报酬。外部竞争性通过市场界定、市场调查、确定薪酬曲线、调整薪酬曲线等环节来实现。

3. 激励性

激励性原则是将薪酬与业绩挂钩，根据绩效水平调整薪酬。激励性原则主要通过绩效评估、依据考核结果来确定激励方案等环节来实现。

4. 管理可行性

管理可行性指的是企业对薪酬体系必须进行科学规划，以确保薪酬体系能够有效运行，并确保前三个原则的实现。管理可行性主要通过计划、预算、沟通、评估等手段来实现。

第二节　职位薪酬体系的设计

职位薪酬体系核心思路是通过职位评估，构建职位等级体系，从而建立薪酬结构框架。在实践中，职位薪酬体系一般按照下面步骤设计：进行职位分析；进行职位评价，确定各职位的相对价值，同时进行薪酬调查；基于企业薪酬竞争策略，将调查结果和职位评价结果结合起来，建立薪酬曲线；基于薪酬曲线，建立薪酬结构。

职位薪酬体系的设计步骤如图 9-3 所示。

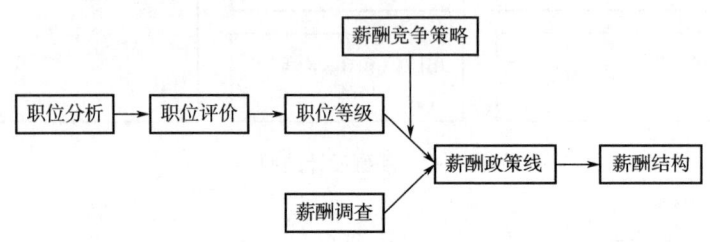

图 9-3　职位薪酬体系的设计步骤

一、职位分析

职位分析是要明确职位的职责和任职资格，即职位做什么、要做到什么程度、任职资格和条件、工作环境。

二、职位评价

职位评价是采用一整套标准化、系统化的评价指标体系，对组织内各职位的价值进行评价，得到各职位的相对价值，以此作为各职位薪酬水平的主要依据。职位评价是职位薪酬设计的核心环节。

（一）非量化的职位评价方法

非量化的职位评价方法试图确定整体职位之间的相对价值次序。

1. 排序法

排序法是一种最简单的职位评价方法，它根据总体上界定的职位的相对价值或者职位对于组织成功所做出的贡献来将职位进行从高到低的排列。

（1）排序法的操作步骤。排序法的操作步骤为：获取工作说明书与工作规范等岗位信息；选择等级参照物并对岗位分等；选择薪酬因素。通常在"岗位总体情况"的基础上只选择一个因素如工作复杂程度，对岗位进行排序。

（2）排序法的类型。排序法有以下类型：第一，直接排序法。从整体上判断各个职位价值的相对大小。第二，交替排序法。根据职位的总体判断，按照重要性或者对企业的贡献度的高低顺序将职位依次进行排列。第三，配对比较法。将待评的职位进行两两比较，以最终的结果对职位做出排序。

（3）排序法的优缺点。排序法的优点是快速、简单、费用低、容易向员工做出解释。排序法的缺点是：在排序方面各方可能难以达成共识；评价的一致性难以保证；职位之间的差距大小无法得到解释；可能夹杂个人偏见；职位数量太多时难以使用（15种可能是一个界限）。

2. 分类法

分类法是按照一定的标准，将职位归入事先确定好的职位等级中。

（1）分类法的操作步骤。分类法的操作步骤为：第一，确定职位等级的数量。第二，选择报酬要素。比如，在美国联邦政府的分类体系中，报酬要素包括工作的复杂度和灵活度、接受和实施的监督、所需的判断能力、要求的创造力、人际工作关系的特点、目的、责任、经验以及要求的知识水平。第三，确定各职位的等级。第四，职位分类。根据各个职位的职位说明书，对照确定好的标准，将职位归入与等级定义相同或最相近的职位等级中。如表9-6所示。

表9-6 分类法示例

等级	管理类岗位	技术类岗位	操作类岗位
第一级	5 000	4 000	2 500
第二级	3 500	3 000	1 500
第三级	2 500	2 200	800

（2）分类法的优缺点。

分类法的优点有：简单，容易解释，执行起来速度较快，对评价者的培训要求少;一旦定义明确,管理起来较为容易;当在组织中存在大量比较类似的职位时,该方法有较大的优势;可以将各种职位归纳到一个系统之下。

分类法的缺点有:在职位多样化的复杂组织中,很难建立起通用的职位等级定义;职位等级描述留下的自由发挥空间太大,可能范围太宽或太窄,一些新职位或调整后的职位只能被硬性纳入这种职位评价系统之中;可能会有人试图通过修改或歪曲职位描述来操纵职位评价结果;对职位要求的说明可能会比较复杂;对组织变革的反应不太敏感。

(二)量化的职位评价方法

量化的职位评价方法试图通过一套等级尺度系统来确定一种职位的价值比另外一种职位高多少。

1. 要素计点法

要素计点法根据各个职位在报酬要素上的得分来确定它们价值的相对大小。

(1) 要素计点法的操作步骤。要素计点法的操作步骤为:第一,确定要评价的岗位类型,如行政岗位、销售岗位、研发岗位等。第二,搜集岗位信息,包括工作说明书与工作规范等。第三,选择并定义报酬要素,确保评价委员会成员在运用时保持一致。第四,确定每个报酬要素的等级和权重。第五,确定各报酬要素及等级的点值。第六,将各报酬要素及其等级的定义、点值汇编成一本便于使用的指导手册。第七,评价者使用岗位评价手册进行岗位评价。

(2) 要素计点法的优缺点。

要素计点法的优点有:对职位的评价更为精确,评价结果更容易被员工接受;允许对职位之间的差异进行微调;可以运用可比性的点数来对不相似的职位进行比较;评价尺度容易使用;明确指出了比较的基础,能够反映组织独特的需要和文化,传达组织认为有价值的职位要素。

要素计点法的缺点有:评价方案的设计和应用耗费时间;需要进行详细的职位分析,有时可能会用到结构化的职位调查问卷;标准和权重确定的主观性以及多人参与时的意见不一致性;容易僵化。

2. 要素比较法

(1) 要素比较法的操作步骤。要素比较法的操作步骤为:第一,获取职位信息，确定报酬要素。要素比较法要求仔细、全面地分析职位。先要制作职位描述，然后制作职位说明书，尤其要注意评价所使用的报酬要素。要素比较法通常使用以下报酬因素：心理要求、身体要求、技术要求、职责、工作条件。第二，根据报酬要素将典型职位排序。按照每一个报酬要素，对典型职位进行多次排序。有几种报酬要素，相应地就要进行几次排序。排序过程以职位描述和职位说明书为基础。通常由评价委员会每个成员分别将职位排序，然后再开会合议每个职位的序列值。第三，将每个典型职位的薪资水平分配到其内部的各个报酬要素上。第四，根据每个报酬要素的价值将职位进行多次排序。第五，根据两种排序结果选出不便于利用的典型职位。第六，建立典型职位报酬要素等级基准表。一旦确定了可用的、真实的典型职位，就可以建立职位报酬等级。第七，使用典型职位报酬要素等级基准表来确定其他职位的工资。依照各报酬要素，将要评价的其他职位同相应的职位比较等级对应起来，确定职位工资。

（2）要素比较法的优缺点。

要素比较法的优点有：客观准确，能将人为因素的影响降至最低；每一步骤都有详细的说明，有助于评价人员做出正确的判断，也比较容易向员工解释。

要素比较法的缺点有：操作复杂，比较费时；每次评价都需要调查典型职位的薪酬水平，增加了评价的成本。

三、建立职位等级

为了管理的方便，需要将经岗位评价而获得的相对价值相近的一组岗位编入同一等级，从而形成一个由不同的职级组成的工资等级系列。如表 9-7 和表 9-8 所示。

表 9-7 某公司职位评价点数

顺序	职位名称	点数
1	出纳	140
2	离退休事务主办	210
3	行政事务主办	260

续表

顺序	职位名称	点数
4	工会财务主管	335
5	总经理秘书	345
6	行政事务主管	355
7	报销会计	355
8	招聘主管	405
9	会计主管	425
10	项目经理	470
11	总经办主任	545
12	财务部经理	550
13	市场部经理	565

表 9-8 某公司职位等级

职位等级	职位名称	点数
1	出纳	140
2	离退休事务主办 行政事务主办	210 260
3	工会财务主管 总经理秘书 行政事务主管 报销会计	335 345 355 355
4	招聘主管 会计主管 项目经理	405 425 470
5	总经办主任 财务部经理 市场部经理	545 550 565

四、薪酬调查

职位评价的结果确定了各个职位价值的相对价值，解决了内部公平性问题，但单凭这一结果还不能确定各个职位具体的薪酬水平，还需要做薪酬调查。

（一）薪酬调查的实施步骤

薪酬调查是对目标市场（同行业、同地区、同规模，对同一职业或同种技能的员工展开竞争的雇主）的薪酬信息（包括职位、薪酬结构、薪酬水平等）进行调查。

薪酬调查的实施步骤是：选择需要调查的职位；确定调查的范围；确定调查的项目；进行实际的调查；分析调查结果，确定市场薪酬的平均水平。

（二）建立薪酬曲线

1. 确定初步的薪酬曲线

将调查分析的结果和工作评价的结果结合起来，就可以确定企业的薪酬曲线。薪酬曲线是各个职位的市场薪酬水平和评价点数或者序列等级之间的关系曲线。

薪酬曲线是一条抛物线，一般情况下，可以采用最小二乘法进行拟合，将其回归为一条直线。某企业的薪酬曲线如图9-4所示。

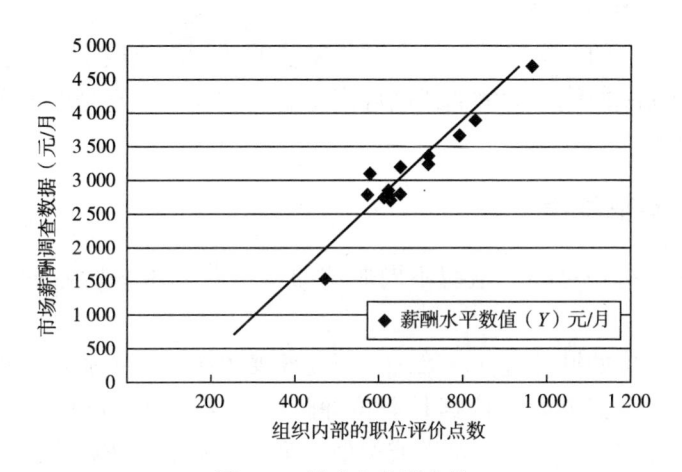

图9-4 某企业薪酬曲线

2. 明确企业的薪酬策略

企业的薪酬策略有以下四种：第一，领先型薪酬策略。这种策略是采取本组织的薪酬水平高于竞争对手或市场薪酬水平的策略。这种薪酬策略以高薪为代价，在吸引和留住员工方面具有明显优势，并且可以将员工对薪酬的不满降到一个相当低的程度。第二，跟随型薪酬策略。该策略是力图使本组织的薪酬成本接近竞争对手的薪酬成本，使本组织吸纳员工的能力接近竞争对手吸纳员工的能力。跟随型薪酬策略是企业最常用的策略，也是当前大多数组织所采用的策略。第三，滞后型薪酬策略。该薪酬策略是采取本组织的薪酬水平低于竞争对手或市场薪酬水平的策略。采用滞后型薪酬策略的企业，大多处于竞争性的产品市场上，边际利润率比较低，成本承受能力很弱。受产品市场上较低的利润率所限，没有能力为员工提供高水平的薪酬，是企业实施滞后型薪酬策略的一个主要原因。当然，有些时候，滞后型薪酬策略的实施者并非真的没有支付能力，而是没有支付意愿。第四，混合型薪酬策略。企业在确定薪酬水平时，通常根据职位的类型或者员工的类型来分别制定不同的薪酬水平决策，比如，对核心职位采取领先型的薪酬策略，而对其他职位则实行跟随型或相对滞后型的基本薪酬策略。

企业在选择薪酬策略时，应考虑的主要因素有企业的雇佣策略、职位的战略价值、人才的市场稀缺性、竞争对手的薪酬策略等。

3. 建立薪酬曲线

依据企业的薪酬策略，企业要对初步的薪酬曲线做出调整，从而形成最终的薪酬曲线。薪酬曲线的确定是至关重要的，它是形成企业薪酬结构的基础。

五、薪酬结构

薪酬结构是对同一组织不同职位的基本薪酬水平所做的安排，如图 9-5 所示。

薪酬结构的设计包括：第一，建立薪酬等级，即企业薪酬体系分为多少个等级。其划分的依据是职位评价的结果，每一职位等级中的职位，其职位评价的结果应接近或类似。第二，确定薪酬幅度，即企业各个薪等变动范围的大小。对于不同的等级，薪幅可以是相同的，也可以是不同的，企业应根据自身的实际情况确定各薪等的薪幅。第三，确定薪档，即企业各薪等划分为多少档次。第四，构建叠幅，即相邻薪等之间薪幅的重叠程度。叠幅有三种类型：一是衔接型。某个薪等的最高薪酬水平就是高一薪酬的最低薪酬水平。二是重叠型。某个薪等的最高薪酬水平高于高一薪等的最低薪酬水平。三是跳空型。某个薪等的最高薪酬水平低于高一薪等的最低薪酬水平。叠幅的设计对企业人才分布有非常强的引导作用，企业应根据自己的需要进行选择。

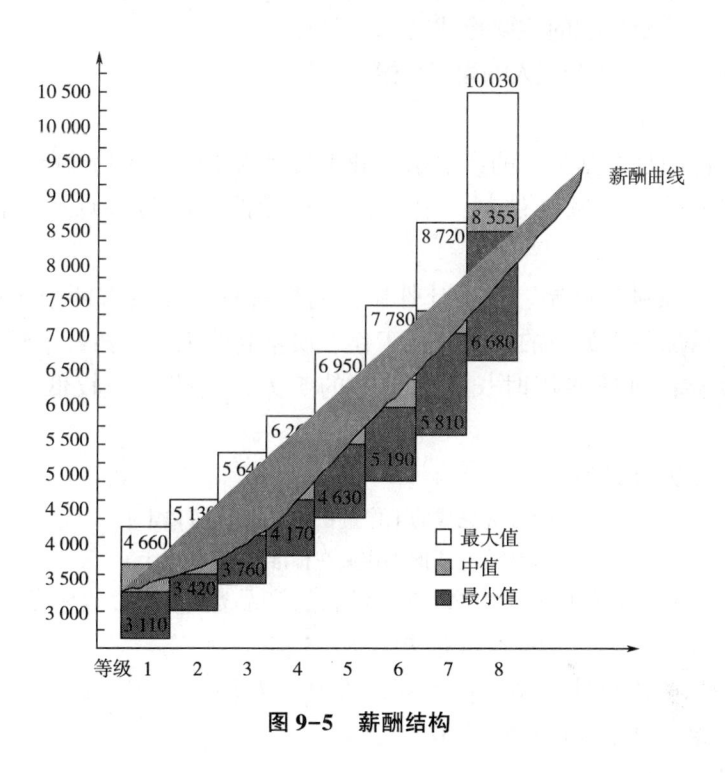

图 9-5　薪酬结构

第三节　可变薪酬的设计

可变薪酬指企业以员工、团队或者企业的绩效为依据而支付给员工个人的薪酬，一般可分为两种类型：个人可变薪酬、群体可变薪酬。

一、个人可变薪酬

个人可变薪酬指针对员工个人的工作绩效提供奖励的一种报酬

计划。

实施个人绩效奖励计划,企业必须具备以下条件:其一,从工作角度来看,员工个人完成工作任务不取决于其他人的绩效。其二,从组织状况来看,企业所处经营环境、所采用的生产方法以及资本-劳动力要素组合必须是相对稳定的。其三,企业必须在整体的人力资源管理制度上强调员工个人的专业性,强调员工个人的优良绩效。

个人可变薪酬的主要形式有以下几种。

(一)针对生产工人的可变薪酬

1. 计件制

计件制是根据员工的产出水平和工资率来支付相应的薪酬,在实践中更多地采用差额计件制,主要有泰勒计件制和梅里克计件制两种形式。

(1)泰勒计件制。泰勒计件制是对同一种工作设有两个不同的工资率。对那些用最短的时间完成工作、质量高的工人,按一个较高的工资率计算;对那些用时长、质量差的工人,则按一个较低的工资率计算。

其计算公式为:

$$E = N \times RL \text{(完成的工作量在标准的100\%以下)}$$

$$E = N \times RH \text{(完成的工作量在标准的100\%以上)}$$

其中,E 表示支付的薪酬,N 表示完成的产品数量,RL 表示低工资率,RH 表示高工资率,RH 通常是 RL 的1.5倍。

(2)梅里克计件制。梅里克计件制是对同一种工作设有多个不同的工资率,是泰勒计件制的拓展。

其计算公式为:

$$E = N \times RL \text{(完成的工作量在标准的83\%以下)}$$

$$E = N \times RM \text{(完成的工作量在标准的83\% \sim 100\%,} RM = 1.1 \times RL\text{)}$$

$$E = N \times RH \text{(完成的工作量在标准的100\%以上,} RH = 1.2 \times RL\text{)}$$

其中,E 表示支付的薪酬,N 表示完成的产品数量,RL 表示低工资率,RH 表示高工资率,RM 表示居中的工资率。

2. 标准工时制

所谓标准工时制,是指首先确定正常技术水平的工人完成某种工作任务所需要的标准时间,一个人因技术熟练以少于标准时间的时间完成了工作，依然按照标准工作时间对其支付报酬，由于员工的工作时间缩短了，相当于工资率提高了。

（二）针对专业技术人员的可变薪酬

由于专业技术类职位的工作结果很难用数量和时间进行量化，不太适用上述两种方法，因此，需要借助绩效考核的结果来支付可变薪酬，主要有以下四种形式。

1. 绩效调薪

绩效调薪是经济学术语，指根据员工的绩效考核结果对其基本薪酬进行调整，调薪的周期一般按年度来进行，而且调薪的比例根据绩效考核结果的不同也应当有所区别，绩效考核结果越高，调薪的比例也就越高。在绩效调薪时，要注意以下几点：第一，调薪不仅有加薪，还要有减薪。第二，调薪要在员工的薪酬等级所对应的薪酬区间进行，也就是说，员工薪酬的增长或减少不能大于或小于该薪酬区间的最大值或最小值。详见表9-9。

表9-9 调薪比例和绩效考核结果的关系

	大大超出期望水平	超出期望水平	达到期望水平	低于期望水平	大大低于期望水平
绩效评价等级	S	A	B	C	D
绩效加薪幅度（%）	8	5	3	1	-0.5

2. 绩效奖金

绩效奖金也称一次性奖金，是根据员工的绩效考核结果给予的一次性奖励。

3. 月度/季度浮动薪酬

月度/季度浮动薪酬指的是员工的奖金与月度或季度绩效考核的结果挂钩。

4. 特殊绩效认可计划

特殊绩效认可计划是指在员工远远超出工作要求、表现出特别的努力、实现了优秀业绩或者做出了重大贡献的情况下，企业给予的小额一次性奖励。其类型多种多样，如内部通告表扬、现金奖励等。

(三) 针对销售人员的可变薪酬

1. 纯基薪模式

纯基薪模式就是按月给销售人员发放数额固定的基本工资，很少会参考销售人员的业绩不同而做调整。这种薪酬模式的优点在于：薪酬保障性高；关注销售过程，能避免销售人员跳槽带来的负面影响；方案简单易懂，便于管理。但是，这种薪酬模式的缺点是激励性较差，还可能使销售人员忽视销售结果而只注重销售过程。

2. 纯佣金模式

在纯佣金模式下，销售人员的薪酬完全由佣金构成，佣金按照某个销售业绩指标（如销售收入、销售利润、销售量等）的一定百分比提取。需要注意的是，佣金比率可以是固定的，也可以是变动的，实际工作中往往根据销售业绩的不同设定不同的佣金比率，随着销售业绩的提高，佣金比率既可提高（称为递增佣金），也可降低（称为递减佣金）。纯佣金模式的优点在于：将销售人员的薪酬与绩效直接挂钩，激励作用明显；佣金计算容易；容易控制薪酬成本，并降低监控销售过程的成本。但这一模式的缺点是销售人员收入不稳定，缺乏安全感，进而降低他们对企业的忠诚度，此外，销售人员在利益驱动下往往忽视销售过程而注重销售结果。

3. 基本薪酬加佣金模式

在基本薪酬加佣金模式中，销售人员的薪酬包括两个部分：一部分是基本薪酬；另一部分是佣金。这种模式又可以划分为两种模式：①基本薪酬加直接佣金模式。在这种模式下，每位销售人员的基本薪酬和目标佣金各占一定比例，而且佣金不是固定的：一方面，不同产品的佣金比率不同；另一方面，同一产品的佣金比率也随着销售业绩的实际完成情况而不同。②基本薪酬加间接佣金模式。在这一模式下，佣金不是根据直接的销售业绩提成计算，而是首先将销售业绩转化为一定的点数，然后再根据点值来计算佣金数额。

基本薪酬加佣金模式结合了纯基薪模式和纯佣金模式的优点，有利于企业和个人共担风险：一方面，基本薪酬提供了收入保障，并可以促使员工关注销售结果和销售过程，如售后服务、客户培训、市场调研等；另一方面，吸收了纯佣金模式的优点，保留了其激励作用。但是，基本薪酬加佣金模式的缺点是计量较为复杂，相对难以理解，薪酬支付成本和管理成本都比较高。

二、群体可变薪酬

群体可变薪酬指以团队或企业的绩效为依据来支付薪酬，主要有以下几种形式。

（一）收益分享计划

收益分享计划是企业提供的一种与员工分享因生产率提高、成本节约和质量提高等带来的收益的绩效奖励模式。

收益分享计划有两种类型：斯坎伦计划和拉克计划。

1. 斯坎伦计划

斯坎伦计划是美国曼斯菲尔德钢铁厂的工会主席约瑟夫·斯坎伦（Joseph Scanlon）在 20 世纪 30 年代中期提出的。实行斯坎伦计划的目的是鼓励员工节省成本，增加生产。其操作步骤为：确定收益增加的来源；提留和弥补上期亏空；确定员工分享收益增加净值的比重；用可以分配的总额除以工资总额，得到分配的单价。

其计算公式如下：

奖金＝（单位销售收入工资含量标准－实际单位销售收入工资含量）×销售收入×分配系数＝（按标准计算的工资总额－实际工资总额）×分配系数

2. 拉克计划

拉克计划由经济学家艾伦·拉克（Allen Rucker）于 1933 年提出。该计划采用一个价值增值方式来计算企业的劳动生产率。企业的价值增值等于企业的销售额减去购买原材料和其他各种供给、服务的成本，企业可以用价值增值与雇佣成本的比例来衡量企业的劳动生产率，这一比率被称为拉克比率。企业将当期的拉克比率与基期的或者预期的拉克比率相比较，如果当期的拉克比率高于基期的或者预期的拉克比率，就代表企业的劳动生产率获得了提高，可以将生产率提高部分带来的收益在企业和生产团队的员工之间进行分享。

收益分享部分的计算公式为：

收益分享总额＝（当期的拉克比率－基期的拉克比率或者预期的拉克比率）×当期的雇佣成本

拉克比率＝（销售额－购买原材料成本－供给成本－服务成本）/雇佣成本

（二）利润分享计划

利润分享计划是指员工根据其工作绩效而获得一部分公司利润的组

织整体激励计划。

利润分享计划的形式主要有：

1. 现金计划

现金计划是最流行的利润分享计划形式，即每隔一定时间，把一定比例（通常为15%~20%）的利润作为利润分享额。

2. 延期利润分享计划

延期利润分享计划是在监督委托管理的情形下，企业按预定比例，把一部分利润存入员工账户，在一定时期之后支付。这类计划使员工可以享受税收优惠，因为个人收入所得税的支付要延期到员工退休后，这样，只需以较低的税率纳税。

（三）员工持股计划

员工持股计划是一种新型股权形式。它是由企业内部员工出资认购本公司部分或全部股权，委托员工持股会（或委托第三者，一般为金融机构）作为社团法人托管运作、集中管理，员工持股管理委员会（或理事会）作为社团法人进入董事会参与表决和分红。员工持股计划的主要形式有：

1. 现股计划

现股计划是指通过企业奖励的方式直接赠与或者参照股票的市场价值向员工出售股票，但同时规定员工在一定时期内必须持有股票，不得出售。

2. 期股计划

期股计划是指企业和员工约定在将来某一时期内以一定的价格购买一定数量的公司股票，购股价格一般参照股票的当前价格确定。该计划同时也对员工在购股后出售股票的期限做出规定。

3. 期权计划

期权计划是指行权人在一定期限内，按照事先确定的价格购买公司一定数量股票的权利，是国外一种比较成熟的激励公司高级管理人员的机制。公司给予其经营者的既不是现金报酬，也不是股票本身，而是一种权利，经营者可以以某种优惠条件购买公司股票。

第四节 福利管理

一、福利及其特点

福利指企业以组织成员身份为依据，而不是以员工的劳动情况为依据支付给员工的间接薪酬。在劳动经济学中，又被称为小额优惠。

与其他形式的薪酬相比，福利具有以下特点：

（一）补偿性

员工福利是对劳动者为企业提供劳动的一种物质性补偿，等同于员工工资收入的一种补充形式，是额外的保障。

（二）均等性

均等性是指履行了劳动业务的企业员工均有享受各种企业福利的平等权利。

（三）集体性

企业兴办各种集体福利事业，员工集体消费或使用共同物品等是企业员工福利的主体形式，是企业员工福利的一个重要特征。

（四）多样性

企业员工福利的给付形式多种多样，包括现金、实物、带薪休假以及各种服务，而且可以采用多种组合方式，要比其他形式的报酬更为复杂，更加难以计算和衡量。

二、福利的内容

（一）基本福利

基本福利是指按照国家法律法规和政策规定必须发生的福利项目，其特点是：只要企业建立并存在，就有义务、有责任且必须按照国家统一规定的福利项目和支付标准支付，不受企业所有制性质、经济效益和支付能力的影响。我国法定福利包括以下几种。

1. 社会保险

社会保险包括生育保险、养老保险、医疗保险、工伤保险、失业保险以及疾病、伤残、遗属三种津贴。

2. 住房公积金

住房公积金是指用人单位及其在职职工缴存的长期住房储金。住房公积金按缴存渠道可以分为两部分，即单位职工个人缴存的住房公积金和单位为职工缴存的住房公积金。职工个人缴存的住房公积金，是单位从职工工资里代扣代缴的，实质上是职工工资的一部分，当然归职工个人所有；单位为职工缴存的住房公积金实际上是单位以住房公积金的形式给职工增加的一部分住房工资，也应当归职工个人所有。

3. 公休假日

公休假日是法律规定或者依法订立的协议规定的工作一定时间必须休息的时间。由于我国规定职工每周工作时间不得高于 44 小时，因此一般用人单位实行每周休息两日。

4. 法定节假日

法定节假日一般是指根据各国、各民族的风俗习惯或纪念要求，由国家法律统一规定的用以进行庆祝及度假的休息时间。2019 年 8 月 2 日，人社部发布《我国法定年节假日等休假相关标准》，规定了休息日、法定年节假日、年休假、探亲假、婚丧假五类休假标准。

5. 带薪休假

带薪休假是指劳动者连续工作一年以上，就可以享受一定时间的带薪年假。

（二）补充福利

补充福利是指在国家法定的基本福利之外，由企业自定的福利项目。企业补充福利项目的多少、标准的高低，在很大程度上受到企业经济效益和支付能力的影响以及企业出于自身某种目的的考虑。

补充福利的项目五花八门，常见的有交通补贴、房租补助、免费住房、工作午餐、女工卫生费、通信补助、互助会、职工生活困难补助、财产保险、人寿保险、法律顾问、心理咨询、贷款担保、内部优惠商品、搬家补助、子女医疗费补助等。

阅读案例9-1

谷歌（Google）的福利管理

在福利管理方面最成功的企业，莫过于谷歌。谷歌公司向来以丰厚的福利闻名业界，其人力资源副总裁拉兹洛·博克表示，该公司最新提供的福利待遇延伸至员工过世之后。如果员工在合同期内不幸去世，其配偶在未来10年内，每年均可获得一张金额相当于该员工年薪50%的支票。除此之外，员工可享受的福利还有很多，如免费美食、医疗服务、干衣机、24小时开放的健身房、按摩服务、瑜伽课、游泳池和温泉水疗SPA等。谷歌还尽量去影响员工的精神层面，如将公司环境打造得如同大学校园，员工犹如徜徉其中的大学生，衣着休闲，整个公司弥漫着大学的氛围。

谷歌的丰厚福利不是单纯的大方，而是希望通过福利激发员工积极性和培养员工忠诚度，在竞争激烈的市场上吸引最优秀的人才；让员工在公司享用美食和处理私人事务，可以长时间地加班。正是利用各种令人眼花缭乱的福利，谷歌获得了大批优秀人才，在员工中树立了良好的口碑。从这个案例可以看出，福利作为以人性化为导向的一种报酬方式，大力提倡以人为本，以员工的参与和潜能开发为目标，最大限度地尊重每位员工的付出。这也是大多数企业为什么会设立高福利的原因之一。

资料来源：谷歌：员工福利之王［EB/OL］．（2012-02-13）［2023-07-19］．http：//www.360doc.com/content/12/0213/17/987036_186351395.shtml.

三、福利管理

福利管理可以分为调查阶段、规划阶段、实施阶段和反馈阶段，如图9-6所示。

图9-6 福利管理的步骤

（一）调查阶段

为了使提供的福利能够真正满足员工的需求，企业首先必须进行福利需求的调查。福利调查分为外部调查和内部调查两个方面。内部调查是了解员工的福利需求，外部调查是了解其他企业的福利类型和福利水平。

（二）规划阶段

福利调查结束后就要进行福利的规划。第一，企业要根据内外部调查的结果和企业的自身情况，确定需要提供的福利项目。第二，要对福利成本做出预算，包括总的福利费用、各个福利内容的成本、每个员工的福利成本等。第三，要做出详细的福利实施计划。

（三）实施阶段

这一阶段是按照已制定好的福利实施计划，向员工提供具体的福利。在实施过程中要兼顾原则性和灵活性。

（四）反馈阶段

实施阶段结束后，要对员工进行反馈调查，发现在调查、规划和实施阶段存在的问题，以不断完善福利实施的过程，改善福利管理的质量。

四、弹性福利计划

20世纪90年代以来，弹性福利逐渐兴起，成为福利管理的一个发展趋势。弹性福利计划又称为"自助餐式的福利"，即员工可以从企业所提供的一份列有各种福利项目的菜单中自由选择其所需要的福利。

（一）弹性福利的类型

1. 附加型

附加型弹性福利计划是最普遍的弹性福利。所谓附加，顾名思义就是在现有的福利计划之外，再提供其他不同的福利措施或扩大原有福利项目的水准，让员工自由选择。

2. 核心加选择型

核心加选择型由一个核心福利和弹性选择福利所组成。核心福利是每个员工都可以享有的基本福利，不能自由选择；可以随意选择的福利项目则全部放在弹性选择福利之中，这部分福利项目都附有价格，可以让员工选购。

3. 弹性支用账户

弹性支用账户是一种比较特殊的弹性福利。员工每年可以从其税前总收入中拨取一定数额的款项作为自己的支用账户，并以此账户去选购雇主所提供的各种福利措施。拨入支用账户的金额不需扣缴所得税，不过账户中的金额如未能在年度内使用完，余额就归公司所有，不可在下一个年度使用，亦不能够以现金的方式发放。各种福利项目的认购款项一经确定就不能挪用。

4. 套餐

套餐是由企业同时推出不同的福利组合，每个组合所包含的福利项目和优惠水准都不一样，员工只能选择其中一个。这就像西餐厅推出的A餐B餐一样，食客只能选择其中的一个套餐，而不能要求更换套餐里面的内容。

5. 选高择低型

此种福利计划提供几种项目不等、程度不一的福利组合供员工选择，以组织现有的固定福利计划为基础，再据此规划数种不同的福利组合。这些组合的价值和原有的固定福利相比，有高有低。如果员工看中了一个价值较原有福利措施还高的福利组合，那么他就需要从薪水中扣除一定的金额来支付两者的差价。如果他挑选的是一个价值较低的福利组合，就可以要求雇主发给差额。此类型的弹性福利，员工至少有三种选择：第一，所选择的福利范围和价值均较大，需从员工的薪资中扣除一定的金额来补足。第二，所选择的范围和价值相当于原有的固定福利措施。第三，所选择的福利价值较低，可获现金补助差额，但该项现金必须纳税。

(二) 弹性福利计划的设计原则

一套好的弹性福利计划必须符合以下几个要求：第一，恰当。企业的福利水平对外要有竞争力，不落后于同行业或同类型的其他企业；对内要符合本企业的战略、规模和经济实力，不要使福利成为企业的财务负担。第二，可管理性。这要求企业设计的福利项目是切合实际的，同时还需要有一套完善的运行体制用以实施和监督。第三，容易理解。这要求各个福利项目的设计和表述能够很容易地为每个员工所理解，在选择和享受福利项目时，不会产生歧义。第四，有可以衡量的标准。这要求企业为员工提供的每项福利项目都有明确的衡量标准，这样才能使员工在自己的限额内选择福利项目。第五，员工参与度高。这要求计划的设计应包含企业和员工互动的渠道和规则。第六，灵活性。这要求福利计划不但要尽可能地满足不同员工的个性化要求，还能根据企业的经营和财务状况进行有效的自我调整。

第五节　新技术在薪酬管理中的运用

一、数字化时代背景下企业薪酬管理面临的挑战与机遇

(一) 数字化时代背景下企业薪酬管理面临的挑战

在数字化时代，互联网+、人工智能逐渐推广范围，不断产生新的数据收集模式以及应用手段，对于企业薪酬管理而言是新的挑战。具体表现为：一方面，薪酬管理的难度增加。信息冗杂是数字化时代的一大特点，因此影响薪酬管理设计的因素也更加复杂，导致企业薪酬数据的处理、薪酬制度的设置以及薪酬管理体系的设计等方面的难度有所增加。另一方面，对薪酬管理的透明化以及信息准确度的要求更高。数字化时代，企业员工接收信息渠道多元化，与企业相关的信息流通速度以及范围更为广泛，对企业薪酬管理制度透明化以及信息准确度的要求日益提高。

(二) 数字化时代背景下企业薪酬管理面临的机遇

在数字化时代，企业薪酬管理获得了新的发展机遇。具体表现为：一方面，企业能够获得大量的外部信息，可以此为依据，综合分析内外部环境，全面了解薪酬市场。另一方面，可供企业应用的数据处理软件类型增多，它们可以有效帮助企业从海量数据中挖掘值得利用的信息，了解员工的真正需求，有助于合理设计岗位薪酬体系。

二、新技术在薪酬管理中的应用

(一) 搭建薪酬管理数据平台

企业可以充分利用云计算、AI 技术等收集整理有关内部员工的数据以及外部薪酬市场的环境信息，通过信息处理技术，将信息进行分类、归档、存储，构建企业专属的薪酬管理基础数据平台，作为企业构建薪酬管理体系、实施薪酬管理的数据支持，从而提升企业薪酬管理的公平性与有效性。

(二) 提升薪酬管理的效率

相比传统的员工信息处理方式，企业运用现代信息技术可以显著增加薪酬管理工作效率以及信息处理的及时性、准确性，进而可提升薪酬

管理的整体效率。例如，根据国际薪酬体系设计的理念和方法，选取10家业内标杆公司作为外部市场参照，腾讯公司人力资源管理部门通过收集和整理人才的相关数据，建立数据库，针对员工动态进行实时分析，以此建立了符合腾讯特点的薪酬管理体系。同时，人力资源部将大数据的分析结果与国内外劳动力市场的数据进行比对，可反映出行业整体的薪酬水平，以及员工的真实薪酬水平，以此提高薪酬管理在人力资源管理中的有效性。

（三）利用大数据完善薪酬管理体系

企业可以通过大数据来完善薪酬管理体系，规范管理制度和流程，改善传统薪酬管理中的问题。在大数据的支持下，人工智能可以提供多种薪酬战略的备选方案作为决策辅助，提高决策的效率和有效性；利用大量的事实数据，建立科学的评估标准和模型，从而保证内部公平；将互联网+与大数据相结合，充分挖掘市场薪酬调查现存的信息与数据，借助智慧分类与统计、智慧算薪等技术，制定合理的薪酬定价，使企业薪酬具备外部竞争性；海量的数据基础、人工智能的云计算等数据处理服务可以帮助企业分析目前的薪酬结构与水平是否合理，并科学确定规划方向；在薪酬实施与反馈过程中，利用大数据智能工具能够实时监控市场数据并智能预测企业的实力，与企业内部需求达成平衡，减少薪酬成本，增强企业的竞争优势。例如，在易路软件公司的人力资源系统中，已经开始引入市场上的薪酬大数据，企业在招聘人员的时候，可以将人员的工作经历与企业所处的行业、岗位进行智能匹配，由人力资源系统给出合适的薪酬水平建议，进一步提升企业薪酬体系的合理性。

（四）利用大数据分析技术完善员工福利制度

相比企业过去为员工提供的周期性的体检和心理评估，大数据技术能够实时监控员工的生理指标和健康状况，这为发现员工的早期问题提供数据支撑，使得企业能够将过去广泛为员工提供的健康和员工福利变为主动为有需求的员工提供个性化服务，将过去由员工问题导致的缺勤损失以及医疗支出变为预防性的保健支出。此外，员工健康数据也能用来评估当前相关设施和员工关怀项目的有效性。

阅读案例9-2

数字化时代的薪酬管理

某位技术人员要求涨薪，并给出了自己要涨薪的理由：随着技术水平的提升，他在工作中承担的责任比过去大得多，并列出了自己的贡献成果。

人力资源部通过收集该员工的各项大数据，对该员工的能力和岗位贡献做出合理的评估；将这些数据输入总数据库，评估该员工的能力在从业者中处于怎样的水平；调出全国从业者不同层级的薪酬分布情况，以判断薪酬水平是否合理。还可以调出与员工价值观、贡献度相关的数据，做出更全面的评估。假定以该员工离职并可能造成的成本（招聘、新员工培训、项目中断等）作为决策的辅助依据，如果人力资源部认为不符合调薪的情况，可以用数据说服该员工；如果认为可以调薪，对具体要调多少，人力资源部已经心中有数，可以用数据来说服老板。

资料来源：大数据对 HR 的影响［EB/OL］.（2019-01-01）［2023-07-19］. https://baijiahao.baidu.com/s？id=1621080582279019332&wfr=spider&for=pc.

阅读案例9-3

易路软件有限公司的"动态触发"技术

汽车服务公司的可变薪酬计算涉及不同车品类有不同的提成比率、主机厂对特殊车型的补贴、金融产品渗透率的奖金比率、精品的奖金比率、保养服务的奖金比率和员工行为（如带试驾的次数等），且会根据实体店所在区域的情况各有不同。当这些数据收集上来之后，又涉及员工人事活动（入职、转正、调动和离职）的折算问题、考勤问题和社保个税问题，使得算薪工作变得极为复杂。易路软件有限公司采用了核心的动态触发技术，即当前端数据收集平台的数据发生变更后，可触发相关人员薪资逻辑的计算，从而得到准确的结果。员工也可以及时查看，为每日的薪酬计算结果，并可根据目前的完成情况预测未来的薪酬回报。对于有错误的数据，员工也可以及时在系统中进行申诉，管理员可以在后台追溯至原始输入数据，了解计算结果生成的原因，帮助企业实现日清日结的业务要求。

资料来源：根据 https://www.hrtechchina.com/tag/%E6%98%93%E8%B7%AF%E8%BD%AF%E4%BB%B6/ 的资料整理而成。

关键术语

job evaluation　　工作评价
ranking method　　排序法
point method　　要素计点法
compensible factor　　报酬因素
wage curve　　工资曲线
merit wage　　绩效工资
gain sharing　　收益分享
stock option　　股票期权
Scanlon plan　　斯坎伦计划

本章思考题

1. 什么是薪酬？它由哪些部分构成？
2. 什么是薪酬管理？薪酬管理的功能是什么？
3. 影响薪酬管理的因素是什么？
4. 薪酬设计的原则是什么？
5. 如何设计职位薪酬体系？
6. 个人可变薪酬有哪些模式？
7. 群体可变薪酬有哪些模式？
8. 如何设计弹性福利计划？

课堂讨论

A 高校的薪酬体系改革

时至 2002 年，A 高校仍在实行传统的平均主义色彩比较浓厚的薪酬政策，教授月薪约 2 600 元，副教授约 2 400 元，讲师约 2 200 元。教师们特别是年轻教师满腹牢骚。1999年底,该校45岁以下的40位年轻教师中有8人跳槽,流失率高达20%。迫不得已,A校从2005年初实行薪酬改革,同时用重金从北京、国外等地聘请学术骨干。对于新引进教师,学校除了给予三室一厅的房子、7万元科研启动资金外,在月薪上也大幅度提高,达5 000元。学校原有的教师工资也得到大幅度增加,教授月薪约4 200元,副教授约3 500元左右,讲师为2 800元左右。

没想到,新的薪酬政策出台以后,年轻教师流失反而加快了,到2007年底,原剩的32名年轻教师又流失10人。

A校校长为年轻教师的流失和管理层的膨胀问题头疼不已,邀请有关专家予以诊断。

问题:A高校在薪酬设计中存在的主要问题是什么?

资料来源:吴从环. 薪酬设计 公平为本:对A高校薪酬设计的公平化思考[J]. 中国人力资源开发, 2002 (9):46-48.

课后讨论

光明公司的绩效加薪计划

位于上海市的光明公司是一家IT企业,公司的主要产品是管理软件。小王与小谢是光明公司的技术骨干,两个人以前是大学同学,后来又一起进入光明公司工作。

小王和小谢分别负责不同的产品研发,小王负责A产品,小谢负责B产品。经过一年的艰苦努力,A、B两个产品同时完成,并被推向市场,但它们的市场表现却完全不同:A产品很快被市场接受,为公司带来很大的经济效益;而B产品却表现平平。

由于A产品带来了经济效益,年底公司决定为小王加薪;而小谢负责的产品表现不好,没有得到加薪。此事很快传到了小谢耳朵里,于是,他找公司领导谈话,认为自己受到不公正的评价。因为B产品表现不好,不是产品本身的问题,而是B产品被市场接受需要一定的时间,公司领导则认为市场是评价一切的标准,没有接受小谢的意见。

很快,小谢离开了光明公司,加入了竞争对手Y公司,依然负责与B产品类似的产品。半年后,市场开始接受该产品,Y公司在该产品上取得了良好的经济效益。

问题:光明公司在绩效薪酬设计中存在什么问题?如何解决?

资料来源:根据https://www.datiyi.cn/article/2817616.html的资料整理而成。

第十章 员工关系管理

导入案例

机长辞职何其难

赵洪是一名空军退役飞行员，1994年进入中国国际航空股份有限公司重庆分公司工作，担任飞行员和飞行检查员。他技术精湛，工作认真负责，很快成为大型客机的机长。

由于赵洪所在的公司是典型的国有企业，采用的是比较传统的管理模式，他觉得很难适应。2019年，赵洪向公司提出辞职，但是辞职申请很快就被公司领导驳回了。领导给出的解释是，一个公司培养出一个成熟飞行员，是付出了大心血的，仅培训费用就高达几百万，在这种情况下，飞行员要走的话，肯定不能白走，得有所表示。赵洪认为，他可以提供赔偿，但是公司不答应他走，也不提钱的事。按照赵洪的说法，在他之前没有人能顺利辞职，公司不希望开这样的先例。而且赵洪是空军退役，在部队就会开飞机，公司如果跟他要培养费，会有些尴尬。那么，航空公司的做法有依据吗？赵洪该怎么办？

资料来源：民航机长辞职困难，需向公司赔付巨额培训费，无数机长陷入纠纷［EB/OL］．(2021-01-05)［2023-07-19］．https://baijiahao.baidu.com/s?id=1688851875835934068&wfr=spider&for=pc．

从上述案例可以看出，劳动关系当事人作为劳动关系的主体，各自存在着不同的利益，双方产生分歧不足为奇。因此，如何进行员工关系管理，是人力资源管理者面临的重要课题。

第一节　员工关系管理概述

一、员工关系及其特点

员工关系指企业中各主体,包括企业所有者、企业管理者、员工和员工代言人等之间围绕雇佣和利益关系而形成的权利和义务关系。

员工关系具有如下特点:第一,员工关系是在雇佣过程中产生的,是劳动力买卖关系衍生出来的关系。第二,员工关系的主体有两个,即企业管理方与员工或员工代言人。第三,员工关系的本质是利益体之间利益和力量的博弈。第四,员工关系的表现形式多种多样,可以是合作、协调,也可以是对抗与冲突,是各种形式的总和。第五,员工关系不仅受到双方利益关系的影响,还受到经济、技术等因素的影响。

二、员工关系的内容

(一)劳动者的权利和义务

1. 劳动者的权利

《中华人民共和国劳动法》(以下简称《劳动法》)规定了劳动者在劳动关系中的各项权利,主要有以下几个方面:第一,劳动者有平等就业的权利。劳动就业权是有劳动能力的公民获得参加社会劳动和切实保证按劳取酬的权利。劳动是人们生活的第一个基本条件,是创造物质财富和精神财富的源泉。公民的劳动就业权是公民享有其他各项权利的基础。第二,劳动者有选择职业的权利。劳动者在劳动力市场上作为就业的主体,具有支配自身劳动力的权利,可根据自身的素质、能力、志趣和爱好,以及市场资讯,选择用人单位和工作岗位。劳动者拥有自由选择职业的权利,有利于劳动者充分发挥自己的特长,促进社会生产力的发展。第三,劳动者有取得劳动报酬的权利。劳动者付出了劳动,依照合同及国家有关法律,有取得报酬的权利。获取劳动报酬是劳动者持续地行使劳动权不可或缺的物质保证。第四,劳动者有权获得劳动安全卫生保护的权利。劳动者在劳动中有生命安全和身体健康受到保护的权利。这方面包括防止工伤事故和职业病。第五,劳动者享有休息的权利。我国宪法规定,劳动者有休息的权利,国家发展劳动者休息和休养的设施，规定职工的工作时间和休假制度。第六，劳动者享有社会保险和福利的权利。我国《劳动法》规定，劳动保险包括养老保险、医疗保险、工伤保险、失业保险、生育保险等。第七，劳动者有接受职业技能培训的权利。公民要实现自己的劳动权，必须拥有一定的职业技能，而要获得这些职业技能，需要依赖专门的职业培训。因此，劳动者享有接受职业技能培训的权利。

2. 劳动者的义务

劳动者的义务是指劳动者必须履行的责任，主要包括：劳动者应完成劳动任务；提高职业技能；执行劳动安全卫生规程；遵守劳动纪律和职业道德。

（二）用人单位的权利和义务

1. 用人单位的权利

用人单位的权利包括：第一，录用职工方面的权利。用人单位有权按国家规定和本单位需要择优录用职工，可以自主决定招工的时间、条件、数量、用工形式等。第二，劳动组织方面的权利。用人单位有权按国家规定和实际需要确定机构、编制和任职（上岗）资格条件；有权任免、聘用管理人员和技术人员，对职工进行内部调配和劳动组合，并对职工的劳动实施指挥和监督。第三，劳动报酬分配方面的权利。用人单位有权按国家规定确定工资分配办法，自主决定晋级增薪、降级减薪的条件和时间等。第四，劳动纪律方面的权利。用人单位有权制定和实施劳动纪律，有权决定对职工的奖惩。第五，决定劳动法律关系存续方面的权利。用人单位有权与职工以签订协议方式，续订、变更、暂停或解除劳动合同，有权在具备法定或约定条件时单方解除劳动合同。

2. 用人单位的义务

用人单位的义务包括：第一，用人单位在制定、修改或者决定有关劳动报酬、工作时间、休息休假、劳动安全卫生、保险福利、职工培训、劳动纪律以及劳动定额管理等直接涉及劳动者切身利益的规章制度或者重大事项时，应当经职工代表大会或者全体职工讨论，提出方案和意见，与工会或者职工代表平等协商确定。第二，在规章制度和重大事项决定实施过程中，工会或者职工认为不适当的，有权向用人单位提出，通过协商予以修改完善。第三，用人单位应当将直接涉及劳动者切身利益的规章制度和重大事项决定予以公示，或者告知劳动者。第四，执行国家劳动标准，提供相应的劳动条件和劳动保护。劳动条件是指劳动者完成劳动任务的必要条件，如必要的劳动工具、工作场所、劳动经费、技术资料等必不可少的物质技术条件和其他工作条件。在劳动保护方面，为了保障劳动者在劳动过程中的身体健康与生命安全，凡是国家有标准规定的，用工单位必须按照国家标准执行，合同约定只能高于国家标准。第五，告知被派遣劳动者的工作要求和劳动报酬。第六，支付加班费、绩效奖金、提供与工作岗位有关的福利待遇。第七，对在岗被派遣劳动者进行工作岗位所必需的培训。第八，连续用工的，实行正常的工资调整机制。第九，用工单位不得将被派遣劳动者再派遣到其他用人单位。

三、员工关系管理

员工关系管理是在企业人力资源管理体系中，各级管理人员和人力资源职能管理人员，通过拟订和实施各项人力资源政策和管理行为，以及其他的管理沟通手段，调节企业和员工、员工与员工之间的关系，进而实现组织目标。

现代员工关系管理主要包含以下内容：劳动关系管理（指劳动合同管理、解决劳动争议等）、法律问题及投诉、员工的活动及协调、心理咨询服务、员工的冲突管理、员工的内部沟通管理、工作丰富化、晋升、员工的信息管理、员工的奖惩管理、员工的纪律管理、辞退、裁员及临时解聘、合并及收购、工作扩大化、岗位轮换等。

员工关系管理是企业人力资源部门的重要职能之一。良好的员工关系可以使员工在心理上获得满足感，有利于提高其工作意愿和积极性，在一定程度上保障企业战略和目标的有效执行。可以说，员工关系是影响员工行为态度、工作效率和执行能力的关键因素，值得企业管理者高度关注和重视。

第二节 劳动合同管理

劳动合同是劳动者与用人单位确立劳动关系、明确双方权利和义务的协议。由此可见，劳动合同发生在员工入职之前，并作为员工正式成为企业的一员的标志而存在。

一、劳动合同的订立

(一) 劳动合同的类型

劳动合同有以下三种类型：第一，固定期限劳动合同，是指用人单位与劳动者约定合同终止时间的劳动合同。第二，无固定期限劳动合同，是指用人单位与劳动者约定无确定终止时间的劳动合同。第三，单项劳动合同，是指没有固定期限，以完成一定工作任务为期限的劳动合同。

(二) 劳动合同的内容

1. 劳动合同必备条款

《中华人民共和国劳动合同法》第十七条明确规定，劳动合同应当具备以下条款：用人单位的名称、住所和法定代表人或者主要负责人；劳动者的姓名、住址和居民身份证或其他有效身份证件号码；劳动合同期限；工作内容和工作地点；工作时间和休息休假；劳动报酬；社会保险；劳动保护、劳动条件和职业危害防护；法律、法规规定应该纳入劳动合同的其他事项。

2. 劳动合同协商条款

协商条款指用人单位和劳动者根据具体情况协商约定的权利、义务条款。协商条款通常包括试用期、培训、商业保密、第二职业或兼职、住房等内容。需要注意的是，没有协商条款不影响合同的成立。

3. 劳动合同禁止性条款

劳动合同禁止性条款包括抵押金、赔偿金、限制劳动者参加工会组织、限制劳动者工资权的要求和群体歧视等。

(三) 劳动合同的订立程序

劳动合同的订立，应由用人单位的法定代表人或法定代表人委托的主管领导或人力资源部负责人为代理人与劳动者签订。劳动合同不得由他人代签，法人委托签订劳动合同必须有法定代表人的委托书。

劳动合同一经依法订立，即具有法律效力，对双方产生约束力，双方必须认真履行。

二、劳动合同的履行

劳动合同的履行，是指劳动合同在依法订立生效之后，双方当事人按照劳动合同规定的条款，完成劳动合同规定的义务，实现劳动合同规定的权利的活动。

劳动合同履行应当遵循的原则有：第一，亲自履行原则。这是由劳动本身的特点决定的，也是保证劳动关系严肃性和稳定性的需要。劳动合同是特定人之间的合同，即用人单位与劳动者之间签订的劳动合同，它必须由劳动合同明确规定的当事人来履行，劳动合同的双方当事人也有责任履行劳动合同规定的义务，不允许当事人以外的其他人代替履行。第二，实际履行原则。除了法律和劳动合同另有规定或者客观上已不能履行的以外，当事人要按照劳动合同的规定完成义务，不能用完成别的义务来代替劳动合同约定的义务。第三，全面履行原则。它是实际履行原则的补充和发展，即劳动合同生效后，当事人双方除按照劳动合同规定的义务履行外，还要按照劳动合同规定的时间、地点、方式，按质、按量地履行全部义务。第四，协作履行原则。劳动合同的双方当事人在履行劳动合同的过程中，有互相协作、共同完成劳动合同规定的义务。任何一方当事人在履行劳动合同遇到困难时，他方都应该在法律允许的范围，尽力给予帮助，以便双方尽可能地全面履行劳动合同。

三、劳动合同的变更

劳动合同的变更是双方当事人依法对已经生效但尚未履行或尚未完全履行的合同的内容或条款进行修改或增减的行为。

劳动合同变更的条件是：第一，订立劳动合同的法律、法规、规章发生变化的，应当依法变更劳动合同的内容。第二，订立合同的情况发生重大变化，致使合同无法继续履行。第三，用人单位发生合并或者分立等情况，原劳动合同继续有效，劳动合同由继承权利义务的单位继续履行。用人单位变换名称的，应当变更劳动合同的用人单位名称。

四、劳动合同的解除与终止

（一）劳动合同的解除

1. 直接解除劳动合同的条件

当劳动者符合下列情形的，用人单位可以直接解除劳动合同，不需向劳动者预告。这些情形包括：试用不合格；严重违纪；给用人单位造成损害；承担刑事责任。

2. 需要提前预告才能解除劳动合同的条件

当劳动者符合下列情形之一的,用人单位可以解除劳动合同,但要提前预告劳动者本人。这些情形包括:劳动者因病或非因公负伤,医疗期满后,不能从事原工作也不能从事由管理者另行安排的工作的;劳动者不能胜任工作,经过培训或调整工作岗位,仍不能胜任工作的;劳动合同订立时所依据的客观情况发生重大变化,致使原合同无法履行,经当事人双方协商不能就变更合同达成协议的。

(二) 劳动合同的终止

用人单位终止劳动合同的条件有:第一,劳动合同期满。第二,劳动者开始享受养老保险待遇。第三,劳动者死亡,或被人民法院宣告失踪或死亡。第四,用人单位宣告破产。第五,用人单位被吊销执照、责令关闭、撤销或决定解散。第六,法律、法规规定的其他情形。

需要注意的是,员工因职业病或工伤被确诊为完全或大部分丧失劳动能力的,用人单位不得终止劳动合同。

第三节 劳动争议及其处理

一、劳动争议及其范围

(一) 劳动争议

劳动争议又称劳动纠纷,是指劳动者与用人单位因订立、履行、变更、解除或者终止劳动合同而发生的争议。

(二) 劳动争议的范围

根据我国相关法律,劳动争议的范围包括:因确认劳动关系发生的争议;因订立、履行、变更、解除和终止劳动合同发生的争议;因除名、辞退和辞职、离职发生的争议;因工作时间、休息休假、社会保险、福利、培训以及劳动保护发生的争议;因劳动报酬、工伤医疗费、经济补偿或者赔偿金等发生的争议;劳动者与用人单位在履行劳动合同过程中发生的纠纷;劳动者与用人单位之间没有订立书面劳动合同,但已形成劳动关系后发生的纠纷;劳动者退休后,与尚未参加社会保险统筹的原用人单位因追索养老金、医疗费、工伤保险待遇和其他社会保险而发生的纠纷;法律、法规规定的其他劳动争议。

二、劳动争议的处理程序

为了公正及时解决劳动争议，保护当事人合法权益，促进劳动关系和谐稳定，《中华人民共和国劳动争议调解仲裁法》第四条、第五条规定的劳动争议处理程序如下。

（一）协商

协商是指劳动者与用人单位就争议的问题直接进行协商，寻找纠纷解决的具体方案。与其他纠纷不同的是，劳动争议的当事人一方为单位，另一方为单位职工，因双方已经发生一定的劳动关系，彼此之间有所了解，所以，双方发生纠纷后最好先协商，通过自愿达成协议来消除隔阂。在实践中，职工与单位经过协商达成一致而解决纠纷的情况非常多，效果较好。但是，协商不是处理劳动争议的必经程序，双方应完全出于自愿，任何人都不能强迫。

（二）调解

调解是指劳动纠纷的一方当事人就已经发生的劳动纠纷向劳动争议调解委员会申请调解的程序。

《劳动法》规定，在用人单位内，可以设立劳动争议调解委员会负责调解本单位的劳动争议。调解委员会委员由单位代表、职工代表和工会代表组成。他们一般具有法律知识、政策水平和实际工作能力，了解本单位具体情况，有利于解决纠纷。除因签订、履行集体劳动合同发生的争议外，均可由本企业劳动争议调解委员会调解。

但是，与协商一样，调解也应由当事人自愿选择，且调解协议不具有强制执行力，如果一方反悔，同样可以向仲裁机构申请仲裁。

（三）仲裁

仲裁是劳动纠纷的一方当事人将纠纷提交劳动争议仲裁委员会进行处理的程序。该程序既具有调解灵活、快捷的特点，又具有强制执行的效力，是解决劳动纠纷的重要手段。申请劳动仲裁是解决劳动争议的选择程序之一，也是提起诉讼的前置程序，即如果想打劳动官司，必须经过仲裁程序，不能直接向人民法院起诉。

（四）诉讼

诉讼是由不服劳动争议仲裁委员会裁决的一方当事人向人民法院提起诉讼的程序。诉讼程序具有较强的法律性、程序性，作出的判决也具有强制执行力。

第四节　员工离职管理

一、员工离职流程管理

一般较为规范的用人单位都规定了一些员工离职的程序，包括：填写离职单、离职面谈、核准离职申请、业务交接、办公用品及单位财产的移交、监督移交、人员退保、离职生效、资料存档、整合离职原因、离职员工的后续管理。

离职管理必须落实到工作的每一个细节中，主要有以下几点需要注意：第一，离职流程管理是通过对员工离职的管理，了解组织机能的状况，并对组织机能的变革提供相关的数据与意见，从中得出结论并指导现行的人力资源管理工作。第二，每一个程序与环节都必须有相应的表格，并做出严格的文字记录。第三，规范的离职管理来源于基础的管理工作和人事工作，比如办公用品管理、资产管理、股权管理、业务管理、文件资料管理等。

二、员工离职面谈

当员工确定要离开组织，除了标准化的离职流程管理之外，离职面谈也是相当重要的一环。

（一）离职面谈的目的

离职面谈是指在员工离开用人单位之前与上级或人力资源部进行的面谈。一般来讲，离职面谈的参加人员要包含三方面的人员：员工本人、人力资源经理、员工的直接主管。

离职面谈的目的主要包括以下几个方面：了解员工离职决定的原因和想法，员工对个人发展的考虑和设想；了解员工对用人单位、主管和同事的评价，进一步确认离职的真实原因；善意提醒离职员工应注意的违约责任、附属协议和禁止条款；关注离职员工的离职反应；就离职员工关注的问题进行解答和提供咨询，消除其对用人单位的一些误解等。

(二) 离职面谈的技巧

1. 以面对面的形式进行

面对面的沟通有利于双方的沟通和理解。如果无法进行面对面的离职面谈，也可以通过邮寄离职调查问卷纸件或者电子邮件进行。

2. 给予离职人员合适的空间和足够的时间

在离职面谈过程中，代表用人单位与离职者进行面谈的人员应多听少说，给予离职人员合适的空间和足够的时间。在适当的时候，应对离职人员进行善意引导或打消他的疑虑，而不是施加压力。对有些事情，应当进行必要的解释。

3. 多问开放式问题

多问一些类似"什么"、"如何"和"为什么"等开放式的问题，而不是用"是"或"否"就可以回答的封闭式的问题。"谁"这类问题应该谨慎使用，以免有破坏名誉之嫌。因为，许多离职人员在被要求指名道姓或指责某人时，都会觉得不舒服。而且，离职面谈不是为谴责某个人而安排的。除非是针对一些非常严重的抱怨或指控，指名道姓地进行攻击是没有益处的，应尽量避免。

4. 后续工作

面谈结束后，有时候还需要完成一些特别的检查事项或后续工作。应客观思考离职人员给出的答案，找出其中明确和隐含的意思。此外，根据对离职面谈结果的分析，用人单位应采取必要的行动。如果问题迫切，或者离职人员想继续留在用人单位且用人单位也非常想留住他们，应立即采取行动，否则就会丧失机会。

第五节 新技术在员工关系管理中的运用

一、新技术在员工离职管理中的运用

(一) 离职预测

将大数据技术用于员工离职管理中，能够发现员工早期的离职倾向。不同于以往当员工明确表现出离职意向的时候才进行的留任干预，用人单位通过分析历史上的离职行为和对应的大数据特征，就能够建立离职预测模型。通过对员工进行持续监测，可以提前 3~5 个月识别具

有潜在离职倾向的员工，为人力资源经理提供主动干预的时间。例如，德勤公司基于员工的出勤记录、工作时间、休假时间、对客户的影响、付出的努力以及旅行的频率和距离等大数据，通过统计模型识别出离职倾向排名前10%的人，发现其离职意愿是德勤以往案例研究所得出的平均水平的330%，并且能够识别出时间和原因。

阅读案例10-1

惠普的离职预测

惠普在2011年开始利用预测技术分析调查内部员工的行为，通过掌握内部员工的动态数据和静态数据，包括薪资水平、加薪状况、工作评价和调职情况等，来预测哪些员工可能离职。通常，薪水越高、加薪越多、绩效评级越高，员工就越不可能离职，这些因素成为降低离职风险的驱动因素。惠普的预测人员从每个员工的数据着手，分析其离职模式，得出每个员工的"离职风险分数"，进而预测出哪些因素组合的员工类型最有可能离职。然后，预测人员和部门主管根据预测结果审慎了解部门员工的意向，留住有价值的员工。通过"离职风险模型"，惠普避免了因员工频繁离职而造成的人力资源成本，减轻了大量的人员增补工作，节省了将近3亿美元的资金成本。

资料来源：人力研究中心联席主任唐秋勇：科技驱动未来的人才管理变革［EB/OL］.（2022-08-17）［2023-07-19］. https://www.sohu.com/a/577460373_99994100.

阅读案例10-2

Discovery Limited的员工离职预测模型

Discovery Limited是一家总部设在南非桑顿的国际金融服务组织，约有1.6万名员工。近年来，该组织开展了人才数据分析，旨在降低离职率。自2017年起，该组织开始建立"人力资本管理驾驶舱"，收集组织架构、员工人数、人群特征、招聘、留任、员工参与度、多样性和包容性、员工身心健康和薪酬等数据，在此基础上，该组织建立了一个能预测离职率的统计模型，借助数据分析得出的结果，领导层可以调整工作策略，并预先主动联系标记有离职风险的员工。目前，该组织的离职率已从16%以上降至12%以下，人力成本下降已显成效。而且，该员工离职预测模型还采用了机器学习的方式，每次将新一批的数据导入后，都可以提升其预测的准确性。

资料来源：作者调研并整理资料。

（二）离职数据挖掘

离职数据挖掘主要包括以下步骤：第一，基础数据，包括人力资源数据、建立数据等结构化数据。第二，整合数据，包括社交网络、产品论坛等非结构化数据与结构化数据的集合。第三，净化数据，包括通过文字识别、爬虫等技术将非结构化数据转化为结构化的数据，通过数据可视化技术，清洗异常数据。第四，EDW建模。通过分析已离职员工的特点，建立模型；通过现有数据验证数据模型。

（三）离职数据预测分析

根据现有模型就可以推导出未来3个月、6个月乃至一年内员工离职的可能性。例如，通过对日常工作行为数据进行收集、分析和挖掘，猎聘公司可以获得员工满意度方面的数据。外部的人才竞争情况则可以通过基于大数据的行业人才趋势报告和薪酬报告获得。综合以上数据，结合历史信息，猎聘构建了一个员工流失风险模型，根据这个模型，就可以发现高流失风险的员工和可能导致流失的因素，然后，用人单位可以有针对性地采取合适的行动去挽留那些优秀的核心员工。

阅读案例10-3

辉瑞公司的员工离职管理

辉瑞大数据分析的首要应用场景是员工离职风险预测，整个分析流程主要分为五个步骤，依次为制定分析计划、数据收集、数据清理、建模分析、预测模型（见图10-1）。

分析计划 ➡ 数据收集 ➡ 数据清理 ➡ 建模分析 ➡ 预测模型

图10-1　辉瑞的大数据分析流程

一、分析计划

第一,明确业务需求。 项目规划前期,识别业务需求是非常关键的一环。数据分析的本质是服务于业务需求,如果没有对业务的深刻理解,会导致分析无法落地。辉瑞的人力资源部会与业务团队、数据分析团队充分沟通,识别当前业务离职率高的痛点,判断分析需求是否可以转换为数据分析项目,找到离职的关键数据维度,建立预测模型的需求,并以此需求为基础展开后续项目计划工作。

第二,确立分析方法。 辉瑞人力资源部与业务团队和数据团队共同进行头脑风暴,结合数据团队其他项目的分析经验共同确立分析步骤,在项目早期达成共识,明确项目计划与重要事件。

二、全渠道数据收集

一般情况下,人力资源用于战略数据分析的核心数据,其采集维度可划分为2~3个层级,而用于支持AI平台作全面数据分析的数据,则不受上述规模限制。因此,辉瑞在数据采集过程中,利用AI技术进行全渠道数据采集,汇总各个维度的数据。除了人员相关的数据以外,还尽可能地与其他部门合作,采集市场数据、销售数据、供应链数据等相关数据(见表10-1)。数据采集范围越广,就越有可能通过人工智能技术充分地发掘各类数据与员工离职之间的相关性,越能提高预测精准性。

表10-1 辉瑞的全渠道数据收集

HR系统:	财务数据:	市场数据:
组织架构(汇报线) 岗位信息(入职日、当前岗位时间) 职位等级 福利信息(加保、体检) 敬业度调查数据 个人信息(性别、年龄、学历、住址) 家属信息 休假信息(请假及加班情况) 工作城市	报销数据 薪资数据 奖金数据 股票数据 差旅情况	CPI/GDP/城市人口 失业率 外部市场薪资数据 外部市场销售动态 产品销售情况
会议信息: 医院药店拜访记录 业务会议情况	**销售数据:** 负责产品 业务指标 业绩达到率	**供应链数据:** 样品申请频率及数据

三、数据挖掘与清理

大数据分析中抽取到的原始数据存在数据缺失、坏数据，因此必须通过数据清理提取出有效数据。辉瑞虽然在日常的数据管理中已有较好的质量基础，但仍不放松对数据的检查及清理。人力资源部在数据应用中发现的异常数据，观察其经历的步骤和路径，寻找导致数据错误的原因，以此改进数据收集的流程，或者教育及培训相关的负责人。

四、AI大数据分析与建模分析

辉瑞在分析过程中主要运用的工具是AI人工智能软件。AI可以通过不同的维度去寻找关联因子，通过数据模型关联和挖掘匹配的原因。通过初步的人工智能软件的分析，发现了如下的一些关键相关因素：

◆ 行为数据/动态数据：员工日常工作中产生的行为数据

3个月内报销金额下降的员工离职风险高

3个月内样本申请量下降的员工离职风险高

销售达成率下降40%的员工离职风险高

◆ 静态数据：员工的一些基础数据

特定城市特定薪资范围的员工离职风险高

中低绩效人员的离职风险高

五、模型预测与数据结果验证

预测模型的运用是大数据分析技术较为关键的部分，其分析结果更接近于问题预警，通过预测、预警机制有效干预管理问题。辉瑞通过AI建立预测模型，根据员工层级、在职时间等不同的维度对员工进行划分和归类，分析模型会得出员工离职倾向高低的信息，通过打分机制量化员工的离职风险概率，分数高的需要重点关注（见表10-2）。这样做的目的是可以从离职预测中得知高离职倾向的员工，人力资源部可以提前有针对性地采取员工留任的措施。

表10-2　辉瑞的员工离职预测

员工姓名	风险评估分数	风险组	绩效	重点保留对象
A	0.73	高	高	Y
B	0.73	高	中	Y
C	0.65	高	低	

续表

员工姓名	风险评估分数	风险组	绩效	重点保留对象
D	0.68	中	高	
E	0.52	中	中	
F	0.33	低	低	
G	0.30	低	高	

预测模型用到的关键数据维度并不是一成不变的，离职的因素往往和企业政策、环境等因素相关，因此，预测模型需要不断地验证及校对，才能够跟随企业变化，做到员工离职倾向的精准预测。

辉瑞将模型预测出的结果与实际离职数据进行比较，实现分析预测的流程的自我提升。在实践的过程中，将AI预测的半年内离职可能较高的员工与半年后实际离职的人员进行比较，如果两者的匹配程度较低，就要对数据计算模型、数据的分析维度、分析预测的流程进行不断的优化改进，提高预测模型的精准程度。同时，除了AI智能预测和实际结果的对比之外，也会与企业HR的经验数据进行对比分析，从而提升与员工在一线打交道的HRBP的经验价值。

资料来源：徐刚．辉瑞：大数据在离职分析中的应用尝试［EB/OL］．（2019-07-31）［2023-07-19］．https://www.sohu.com/a/330690697-183808.

二、新技术在预测员工心理状态中的运用

人工智能自主学习的强大，在于无止境的自我完善以及无与伦比的适应性和自生长性。实际上，在分类或趋势的背后，是庞大的数据演算，建模和预测的过程包含了繁复的统计过程，包括描述统计与推断统计。人工智能看似复杂，其实充斥着大量数学计算的研究过程。在员工关系管理方面，人工智能可以帮助企业预测员工的心理状态趋势，从而激发员工工作热情。

关键术语

labor relationship　　劳动关系
industrial relations　　劳资关系
labor contract　　劳动合同
labor dispute　　劳动争议

本章思考题

1. 什么是劳动关系？它包括哪些内容？
2. 什么是劳动关系管理？它包括哪些内容？
3. 如何进行劳动合同管理？
4. 劳动争议有哪些类型？如何解决劳动争议？
5. 员工离职管理的流程是什么？
6. 如何防范员工离职管理的风险？
7. 谈谈新技术在人员离职管理中的应用。

课堂讨论

一场劳动纠纷

2007年7月18日，王某入职甲公司，双方签订无固定期限劳动合同。2020年2月，甲公司提出与王某解除劳动合同，经双方协商，达成具体方案后，王某于2020年2月20日通过电子邮件向甲公司发送辞职信。

邮件内容为：基于公司及本人的情况，经协商达成一致，本人于2020年9月30日主动办理离职；公司在2020年9月30日前保证本人薪资待遇及各项福利待遇不变并按月发放，2020年1月起本人不再享受每月3 000元的报销补贴。2020年2月24日至9月30日为工作交接期，期间本人需要在公司办公，时间为每周不少于3天。此辞职申请生效的条件是公司和本人双方充分履行了上述约定。

甲公司于2020年2月21日回复：邮件收到，内容确认。甲公司和王某从 2020 年 2 月 24 日开始按照上述辞职信的内容履行各自的权利义务。2020 年 9 月 8 日，甲公司通过电子邮件通知王某，"自明天起你开始休假，无须再来公司办公，你的薪水以及其他现有福利将支付到 2020 年 9 月 30 日"。

王某表示不同意辞职，后来甲公司关闭了王某的工作系统，并支付其工资至 9 月 30 日。双方于 2020 年 9 月 16 日办理了离职交接手续。

王某认为自己虽递交了辞职信，但并非自愿行为，双方劳动合同系因甲公司提出而解除，故甲公司应支付解除劳动合同经济补偿金。

问题：甲公司需要给王某经济补偿吗？

资料来源："协商解除劳动合同，"谁先提出"很关键 [EB/OL]. (2021-12-16) [2023-07-19]. https://baijiahao.baidu.com/s?id=1719305444150202368&wfr=spider&for=pc.

课后讨论

人力资源经理该如何做？

某公司有一名重要岗位的员工辞职，他给出了两点理由：第一，部门经理管理的思路有问题，自己无论如何努力都无法与部门经理的管理方式保持一致。第二，每天往返公司的交通不便，有一家离自己家较近的公司给自己提供了 offer，而且待遇优厚。

由于该岗位的人才在市场上非常稀缺，很难招聘到，而且该员工平日工作努力、态度端正，所以公司人力资源部经理、副总经理甚至总经理都参加了离职面谈并极力挽留，终因无法解决上述两个问题，还是没有挽留住他。

一个月后，该辞职员工发了一封电子邮件给总经理，语气相当诚恳，说新公司没有兑现对自己的待遇承诺，而且自己不能适应新公司的氛围。他对自己不成熟的跳槽举动懊悔万分，恳请公司管理层能批准他回公司上班，他一定会好好珍惜这次机会。总经理看后把这封信转发给副总经理和人力资源部经理，询问他们的意见。副总经理马上答复："同意聘用。"人力资源部经理答复说："不能聘用，因为当初他离职所提出的问题我们一个都不能解决，所以他回来既不可能安心工作，还会给其他同事带来不良影响。"

总经理把人力资源部经理的邮件转发给副总经理,问:"人力资源部经理提出了不同看法,请问你有何意见?"副总经理回复道:"既然人力资源部经理对该职位的招聘那么有把握,那么让他操作好了。"

这件事的结局是:第一,人力资源部经理回绝了该员工的返岗请求,该员工不甘心被拒,屡次致电总经理询问原因,总经理把那封人力资源部经理的邮件发给该员工,彻底断绝了该员工的归路;第二,副总经理在以后的工作中对人力资源部的工作和建议一律采取不合作甚至反对的态度;第三,人力资源部在三个月后才招聘到了替补该岗位的员工,公司业务的发展因此受到了一定的影响,总经理对人力资源部经理的工作能力产生了怀疑;第四,该员工对人力资源部经理怀恨在心,打电话给原公司的同事诉苦,这些同事因不了解事情的真相而开始在私下议论人力资源部经理的为人,一种对人力资源部经理不满的情绪在这家公司悄悄蔓延……

问题:

1. 假如你是人力资源部经理,你会如何操作?

2. 分析一下总经理、副总经理的操作是否得当。假如你是人力资源部经理,你如何与他们合作?

资料来源:根据 https://wenku.baidu.com/view/88157e033f1ec5da50e2524de518964bcf84d225.html?_wkts_=1689730986766&bdQuery=的资料整理而成。